100인의 철학자 사전

PHILOSOPHY 100
ESSENTIAL THINKERS

100인의
철학자 사전

필립 스톡스 지음
이승희 옮김

말·글빛냄

"호레이쇼, 천상과 지상에는
  그대가 철학에서 꿈꾸는 것보다
  더 많은 것들이 존재한다네."
    - 〈햄릿 1막 5장〉.

햄릿의 이 기억할만한 대사는 성벽 위에 (혹은 자신의 혼란스러운 정신 속에) 죽은 아버지의 유령이 출몰하는 것에 대한 언급이었다. 셰익스피어는 베이컨, 갈릴레오와 같은 시대에 작품 활동을 했다. 그런데 이 시대는 이미 마키아벨리와 코페르니쿠스의 사상에 의한 유물론적 세계관이 형성되어 있던 시대였다. 늘 사회를 비판해왔던 셰익스피어는 영적인 것에서 멀어지고 새로운 시대의 도래, 즉 '과학의 시대'에 대한 반격으로 햄릿을 이용한 듯하다.

그런데 햄릿의 이 언급은 철학자들이 목적하는 바를 효과적으로 묘사했다고 볼 수 있다. 과연 우리가 갖고 있는 지식으로 표현할 수 없는 그 무엇이 '천상과 지상'에 더 존재한다는 것일까? 이에 대해 이 책에서

만나게 될 사상가들의 대답은 통일되어 있지 않고, 충분히 예상할 수 있는 일이기도 하다. 왜냐하면 철학 역시 여타의 노력들과 마찬가지로 시대의 맥락 속에 위치하며 그에 따른 제한을 받기 때문이다. 다른 한 편으로는 현재의 사상과 맞붙어서 그 경계를 계속 확장하려고도 시도하기 때문이다. 철학은 새로운 정보를 수집하고 조직하는 '과학'도 아니고, 감각에 대한 반응을 표현하는 '예술'도 아닌 완전히 독특한 활동이다. 이를 기억하면서, 철학이라는 활동의 본질과 가치에 대한 이해와 함께 이 책에서 시도하는 철학자들의 위대한 사유(思惟)를 접한다면, 그들의 사상을 더욱 명확히 이해할 수 있게 될 것이다.

철학 연구의 방법과 결과에 모두 해당하는 특성이 있다면, 그것은 전체 과정에 선행하는 의견일치가 존재하지 않는다는 점이다. 이는 철학자들이 관심을 갖는 질문의 종류가 너무 다양하기 때문이기도 하다. 하지만 철학 외적인 의문들에는 광범위하게 합의를 이끌어낼 수 있는 정답이 존재하는 것처럼 보인다. 예를 들면 과학이 그 전형적인 경우라고 할 수 있다. 과학에서는 많은 해답들이 의견일치를 보게 된다. 사람들이 질문의 토대가 되는 가정에 대해 어떤 개념을 적용하는 것에 동의하기 때문이다. 하지만 과학이나 다른 분야에서도 의문들은 발생한다. 공유된 가정이나 개념에 대한 합의에도 불구하고 제시된 답 중에서 광범하게 수용되지 않는 경우가 그렇다. 이런 질문들이야말로 철학자들이 전형적으로 관심을 갖는 문제이다. 철학자들이 합의에 어려움을 겪는 이유가 그런 것이라면, 이는 철학의 본질 중의 하나이기 때문이며(철학은 사람들이 일반적으로 동의하지 못하는 질문들을 다룬다) 다른 한편으로는 철학자들이 다루기 어려운 문제에 대한 새로운 관점을 생성해내기 위해 기존의 가정이나 개념에 도전하기 때문이다.

철학의 이런 내재적인 어려움에도 불구하고 철학의 가치를 결코 과소평가해서는 안 된다. 유전학이나 생명공학의 최근의 발견에서 알 수 있듯이 과학의 발전을 어떻게 다룰 것인지를 이해하기 위해서는, 우리가 어떤 종류의 사회에서 살고자 하는지, 우리가 서로에게 또는 후손이나 환경에 어떤 의무를 갖고 있는지에 대한 성찰이 반드시 필요하기 때문이다. 이 모든 질문에 대한 대답들은 우리가 인간으로서 자기 자신을 어떻게 생각하고, 어떻게 하면 최선의 삶의 방식을 취할 것인가를 알려주기도 한다. 이런 종류의 논점들은 그 어느 것도 과학이나 예술에 관한 것이 아니다. 철학과 관련된 질문이다.

철학자들은 모든 생각의 길을 탐험한다. 그래서 철학자들이 내린 많은 결론들 중에는 받아들이기 어려운 부분이 늘 있더라도 그다지 놀라운 일은 아니다. 적어도 그런 작업의 이점 중의 하나는 무엇을 믿어서는 안 되는지를 가르쳐 준다. 하지만 철학자들의 결론은 우리의 삶에 중대한 영향들을 미쳐 왔다는 것만은 부인할 수가 없다. 20세기의 초강대국이던 미국과 소련은 각각 토머스 페인(Tomas Paine)과 카를 마르크스(Karl Marx)의 철학적 사유에서 태어났다. 현대의 정보화시대는 위대한 논리학자인 프레게(Frege)의 업적이 없었다면 가능하지 않았을 것이다. 여성 참정권의 문제는 울스턴크래프트(Wollstonecraft) 이후에야 진지하게 다뤄질 수 있었다. 계몽은 볼테르를 필요로 했고, 아인슈타인은 뉴턴을, 뉴턴은 아리스토텔레스에 의존했다. 사회적, 정치적, 기술적 변화는 사유의 역사와 떼려야 뗄 수 없는 관계에 있는 것이다.

　어떤 점에서 현대 철학은 과소평가되거나 간과되고 있다. 하지만 이 점에 대해서는 그다지 염려할 필요가 없을 것 같다. 넓은 의미에서 철학적 사유는 인간의 모든 탐구에 수반하는 자연스러운 활동이기 때문이다. 결코 전문가들만의 영역이 아닌 인간의 삶을 향해해 나가는데 필요한 본질적이고 필수적인 일부이다. 만약 햄릿의 말이 옳다면 호레이쇼의 대답은 계속해서 그의 생각의 한계를 확장하는 것, 즉 계속해서 꿈을 꾸는 것이라고 할 수 있을 것이다.

PHILOSOPHY
100

제1장

소크라테스 이전 철학자
The Presocratics

ESSENTIAL
THINKERS

탈레스

Thales of Miletus

(620~?540 BC)

"서양 지성사 최초의 자연과학자 겸 분석철학자"

고대 그리스의 최초의 철학자이자 서양철학의 시조로 일컬어진다. 밀레토스 학파의 창시자로 현재 터키 영토인 이오니아지방의 항구도시 밀레투스 태생이다. 만물의 근원을 추구한 철학의 창시자이며 그 근원은 '물'이라고 하였다. 탈레스는 호메로스가 묘사했던 것처럼 인간과 비슷한 신들의 의지와 변덕에 의존하지 않고 세계(만물)의 본성을 설명하고자 시도한 최초의 사상가였다. 그는 또 세계의 정신이 바로 신이며, 신이 만물에 깃들어 있다고 주장했는데, 이 사상은 많은 종교들 중 특히 불교에 커다란 영향을 미쳤다. 천문학에 조예가 깊어서 BC 585년에 일어났던 일식을 예견했다.

탈레스는 고대 그리스 최초의 철학자이자 서양 철학의 시조로 일컬어진다. 그는 현재의 터키 영토인 이오니아 지방의 항구도시 밀레토스에서 태어났다. 밀레토스는 고대 그리스에서 과학과 철학 발전의 중심지였다. 대략 기원전 620년경에 태어난 탈레스는 만물의 근원이 물이라고 주장한 소크라테스 이전 철학자로서 기억되고 있다. 탈레스에 대한 참고자료는 아리스토텔레스와 헤로도토스가 언급한 것이 거의 유일하다. 하지만 철학자로서 탈레스의 업적은 그가 말했던 내용 자체보다는 그의 사유 방법에 기인한 것이다. 탈레스는 호메로스가 묘사했던 것처럼 인간과 비슷한 신들의 의지와 변덕에 의존하지 않고 세계의 본성을 설명하려고 시도했던 최초의 사상가였다. 더 정확히 말하면, 그는 자신이 관찰한 다양한 현상들을 보편적이고 근원적인 원칙에 입각하여 설명하고 했는데, 이런 발상은 현대 과학의 방법론에 아직도 밀접한 관련을 갖고 있는 것이다. 또한 헤로도토스에 따르면, 탈레스는 기원전 585년 메디아와 리디아 사이에 있었던 전투기간에 일어났던 일식을 올바르게 예견했다고 한다. 이런 맥락에서 탈레스는 서양 지성사에서 최초의 자연 과학자이자 분석철학자로 간주할 수 있다.

탈레스의 또 다른 현대적 특징 중 하나는, 그가 사업가적인 면모를 갖고 있었다는 것이다. 한 일화에 따르면, 그는 대량의 올리브 수확물을 처리하여 기름을 짜내는 착유기(搾油機)에 투자함으로써 재산을 모았다고 한다. 물론 기원전 7세기 고대 그리스에서 철학과 과학에 많은 생각과 시간을 투자할 수 있으려면 부유해야만 했을 것이다.

탈레스의 형이상학에 따르면, 물은 생명과 물질세계의 첫 번째 원리이다. 물이 증발에 의해 기체가 되거나 냉각에 의해 고체가 되는 것, 그리고 모든 생명체가 습기를 필요로 하는 것을 보면서 탈레스는 물이야말로 자연계의 유일한 인과적 원리라고 가정했다. 현대의 판구조이론 (tectonic plate)을 거칠게나마 예상한 듯한 이론에서 탈레스는 평평한 육지가 물 위에 떠다니고 있다고 주장했다. 아리스토텔레스에 따르면, 탈레스는 지구가 목재와 유사한 부력을 갖고 있어서 통나무나 선박처럼 물 위에 떠다니고 있다고 생각했다고 한다. 사실상 물 위에 떠 있는 많은 섬들의 존재가 밀레토스의 선원들에게 알려져 있었으며, 이런 사실이 탈레스의 이론에 일종의 모델이나 증거로서 작용했을 수 있을 것이다. 밀레토스의 항구에서 그는 퇴적 작용이라는 현상에 친숙해졌을 것이며, 아마도 그런 현상이 물로부터 흙의 자연적인 생성이라는, 심지어 18세기까지도 믿어졌던 생각을 갖도록 했을 것이다.

관찰 가능한 현상들을 설명함에 있어 신들의 의지에 근거하지 않고 자연주의적 설명을 추구했던 탈레스는 만물 안에 신이 있다고 주장했다. 아에티우스에 따르면, 탈레스는 세계의 정신이 바로 신이며 신이 만물에 깃들어 있다고 말했는데, 이런 관점은 머지않아 전 세계에 걸쳐 당대의 많은 종교들 중, 특히나 인도의 불교에 큰 영향을 미쳤던 사상이다. 탈레스는 그의 형이상학적 추측에 명백한 오류가 있음에도 불구하고 종교, 철학, 과학의 여러 가지 발상들을 선취했다는 점에서 현대적인 사상가로 간주될 수 있다.

피타고라스

Pythagoras of Samos

(570~480 BC)

"실재의 궁극적인 본질은 수(數)이다"

그리스의 종교가이자 철학자, 수학자. '피타고라스의 정리'로 유명하며, 실재의 궁극적인 본질을 수(數)로 보았다. 이 사상은 그의 음악 이론으로부터 발전한 것으로, 음사이의 간격이 1부터 4까지 정수들 사이의 비율로 표현될 수 있다는 것을 증명했다. 그의 종교적 가르침 중 하나는 음악이 우주의 구조 자체에 섞여들어 특별한 힘을 영혼에 작용한다고 주장했으며, 그로부터 수가 실재의 궁극적인 본질이라는 믿음이 뒤따르게 되었다. 그는 또한 영혼의 환생과 윤회에 대해서도 깊은 관심을 가졌으며 노스트라다무스에 의해 대중화된 현대의 수비학(數秘學, Numerrology)에도 기여했다.

피타고라스는 대략 기원전 6세기 중반에 태어났다고 전해지지만 정확한 출생년도는 알려진 바 없다. 직각삼각형의 빗변의 제곱이 다른 두 변의 제곱의 합과 같다는 '피타고라스의 정리'에 의해 모든 학생들에게 그의 이름이 알려져 있음에도 불구하고, 이 정리의 내용은 피타고라스가 어린 시절 여행했던 바빌로니아와 이집트에 이미 알려져 있었던 것일 가능성이 높다.

피타고라스는 베일에 싸인 인물이었으며, 마치 소크라테스처럼 스스로는 저술 활동을 하지 않고 제자들에게 그의 사상을 기록하도록 했다. 사상가로서 뿐만 아니라 신비주의자로서도 잘 알려져 있는 피타고라스가 설립했던 학교는 오늘날로 따지면 일종의 종교적 광신 집단으로 간주될 수 있는데, 콩을 숭배하여 먹지 않는 것 등을 포함하는 다수의 독특하고 이상한 교리들을 가르쳤다. 피타고라스는 또한 영혼의 환생과 윤회에 대해서도 설교했으며, 노스트라다무스에 의해 대중화된 현대의 수비학(數秘學, numerology)에도 기여했다.

피타고라스에 따르면, 실재의 궁극적인 본질은 수(數)이다. 이런 사상은 그의 음악 이론으로부터 발전한 것인데, 피타고라스는 음 사이의 간격이 1부터 4까지 정수들 사이의 비율로 표현될 수 있다는 것을 증명했다. 피타고라스의 종교적 가르침 중 하나인 음악이 우주의 구조 자체에 섞여들어 특별한 힘이 영혼에 작용한다는 주장 때문에, 그로부터 수가 실재의 궁극적인 본질이라는 믿음이 뒤따르게 되었다.

피타고라스주의자들은 특정한 수 패턴을 숭배했는데, 특히 10개의 점을 이용하여 1부터 4까지의 정수를 삼각형 모양으로 표현한 '테트락티스 (tetractys of the decad)'를 우상화했다.(그림 참고)

피타고라스주의자들은 테트락티스 삼각형과 숫자 10을 동시에 숭배했다. 피타고라스의 사상에 있어서 10은 완전한 수인데, 왜냐하면 10이 테트락티스에 보이다시피 1부터 4까지 정수의 합이기 때문이다. 정수들 자체는 근본적인 관념을 표상한다고 여겨졌는데, 1은 점, 2는 선, 3은 표면이고 4는 입체에 해당했다. 여기에 덧붙여 하늘에는 10개의 천체가 있다고 믿어졌는데, 5개의 행성, 태양, 달, 지구, 그리고 아마도 천상의 수를 10으로 채워 넣기 위해 고안되었을, 신비하고 눈에 보이지 않는 반대쪽 지구(counter earth) 등이 모두 우주 중앙의 불 주위를 회전하고 있다고 믿어졌다.

피타고라스의 죽음 후에 그의 학파는 두 집단으로 갈라졌는데, 한 집단은 그의 종교적이고 신비주의적인 가르침들을 유지했으며, 다른 집단은 그의 수학적·과학적 통찰에 초점을 맞췄다. 후자는 계속해서 우주의 본질이 필연적으로 수학적이라고 믿었다. 숫자의 단위들과 점들은 공간적 차원을 갖고 있으며 사물의 근본적인 구성요소라고 믿어졌는데, 이런 생각은 후에 파르메니데스와 제논에 의해 비판받았다. 피타고라스의 우주생성론 또한 피타고라스 자신의 발견들 중 하나로 인해 심각한 문제들에 직면하게 되었다. 피타고라스는 정사각형의 변에 대한 대각선의 비율을 정수로 표현할 수 없다는 사실을 증명했는데, 이런 '대각선의 공약불가능성(incommensurability)'은 무리수의 발견—혹은 다른 철학적 관점에 따르면, 발명—으로 이끌었다. 피타고라스 우주론에는 중대한 문제점이 있었음에도 불구하고, 무리수는 수학적 사유에 있어서 중대하고 영구적인 발전이었음이 증명되었다.

크세노파네스
Xenophanes of Colophon
(570~?475 BC)

후대의 저자들에 의해서 주로 알려진 대다수의 소크라테스 이전 철학자들과 마찬가지로 크세노파네스와 관련한 정확한 날짜들은 불확실하다. 현재 알려져 있는 사실은 헤라클레이토스가 크세노파네스에 대해 피타고라스의 동시대인이자 비판자로서 언급했다는 것, 그러므로 우리가 그를 대략 피타고라스와 같은 시대에 위치시킬 수 있다는 것이다.

페르시아 전쟁에 의해 이오니아로부터 남부 이탈리아로 추방당한 크세노파네스는 고대 그리스의 도시국가들을 방랑하는 시인이자 자유사상가였다. 그는 탈레스의 뒤를 이어 인간과 닮은 신들에 관한 호메로스의 개념을 비판했다. 크세노파네스는 만약 신들이 결함 있는 인간들의 비도덕적이고 수치스러운 특성들을 갖고 있다면, 그들이 숭배의 대상이 되어서는 안 될 거라고 비판했다. 크세노파네스는 호메로스의 신들은 단지 호메로스 시대 문화의 반영에 불과하다고 논평했다. 그가 선언했다시피, '에티오피아 인들은 그들의 신이 검은 피부에 들창코를 가졌다고 하며, 트라키아 인들은 그들의 신이 푸른 눈과 붉은 머리카락을 갖고 있다고 말한다.' 크세노파네스는 말하기를, 만일 황소와 말이 그림을 그릴 수 있는 손을 갖고 있었다면, 황소들은 의심의 여지없이 신들의 형상을 황소와 같이 그릴 것이며 말들은 또한 말의 형상으로 그들의 신을 그려낼 것이었다. 마찬가지로 그는 피타고라스가 주장한 영혼의 윤회설을 비판하며 인간의 영혼이 다른 동물에 머무를 수 있다는 생각을 조롱했다. 대신 크세노파네스는 유일신에 대한 모호한 개념을 갖고 있었는데, 유일신은 '형태나 생각에 있어서 인간과는 전혀 비슷하지 않으며', 그보다는 '단지 그의 정신적 사유에 의해 모든 사물의 원인이 되는' 신성(神聖)이었다.

탈레스와 마찬가지로, 크세노파네스는 자연현상의 근저에 놓여 있는 원리에 대해 사유했다. 탈레스가 제1원리는 물이라고 상정했던 것에 반해, 크세노파네스는 그보다 좀 덜 화려한 가능성인 진흙을 제 1원리로 제안했다. 이런 추측은 완전히 불합리한 것은 아니었는데, 적어도 관찰에 근거한 추론이라는 평가를 받았기 때문이다. 크세노파네스는 흙에 박혀 있는 해양 동물이 증명하는 것처럼 지구가 주기적으로 건조되었다가 원래의 진흙 상태로 돌아가는 과정을 되풀이하면서 지구의 생물들을 가두어 보존하게 되었으리라고 추측했다.

크세노파네스는 또한 확고한 지식을 주장하는 것에 관한 소크라테스의 경고를 선취한 사상가이다. 크세노파네스에 따르면 철학적 확실성은 성취될 수 없는 것인데, 왜냐하면 우리가 어쩌다가 진리를 떠올리게 된다고 하더라도 사물이 우리가 생각하는 대로 존재한다는 것을 확실히 알 수 있는 방법이 없기 때문이다. 이런 사실에도 불구하고 우리의 생각 속에 있는 오류들을 밝힘으로써 무엇이 확실히 진리인지를 밝힐수는 없을지라도, 적어도 무엇이 확실히 진리가 아닌지는 알 수 있게 되기 때문이다. 이런 생각은 칼 포퍼의 반증주의 방법론에서 현대적 대응물을 찾을 수 있을 것이다.

크세노파네스의 사유에 있어 일관성이나 근본적인 구조를 찾기는 어려운데, 적어도 역사를 통해 우리에게 전해져 온 단편적인 언급을 통해서 그런 것을 찾아내기는 힘들다. 이는 그가 본질적으로 소아시아 지역의 정치적 혼란으로 인한 망명자였으며, 그의 생각과 사변을 구술 시와 이야기들을 통하여 전달해야 했던 것을 고려하면 놀랍지 않은 사실이다. 그럼에도 불구하고, 크세노파네스는 그를 추종하는 이들에 의해 기억되고 언급될 만큼 충분한 영향력을 가졌다. 아마도 그것은, 크세노파네스의 시대를 전후하여 헬레니즘 세계 전체에서 숭앙되었던 호메로스의 신들에 대한 비판이 그에게 많은 관심을 집중시켰기 때문일 것이다.

헤라클레이토스

H e r a c l i t u s

(?600~?540 BC)

모든 것은 흐름 또는 변화의 상태에 있고, 대립되는 것들 사이의 전쟁과 갈등이야말로 우주의 영속적인 상태라고 헤라클레이토스는 주장했다. 그가 살았던 에페소스의 시민들이 너무나 어리석기에 그들이 스스로 목을 매달아야 하며, 도시를 아이들이 통치하도록 맡겨야 한다고 말한 것도 그였다. 헤라클레이토스는 일급 적대자로서 호메로스가 추방되어 채찍질을 당했어야 마땅하다고 주장했으며, 다른 사상가들을 포함하여 피타고라스와 크세노파네스의 생각과 지적인 능력에 대해서도 경멸을 퍼부었다.

우주의 기본적인 구조를 이해하고자 했던 헤라클레이토스는 자연의 세 가지 원소는 흙과 물, 불이며, 불은 다른 두 원소를 제어하고 변형시키는 우선적인 원소라고 생각했다. '모든 사물과 불은 서로의 교환물이다…불의 변형들 중에는, 우선 바다가 있고, 바다의 절반은 흙이고, 절반은 회오리바람이다.'

우주의 불은 인간 영혼 안에 대응물을 갖고 있는데, 약한 인간의 영혼은 '물'의 요소인 수면과 어리석음, 악덕으로 물들어 있다. 덕을 갖춘 영혼은 물질적인 신체의 죽음에서 살아남을 수 있고 마침내 우주의 불에 합류할 수 있게 된다. 하지만 분리와 통합의 과정은 계속적이다. 동양의 음과 양 개념과 유사하게도 헤라클레이토스는 대립하는 것들 사이의 역동(力動, dynamism)이 우주의 추동력이자 영원한 상태라고 믿었다. '대립 상태에 있는 사물은 또한 그 자신의 본성과 일치하는 것이며, 거기에 리라와 활의 관계와 같은 조화가 존재한다는 것을 인간들은 알지 못한다.' 헤라클레이토스는 또한 계속해서 주장하기를, "신은 낮과 밤이며, 겨울이며 여름이고, 전쟁과 평화이며, 포만감과 허기이다." 갈등과 대립은 둘 다 필연적이고 좋은 것인데, 그 이유는 우주적인 긴장상태의 개념이 서로 대립하는 것들이 지배력을 교체하는 동안 어느 쪽도 다른 쪽을 완전히 소멸시키거나 파괴하지 못하도록 하기 때문이다.

이런 우주적인 긴장상태는 변화가 계속적이라는 사실, 즉 모든 것이 흐름의 상태에 있다는 것을 보장해준다. 우주에 항구성은 존재하지 않는데, 불의 변형에 의한 결과로서 변화라는 영구적인 상태가 있을 뿐이다. 이런 명제는 아무것도 우주 안에서 불변의 상태로 머무르지 않지만 우주 그 자체는 영원하다는 사실을 암시한다. 우주는 "언제나, 지금도,

그리고 앞으로도 항상, 영원하게 살아 있는 불이다."

헤라클레이토스는 그의 시대에 등장하기 시작한 이성주의 철학자들과는 달리, 그의 사유 배경에 있는 이유들을 자세히 설명하지 않았다. 게다가 후대까지 살아남은 그의 저작들은 너무나 난해해서 주로 스토아학파를 비롯하여 그의 뒤를 추종했던 이들조차도 그에게 '수수께끼 내는 자'라는 별명을 붙였다. 그의 작품들은 경구적이고 예언적인 문체로 쓰였으며, 명백히 눈앞에 있는 것을 보지 못하는 이들에 대한 뚜렷한 경멸을 담고 있다. 헤라클레이토스는 의심의 여지없이 신비주의자였으며, 그의 저작들과 동시대에 쓰였던 노자의 도덕경 사이에는 강한 연관성이 있다. 헤라클레이토스가 동양의 문화와 어떤 접촉을 했는지, 또는 그 반대의 경우였는지는 알 수 없다.

헤라클레이토스의 항구적으로 변화하는 흐름이자 과정으로서의 실재라는 개념화는, 아리스토텔레스로부터 비롯되는 형이상학의 모든 후속적인 발전에 극명한 대조를 이룬다. 2천년 동안의 형이상학적 사변은 실체(實體, substance)들의 본성과 그것들이 가질 수 있는, 갖고 있는, 또는 가져야만 하는 특질들에 관해 사유하는 것이었다. 우리의 시대에 근접해서야 베르그송(Bergson)과 화이트헤드(Whitehead)의 저서에서 형이상학은 실체에 대한 연구가 아니라 과정에 대한 연구로 다시금 개념화될 수 있었다.

PHILOSOPHY
100

제2장

엘레아학파

The Eleatics

ESSENTIAL
THINKERS

파르메니데스

Parmenides of Elea

(510~?440 BC)

"존재하지 않는 것에 대해서
생각하는 것은 불가능하다"

고대 그리스의 철학자이자 엘레아학파의 시조. 존재(存在)의 철학자라 불리는 그의 삶과 배경에 대해서는 거의 알려진 바가 없으며 오늘날까지 전해지는 것은 〈자연에 대하여〉라고 이름 붙여진 시 단편들뿐이다. 존재하지 않는 것은 알 수 없으며 언급할 수 없다는 그의 존재와 비존재의 논증, 현실속의 존재와 정신속의 존재와의 차이의 논쟁은 안셀무스의 존재론적 논증을 제기시켰다. 생각들과 단어들, 사물들 사이의 연관에 대한 의문은 20세기의 영향력 있는 존재론과 인식론의 사상가인 러셀과 비트겐슈타인, 콰인 등에게 커다란 영향을 미쳤다.

파르메니데스의 삶과 배경에 대해서는 알려진 바가 거의 없으며, 그의 저작 중 오늘날까지 전해지는 것은 〈자연에 대하여〉라고 이름이 붙여진 시 단편들뿐이다. 그럼에도 불구하고 그의 유일한 저작은 역사상 최초의 추론된 논증을 포함하고 있는데, 아마도 헤라클레이토스에 대한 응답으로서, 파르메니데스는 변화는 불가능하며, 실재는 하나이고 불가분하며 균질적이라는 것을 증명하려고 했다. 그의 시 첫 부분인 '진리의 방법'에서, 파르메니데스는 여신과 만나서 존재하는 것에 대한 탐구와 존재하지 않는 것에 대한 탐구를 구분하는데, 그에 따르면 존재하지 않는 것에 대한 탐구는 불가능하다. "우리는 존재하지 않는 것을 알 수 없으며—그것은 불가능하다—존재하지 않는 것에 대해 언급할 수도 없다. 왜냐하면 생각되어질 수 있는 것은 존재하는 것과 동일하기 때문이다." 약간 수수께끼같은 이 논증의 본질은, 예를 들면 유니콘과 같이 존재하지 않는 무언가를 생각하기 위해서는 일단 무언가에 대해 생각해야 한다는 것이다. 이 경우 정신 속에 존재하는 어떤 생각, 아마도 유니콘에 대한 생각이 존재해야만 할 것이다. 유니콘에 대해서 생각한다는 것은 유니콘, 또는 유니콘에 대한 생각이 정신 속에 존재한다는 것이고, 그러므로 유니콘이 완전히 존재하지 않는다고 말하기는 어렵다. 이 논리는 주로 두 개의 복잡한 논점을 불러일으킨다. 첫째로 '존재한다'는 말이 정확히 무엇을 의미하는 것일까? 현실세계 속에 존재하는 것과 정신 속에 존재하는 것 사이의 차이는 무엇인가? 이것은 많은 다른 맥락에서 철학의 역사 속에 재출현하게 될 논란을 시작했다고 볼 수 있는데, 가장 유명한 것은 약 1,500년 후에 제기된 안셀무스의 존재론적 논증이다. 둘째로 생각들과 단어들, 그리고 사물들 사이의 연관은 무언가? 만약 그런 논쟁이 파르메니데스에게서 시작되었다면 그 이후의 거의 모든 중요한 철학자들, 예를 들어 20세기에 영향력 있는 사상가인 버트런드 러셀(Bertrand Russel), 루드비히 비트겐슈타인(Ludwig Wittgenstein)과 콰인(W.V. Quine) 등에게 모두 영향을 미쳤다고 볼 수 있을 것이다.

파르메니데스에게 있어서 무언가에 대해 생각하는 것은 그 대상에게 '존재'와 유사한 것을 부여하는 것이기 때문에, 진정으로 존재하지 않은 무언가에 대해서 생각하는 것은 불가능하다. 이로부터 우리는 단지 존재하는 것만을 생각할 수 있다는 결론에 이르게 되며, 여기에 파르메니데스 연역적 논증의 두 번째 부분이 뒤따르게 되는데, 이 논증은 서양 사상사에 있어 첫 번째로 알려진 형식적 연역의 예이다. 존재하는 어떤 것에 대해 생각하는 것은 존재하고 있지 않은 무언가의 존재를 암시하는 것이다. 만약 무언가가 초록색이라면 그것은 빨강이 아니며, 만약 무언가가 인간이라면 그것은 개가 아니고, 집은 수레가 아니라는 등이다. 하지만 이전의 논증에서 파르메니데스가 부정적인 존재 주장이 불가능하다는 것을 제시했기 때문에 긍정적인 존재 식별 또한 할 수 없는 것으로 보인다. X를 Y로부터 구별한다는 것은 X는 Y가 아니라고 말하는 것이며, 정확히 파르메니데스가 불가능하다고 주장하는 것이다. 그러므로 우리는 현실세계의 서로 다른 사물들을 논리적으로 구별할 수 없다. 파르메니데스는 결론짓기를 모든 것, 즉 실재의 진정한 본질—존재하는 것—은 구분되지 않고 균질적이며, 단일한 실체이다.

유사한 논증에 의해 파르메니데스는 또한 변화가 불가능하다는 것을 보이려고 시도한다. 만약 우리가 미래에 존재하게 될 어떤 것을 생각할 수 있다면 그것은 현재 우리의 정신 속에 존재하고 있음에 틀림없다. 만약 우리가 사라져버린 무언가 혹은 누군가에 대해 기억할 수 있다면 그것들은 우리가 그것을 생각하고 있을 때 우리의 정신 속에 존재하고 있음에 틀림없다. 그러므로 파르메니데스는 발생과 소멸은 환상이며, 변화도 환상에 불과한 것이다. 모든 것은 하나이며 분할되지 않고, 변화하지 않으며 영원하다고 결론짓는다.

현대의 독자들에게는 파르메니데스의 추론이 올바르지 않다는 것이 명백하지만 19세기 말과 20세기 초에 현대의 철학적 논리가 등장하기 전까지는 존재의 부정에 대한 주장이 명확하게 이해되는 것이 불가능했다. 그러나 후에 아리스토텔레스의 작업에 의해 완성될 논리적 연역의 시도로서의 역사적 중요성을 제외하고라도, 존재에 관한 개념들에 내재된 복잡성과 논리적인 문제들과 함께 언어와 사고, 실재 사이의 관계에 초점을 맞추었다는 점에서 그는 철학사에서 중대한 의미를 갖는다.

엘레아의 제논
Zeno of Elea
(490 BC~?)

"아킬레스는 아무리 빨리 달려도
절대 거북이를 따라잡을 수 없다"

그리스 엘레아학파의 대표자로서 파르메니데스의 제자이다. 피타고라스의 추종자들에 대항하여 파르메니데스를 방어하고자 일련의 구체적으로 묘사된 제논의 역설(귀류법을 사용한 최초의 논증)로 유명하다. 제논은 변화와 다수성에 대한 상식적인 생각들이 환상에 불과하다는 파르메니데스의 관점을 수호하면서 그런 상식적인 생각들이 매우 이상하고 터무니없는 결론들로 이끌어지기 때문에 세계의 진실된 본성을 표상할 수 없다는 것을 증명하는 역설들을 계발해냈다.

'제논'이라는 이름을 가진 두 명의 철학자가 있다. 엘레아의 제논, 그리고 키티온의 제논(BC 320)이 그들이다. 후자는 세네카와 마르쿠스 아우렐리우스 등이 속했던 스토아학파의 창시자로만 알려져 있다. 파르메니데스의 제자인 엘레아의 제논은 피타고라스의 추종자들에 대항해 파르메니데스를 방어하고자 일련의 구체적으로 묘사된 역설(paradox)들을 고안해냈던 것으로 잘 알려져 있다. 제논의 역설들은 귀류법(반대되는 관점이 모순으로 귀결되기 때문에 오류임을 증명하는 논리적 기술)을 사용한 최초의 논증들이다.

제논은 변화와 다수성에 대한 상식적인 생각들이 환상에 불과하다는 파르메니데스의 관점을 수호하면서 그런 상식적인 생각들이 매우 이상하고 터무니없는 결론에 도달하기 때문에 세계의 진실된 본성을 표현할 수 없다는 것을 증명하는 일련의 역설들을 계발해냈다.

제논은 사물의 다수성에 대한 개념과 운동의 개념에 맞서는 두 계열의 논증들을 제안한다. 제논은 첫째로 우리 감각들의 겉보기에 명백한 증거들에도 불구하고 세계에 많은 다른 것들이 존재할 수 없다는 것을 보이고자 한다. 어떠한 3차원적 사물도 다수의 부분들로 분할 가능하다. 그것은 또한 물질의 가장 기본적인 요소에 이를 때까지 계속해서 분할될 수 있을 것이다. 그러나 심지어 원자들 또한 분할될 수 있는데, 현대 과학자들이 말해주다시피 원자의 구성요소들인 중성자와 양성자 등이 그것이다.

논리적으로 따져볼 때, 어떤 것이건 물리적인 크기를 갖고 있는 것은 그 크기의 절반으로 분할될 수 있는 것으로 보인다. 그러므로 물질이 공간적으로 펼쳐진(extended) 단위들이나 점들의 집합으로 구성되어 있다고 말하는 것은 불가능한데, 왜냐하면 공간적인 연장성을 갖는 것은 어떤 것이든지 무한히 계속해서 분할할 수 있기 때문이다. 그러므로 물질은 별개의 것들이 아니라 연속적인 것임에 틀림없다.

운동(motion)의 개념에 반박하는 제논의 논증들 또한 본질적으로 같은 형식을 갖고 있다. 아킬레스가 운동장에서 얼마나 빨리 트랙을 달릴 수 있는지를 알아보려고 결정한다고 가정해 보자. 그가 종착점에 도달하려면 우선 중간 지점에 도달해야 할 것이며, 중간 지점에 도달하려면 그 중간의 중간 지점에 도달해야 하는데, 이러한 중간 지점들은 무한히 존재할 것이다. 만약 공간이 이렇듯 무한한 점들의 연속으로 이루어져 있다면 우리는 어떤 거리도 이동할 수 없을 것이다. 왜냐하면 완주하기 위해서는 모든 지점을 통과해야만 하는데, 유한한 시간 안에 무한한 점들의 연속을 통과할 수는 없기 때문이다. 제논은 이와 마찬가지로 잘 알려진 아킬레스와 거북이의 역설에서 거북이가 아킬레스보다 앞서서 출발하는 경우를 상상해 보라고 요청한다. 아킬레스가 거북이가 있는 곳에 도달하기 전에 거북이는 원래의 지점보다 조금 더 멀리 갔을 것이며, 그 지점에 아킬레스가 도달하기 전에 다시 거북이는 조금 더 움직였을 것이고, 이런 사태가 무한히 반복될 것이다. 아킬레스는 아무리 빨리 달리더라도 절대로 거북이를 따라잡을 수 없는데, 매번 그가 움직일 때마다 거북이도 또한 움직이기 때문이다. 그러므로 시간 속의 운동(즉, 변화)은 불가능하다.

제논의 논증은 공간은 무한한 점들의 연속으로 구성되어 있을 수 없다는 것을 보여주는 것처럼 보인다. 다양성의 개념을 반박하는 이전의 논증과 같이 공간이 무한히 분할가능하다는 명백한 주장을 할 수 없게 된다. 어떠한 선분이나 거리도 더 작은 선분으로 분할될 수 있고, 그 선분은 더 작은 선분으로 분할되며, 이런 사태가 무한히 계속된다. 만약 우리가 어떤 물리적 크기에 대해 말할 수 있다면 우리는 또한 그 크기의 절반에 대해서도 언급할 수 있을 것이다. 제논은 이런 방식으로 실재의 진정한 본성은 불변하며 불가분한 전체라는 파르메니데스의 관점을 수호하려고 한다. 칸트와 헤겔, 흄은 모두 제논의 역설에 대한 해결책을 제시했는데, 그들 중 누구도 완전히 성공하지는 못했다. 하지만 현대에 이르러, 선을 점들의 연속으로 보는 기하학의 정의를 폐기하는 집합이론만이 제논의 역설에 대해 만족스러운 해답을 제시한다.

PHILOSOPHY
100

제3장

플라톤의 아카데미아
The Academics

ESSENTIAL
THINKERS

소크라테스

S o c r a t e s

(470~399 BC)

"내가 아는 단 한 가지는
내가 아무것도 모른다는 것이다"

고대 그리스의 철학자. 소크라테스는 이전의 그리스 철학자들과는 달리 추상적인 형이상학적 고찰보다는 인간에 대한 실천적인 의문에 많은 고민을 했다. 그 결과 윤리학의 창시자로 일컬어진다. 문답을 통하여 상대의 무지를 깨닫게 하고, 시민의 도덕의식을 깨우치는 일에 힘썼다. 철학이 현대까지 계속적인 비판적 고찰의 분야로 발전하게 된 것은 주로 소크라테스의 영향 때문이다. 신에 대한 불경죄라는 죄목으로 고발을 당해 독배를 마시고 일생을 마쳤다.

소크라테스는 그의 고향인 아테네에서 정치적 대격변의 시대를 살았다. 그런 혼란의 결과로, 아테네는 결국 소크라테스를 희생양으로 만들고 마침내 그의 생명을 앗아가게 되었다. 소크라테스에 대해서 알려진 바의 대부분은 그의 제자, 플라톤을 통한 것인데, 소크라테스 그 자신은 공공의 토론과 웅변술을 통해서만 가르쳤고 그 자신의 저작을 쓴 적이 없는 떠돌이 철학자였기 때문이다.

그 전의 그리스 철학자들과는 달리, 소크라테스는 추상적인 형이상학적 고찰보다는 우리가 어떻게 살아야 하는지, 인간을 위한 좋은 삶은 어떤 것일지 등의 실천적인 질문들에 대해 더욱 많이 고민했다. 그 결과, 그는 종종 철학의 한 분과인 '윤리학'의 창시자로 일컬어진다. 그리고 바로 그런 윤리적 문제들에 대한 고려 때문에 그는 종종 원로들과 갈등을 빚곤 했는데, 혁명적이고 비정통적인 사상들로 부유층 자제들의 정신을 타락시킨다는 의혹을 샀기 때문이었다.

소크라테스는, 그가 확실하게 아는 것은 자신의 무지 뿐이라고 주장하면서 대화 상대들을 놀래키는 확실히 개성이 강한 사람이었다. 그의 가르침의 대부분은 듣는 이에게 '아름다움'이나 '선함', 또는 '신성함'과 같은 일반적인 생각들과 개념들을 정의내릴 것을 요청하는 것으로 구성되었는데, 그것은 단지 논리적인 추론을 통해 그런 모든 제안된 정의들과 일반적인 개념들이 역설이나 모순으로 이어진다는 것을 증명하기 위한 것이었다. 그의 동시대인들 중의 일부는, 이런 논변술이 솔직하지 못하며 소크라테스가 스스로 털어놓는 것보다 더 많은 것을 알고 있을 것이라고 생각했다. 하지만, 소크라테스의 방법은 정통성에 대한 무비판적 수용의 위험에 대해서 효과적인 교훈을 제공하기 위한 것이었다. 그는 종종 특정한 주제에 관해 확고한 지식을 갖고 있다고 주장하는 이들에게 격분하여 변증론의 희생자로 삼곤 했다. 철학이 현대까지 계속적인 비판적 고찰의 분야로 발전하게 된 것은 주로 소크라테스의 영향 때문이다. 소크라테스의 가르침의 핵심은 사회와 개인에게 있어서 가장 위험한 것은 비판적 사고의 결여이다.

도시의 청년 귀족들에게는 사랑받았지만, 소크라테스는 일생을 통해 불가피하게 많은 적들을 만들었다. 그가 대략 70세 정도 되던 해, 아테네가 지도자를 몇 번이나 바꾸고 재정적으로는 침체기를 겪은 후에, 소크라테스는 '젊은이들을 타락시킴'과 '도시가 섬기는 신들을 믿지 않음'이라는 죄목으로 재판을 받게 되었다. 이런 혐의들은 주로 소크라테스의 선동적인 대중 연설들을 중단시키고 대신 새로운 지도자가 법과 질서를 엄격하게 통제하고 있음을 아테네 시민들에게 설득하게 하기 위한 것으로 보였다. 유죄를 인정함으로써 소크라테스는 아마도 재판에서 벗어나 여생동안 일개의 시민으로서 살아갈 수도 있었을 것이다. 하지만, 그 특유의 스타일로 그는 자신을 단호하게 변호했고, 그의 고발자들을 비난하며 신께서 직접 철학을 실천하고 가르치라는 임무를 자신에게 내렸다고 주장했다. 유죄임이 선고된 후, 자신이 어떤 벌을 받아야 한다고 생각하느냐는 질문에 소크라테스는 30만나(minae)에 불과한 푼돈의 벌금형을 제안하여 재판부를 조롱했다. 분개한 재판관들은, 원래 유죄에 투표했던 인원보다 더욱 많은 인원이 소크라테스에게 독미나리를 마시게 함으로써 극형에 처하는 것에 찬성표를 던졌다.

이에 흔들리지 않고서, 소크라테스는 선뜻 법을 준수할 것에 동의하고 그의 가족과 친구들이 처형을 참관하는 것을 거부했다.

소크라테스의 재판과 죽음, 최후의 연설들은 플라톤의 대화편들인 〈소크라테스의 변명〉, 〈파이돈〉, 〈향연〉 등에 훌륭하게 묘사되었다.

플라톤
p   l   a   t   o

(427~347 BC)

플라톤은 소크라테스의 제자이자 최초의 고등교육기관 아카데미아의 설립자였다. 그는 다른 어떤 철학자들보다도 서양 철학사에 광범위한 영향을 미쳤는데, 알프레드 노스 화이트헤드는 타당하게 지적하기를, "서양 철학을 정의한다면 그것이 플라톤에 대한 주석들이라는 것"이라고 말했다. 실로 플라톤의 저작 전집은 철학의 거의 모든 주제들에 관한 의견을 담고 있다.

그런 연유로 이렇듯 광범하고 포괄적인 사유의 저작 목록을 정의내리기는 어려울 수 있다. 하지만 플라톤 작품의 대부분은 이상적 형상의 세계에 대한 그의 개념화를 중심으로 삼고 있다. 파르메니데스에게서 빌려온 생각을 따라, 플라톤은 불변하고 영원한 것만이 실재이기 때문에 경험세계는 환상에 불과하다고 말했다. 그렇다면, 우리가 감각경험을 통해 만나는 덧없는 현상들의 청사진으로서 영원하며 불변하는 형상들의 세계가 존재해야만 할 것이다. 플라톤에 따르면, 많은 개별적인 말들, 고양이들, 개들이 있음에도 불구하고, 그것들은 모두 '말', '고양이', '개' 등의 보편적인 형상의 이미지로서 만들어진 것이다. 마찬가지로, 많은 인간들이 있지만 모든 인간은 보편적인 '인간의 형상'의 이미지로서 만들어진 것이다. 이런 생각은 인간이 신의 형상에 따라 만들어졌다는 후대의 기독교 사상에 영향을 주었는데, 이것은 플라톤이 기독교 신학에 직접적인 영향을 끼쳤던 많은 사례들 중 하나에 불과하다.

플라톤의 형상 이론은 물질적인 사물들에 국한된 것은 아니었다. 그는 또한 보편적이거나 추상적인 개념들인 '아름다움', '정의', '진리' 등과 수학적인 개념인 '수'나 '등급' 등의 이상적인 형상들도 존재한다고 생각했다. 실로, 오늘날 까지도 플라톤의 영향력이 느껴지는 것은 수학 분야에서인데, 프레게(Frege)와 괴델(Godel) 등이 플라톤주의를 지지하고 있다는 점에서 그러하다.

형상의 이론은 또한 플라톤의 가장 논쟁적이고 유명한 저작인 〈공화국〉의 기저를 이루고 있다. 정의의 본질과 가치를 이해하기 위한 탐구에서, 플라톤은 태어날 때부터 다스림의 임무를 위해 훈련을 받은 수호자들에 의해 이끌어지는 유토피아적 사회의 비전을 제시한다. 그 사회의 나머지는 군인들과 일반인들로 나누어져 있다. 이 공화국에서 이상적인 시민은 사회 전체의 이익을 위해 그들의 재능을 어떻게 가장 잘 사용할 수 있는가를 이해하며, 그런 임무를 수행하기 위해 틀림없이 따르는 시민들이다. 플라톤의 공화국에는 사적인 자유나 개인적 권리에 대한 고려가 거의 없는데, 모든 것이 국가 전체의 선을 위해 수호자들에 의해 엄격하게 제어되기 때문이다. 이런 점에 대해 어떤 이들, 특히 버트런드 러셀(Bertrand Russell)은 플라톤이 공산주의나 사회주의적 원칙들을 가장한 엘리트주의적이고 전체주의적인 체제를 지지하고 있다는 의혹을 제기했다. 러셀 또는 그의 비판에 대한 반대자들이 옳은지 아닌지는 그 자체로 거대한 토론의 주제가 된다. 하지만 플라톤이 사회를 이런 방식으로 조직하고자 하는 이유를 이해하는 것이 중요하다. '공화국'은 사회의 이상적인 형상을 찾아내려 한다는 점에서 그의 형상 이론과 궤를 같이 한다. 플라톤은 사회를 조직하는 하나의 이상적인 방식이 있을 것이라고 생각하며, 이에 대해서 모든 실재의 사회들은 단지 불완전한 복사물에 불과할 것인데 그것들이 전체의 선을 촉진하지 않기 때문이다. 그런 사회는 —플라톤이 생각하기로는— 그 이웃나라들보다 강할 것이며 적들에 의해 정복당하지 않을 것인데, 이런 생각은 아테네와 스파르타, 다른 헬레니즘 도시국가들 사이의 빈번한 전쟁을 겪었던 그리스인들의 정신 속에 심어졌다. 하지만 가장 중요하게도 그런 사회는 각자에게 마땅하게 주고받는 모든 시민들에게 공정한 사회일 것이며, 각각의 시민들이 전체의 이익을 위해 일하는 사회일 것이다. 플라톤의 공화국이 이상에 불과한지 혹은 실현가능한 사회인지는 그 이후로 줄곧 학자들의 의견을 갈라놓았다.

아리스토텔레스
A r i s t o t l e
(384~322 BC)

서양 사상의 역사와 발전에 있어서 아리스토텔레스의 성취는 놀랍고 견줄 바가 없다. 단순한 철학자 이상이었던 아리스토텔레스는 과학자이자 천문학자였으며 정치 이론가였고, 또한 우리가 현재 기호 논리 혹은 형식 논리라고 부르는 것의 발명가였다. 그는 생물학과 심리학, 윤리학, 물리학, 형이상학, 정치학에 대해 폭넓은 저술을 했으며, 이 모든 분야들에서 현대까지 지속되는 토론의 조건들을 만들어냈다. 정의에 대한 그의 저서들은 법률학을 공부하는 학부생들에게 여전히 필수적인 독서 자료이다.

그의 저서들은 그의 사후에 약 200년 동안 손실되었다가 운 좋게도 크레타에서 다시 발견되었다. 후에 이 저작들이 보에티우스에 의해 대략 기원후 500년 정도에 라틴어로 번역되면서 아리스토텔레스의 영향력은 시리아와 이슬람 전역에 퍼져 나갔다. 한편 기독교의 유럽은 플라톤을 지지하며 아리스토텔레스를 폄하했다. 13세기에 토머스 아퀴나스가 아리스토텔레스의 저작을 기독교 교리와 화합시키기에 이르러서야 아리스토텔레스는 서유럽에서 가장 영향력 있는 존재가 되었다.

아리스토텔레스는 17세부터 플라톤의 '아카데미아'에서 교육을 받았는데, 거기서 그는 플라톤이 사망할 때까지 20년 동안이나 머물렀다. 후에 그는 그 자신의 교육기관인 '리케이온'을 설립했는데, 그곳에서 스승과는 방법과 내용, 양면에서 완전히 다른 철학을 강론했다.

아리스토텔레스는 연구에 있어 이전에 살았던 다른 어떤 철학자들보다도 더 많은 관찰을 했고 정보를 엄격하게 분류했다. 이런 연유로 그는 종종 경험 과학과 과학적 방법의 아버지로 불린다. 스승인 플라톤과는 달리, 아리스토텔레스는 자신의 논리를 세부화하기 전에 항상 전문가와 평범한 사람들 양쪽 모두의 의견을 고려한 후 연구에 착수했는데, 진실의 일부는 일반적으로 믿어지는 생각들 속에서 발견될 수 있다고 믿었기 때문이었다. 아리스토텔레스의 방법은 대단히 엄정했고, 그의 많은 선배들과는 달리 개종시키려는 듯한 논조를 띠지 않았다.

플라톤과 소크라테스 이전 철학자들과는 극명하게도, 아리스토텔레스는 인간 탐구의 다양한 분과들이 일종의 보편적인 철학적 원리에 따라 하나의 분과에 포함될 수 있다는 생각을 거부했다. 과학은 그 주제에 따라 서로 다른 공리들과 다양한 정도의 정확성을 요구한다. 그러므로 아리스토텔레스는 양과 질, 실체와 관계 등의 특정한 형이상학적 범주들이 모든 현상에 대해 적용가능하다고 주장하면서도, 인간 본성에 대한 정확한 법칙들이 있을 수 있다는 사실을 거부했다.

만약 아리스토텔레스의 저작 대부분에 일관적인 맥락이 있다면, 그것은 목적론에 대한 개념화일 것이다. 아마도 그의 생물학 연구에 대한 심취의 결과로, 아리스토텔레스는 생물과 무생물의 운동 모두가 어떤 최종적 목적('텔로스')이나 목표를 향해 가도록 되어 있을 것이라는 생각을 갖게 되었다. 일반적으로 사람이나 조직, 국가는 목적이나 목표라는 관점에서 설명한다. ("존은 변호사가 되기 위해 사법시험에 응시하고 있다", "학교가 지붕 수리를 위한 기금을 마련하기 위해 파티를 연다", "나라가 영토를 수호하기 위해 전쟁을 한다") 마찬가지로 현대의 진화생물학은 유전자와 유전적 명령의 행동에 따른 목적론적 설명을 사용한다. 하지만 아리스토텔레스는 목적이라는 개념이 우주의 모든 원리를 설명하기 위해 적용될 수 있다고 생각했다. 그의 추론은 모든 것이 본질적인 기능을 갖고 있으며, 그런 기능은 사물의 최선이자 가장 본질적인 상태이고, 모든 것이 그런 기능을 충족하거나 내보이기 위해 노력하고 있다는 생각에 기반해 있다. 아리스토텔레스는 이런 기능의 개념에 의해서 윤리학을 물리학과 연관짓는데, 인간의 본질적인 기능은 사유(思惟)하는 것이며, 제대로 사유하는 것은 덕에 기반하여 사유하는 것이다. 이에 반대되는 관점, 즉 행위를 윤리적 판단의 문제로 보는 칸트와 밀의 윤리학 이론들과는 달리, 아리스토텔레스의 윤리학은 도덕적으로 선하거나 악한 행위자의 특성에 초점을 맞춘다. 이런 소위 '덕 윤리학'은 알리스태어 매

킨타이어(Alistair Macintyre)의 비평적 성공과 함께 20세기 후반의 도덕철학에서 부활하게 되었다.

PHILOSOPHY
100

제4장

원자론자
The Atomists

ESSENTIAL
THINKERS

데모크리토스

Democritus

(460~370 BC)

"우주의 본질은 항구적인 운동 상태에서 분할할 수 없는 원자들로 이루어졌다"

고대 그리스 최대의 자연철학자. 고대 원자론 확립. 그는 우주의 근원적인 본질은 무한한 공간 속에서 움직이며 계속적인 운동 상태에 있는 분할불가능한 원자들로 이루어져 있다는 원자론을 확립했다. 유일한 비존재는 무한한 진공이며, 이 절대 공간 안에서 원자들이 영원히 운동하고 있다고 가정했다. 원자들이 서로에게 가하는 충격에 따라 물리적 사물들이 움직인다는 사실에 기반하여, 우주의 모든 사건이 이 전의 사건들에 의해 인과적으로 결정된다는 '결정론'이라고도 불리는 이 주장은, 근대 철학의 역사에서 활발하게 옹호 또는 부정되었으며 오늘날까지도 살아 있는 주제이다. 그의 원자론의 학설은 유물론의 출발점이며, 그 후 에피쿠로스와 루크레티우스에 의해 계승되어 후세 과학사상에 영향을 끼쳤다.

데모크리토스는 아테네의 엘리트층에 의해 거의 인정을 받지 못했다고 전해진다. 그럼에도 불구하고 소크라테스 이전 철학의 정점을 대변한다고 간주될 수 있으며, 그의 원자론 형이상학은 그것의 각별한 현대성 때문에 대단히 숭배를 받아왔다.

데모크리토스는 우주의 근원적인 본질은 무한한 공간 속에서 움직이며 항구적인 운동 상태에서 분할불가능한 원자들로 이루어져 있다고 주장했다. 물질적인 사물들은 이런 원자들의 일시적인 연속상태이며 원자들이 자연적인 힘에 따라 모이고 흩어지면서 생성하고 소멸하게 되는데, 원자들 그 자신은 영원하고 소멸되지 않는다는 것이다. 제논에 대한 응답으로서, 데모크리토스는 원자들을 기하학적으로 분할할 수 있음에도 불구하고, 단지 원자들 사이의 빈 공간을 포함하고 있는 물질만이 분할가능하다고 주장했다. 원자 그 자체는 완벽하게 견고하며 완전하게 진공을 배제하기 때문에, 물리적으로 분할가능하지 않다는 것이다.

데모크리토스의 원자론은 선배 철학자들의 사상을 통합하려는 설득력 있는 시도를 보여준다. 헤라클레이토스에 이르러, 원자론 철학은 변화와 운동이 둘 다 가능하고 필연적인 자연의 상태라는 것에 동의했다. 하지만 비존재(non-existence/non-being)에 문제의 소지가 있다는 파르메니데스의 주장에도 우리는 공감할 수 있다. 데모크리토스에게 있어서는, 존재하는 어떤 것이라도 원자들의 결합이며, 심지어 정신 속에 있는 생각들조차도 그러하다. 그러나 파르메니데스나 제논과 마찬가지로, 데모크리토스는 만약 우주가 물질로만 구성되어 있다면 운동이 불가능하다는 것에 동의했다. 그랬다면, 파르메니데스가 주장했다시피 우주는 변화가 불가능한 거대한 고체덩어리일 것이다. 운동을 설명하기 위해서 데모크리토스는 유일한 비존재는 무한한 진공이며, 이 절대 공간 안에서 원자들이 영원히 운동하고 있다고 가정했다. 파르메니데스는 이런 주장에 대해 논리적 근거에서 반론을 펼치리라고 추측할 수 있다. 진공이 있다고 말하는 것은 진공이 존재한다는 것인데, 진공은 정의상 존재의 결여라는 모순을 각오하지 않고서는 그런 주장을 펼 수 없을 것이다. 완전히 납득하기는 어렵지만 새롭기 때문에 기발한 데모크리토스의 해결책은, 진공이나 공간이 물질의 속성으로서 생각되어져야 한다는 오래된 생각—역설적으로 현대에 와서 아인슈타인의 상대성 이론에서 재창조된—을 버리는 것이었다. 그보다, 데모크리토스는 무한한 진공이 단지 물질의 결여이며 원자의 존재와 물질적으로 독립적이라고 주장했다.

진공과 물질 사이의 관계에 대한 이 문제, 철학 용어로 표현하자면 공간의 존재론적 지위에 관한 문제는, 훨씬 이후에 뉴턴과 라이프니츠 간의 기나긴 토론에서 다시 출현하게 된다. 뉴턴은 절대 공간이 물질을 담는 용기 역할을 한다는 데모크리토스의 생각을 지지했고 라이프니츠는 공간은 단지 물리적 물체들 사이의 관계에 불과하다고 생각했다. 이 토론의 역사는 그 자체로 흥미로운데, 아인슈타인 전까지 철학자들과 과학자들의 일반적인 의견은 데모크리토스와 뉴턴이 옳다는 것이었지만 현재에 와서는 파르메니데스와 라이프니츠, 아인슈타인이 논쟁에서 우위를 차지하고 있는 것으로 보인다.

데모크리토스의 원자론은 다른 현대적 의미도 함축하고 있다. 당구공 하나가 다른 공을 쳐서 각자가 방향을 바꾸게 되는 것과 같이 원자들이 서로에게 가하는 충격에 따라 물리적 사물들이 움직인다는 사실에 기반하여, 우주의 모든 사건이 이전의 사건들에 의해 인과적으로 결정된다고 주장했다. 이런 관점의 더욱 세련된 버전인 '결정론(determinism)'이라고 불리는 주장은 근대 철학의 역사에서 활발하게 옹호되고, 또는 부정되었으며 오늘날까지도 살아 있는 주제이다.

에피쿠로스
E p i c u r u s
(341~270 BC)

사모스의 가난한 아테네 식민지 주인의 아들로 태어난 에피쿠로스는 부유하지도 않고 귀족계급도 아니었으며, 그의 일생 대부분동안 좋지 않은 건강으로 고통을 받았다. 그의 철학은 소크라테스 이전 철학자들의 형이상학적 관심과 소크라테스의 윤리적 고려라는 창의적인 혼합을 제시한다. 에피쿠로스는 데모크리토스와 마찬가지로 원자론 형이상학을 옹호하였지만 그것을 일종의 치유적인 쾌락주의와 혼합하여 정당화하고 했다. 그의 쾌락주의는 세속적 삶의 불안을, 신과 죽음에 대한 공포를 제거하고 쾌락의 추구로 달래고자 하는 것이었다.

핵심에 있어서 에피쿠로스는 데모크리토스의 원자론을 따랐지만 한

가지 중대한 차이가 있었다. 에피쿠로스에 따르면, 진공 속의 원자들은 원래는 방해받지 않는 평행선으로 움직인다. 하지만 어떤 원자들은 자유 의지로 인한 자발적인 행위에 의해 진행방향에서 벗어날 수 있다. 그 결과로 발생하는 충돌은 무수히 많은 사물과 우리가 아는 대로의 현상세계를 발생시킨다. 이런 원자론의 중대한 변형은 에피쿠로스가 인간의 행동을 설명하는데 있어 기계론을 주장하되 결정론을 거부하도록 했는데, 그는 데모크리토스의 철학에서 가장 먼저 결정론을 비판했다. 에피쿠로스에 따르면 영혼은 물리적 신체 속의 원자들의 움직임일 뿐이지만 어떤 원자들은 자유롭게 진공 속에서 방향을 바꿀 수 있었다. 이런 신비롭고 완전히 설명이 불가능한 속성에 의해 에피쿠로스가 그보다 이전의 원자 이론들의 비판으로부터 인간의 자유의지라는 개념을 지킬 수 있었다.

하지만 에피쿠로스가 진정으로 관심 있었던 것은 추론적인 형이상학이 아닌, 단지 이론적인 근거로 원자론을 필요로 하는 삶의 실천 철학이었다는 것이 분명하다. 그의 윤리적 가르침은 행복의 추구에 관한 것이었는데, 에피쿠로스는 행복이란 정신과 육체 양면에 있어서 고통의 제거라고 보았다. 그는 생각하기를, 정신과 육체 중에서 정신적인 고통이 더 심각한 것인데, 왜냐하면 심각한 육체적 고통은 곧 약해지고, 정신의 통제를 받을 수도 있으며, 또는 죽음으로 끝나게 되기 때문이다. 죽음은 두려워할 것이 아닌데, 왜냐하면 사후의 삶이나 응징하는 신들은 존재하지 않으며, 원자론의 교리에 따르면 영혼은 단지 육체적 죽음 후에 흩어지고 말 원자들의 집합체에 불과하기 때문이다. 반면에, 불안이나 공포 등의 형태를 띠는 정신적인 괴로움은 약해지지 않고 지속될 수 있으며, 집중력 저하와 우울, 그 외의 심리적 문제들을 초래한다.

쾌락의 추구에 대한 강조 때문에 쾌락주의자로 평가됨에도 불구하고, 에피쿠로스가 난잡하거나 타락한 생활방식을 용인한다고 생각하는 것은 잘못이다. 이런 의문은 스토아 철학자인 에픽테토스에 의해 에피쿠로스에게 부당하게 씌워진 것이다. 반대로 에피쿠로스는 많은 신체적 기쁨들이 고통과 함께 오거나 고통스러운 결과들을 가져온다는 사실을 잘 알고 있었다. 그는 재산도 많지 않았고 건강도 좋지 않았다. 그런 사실을 고려해 볼 때, 그가 신중함과 절제를 그의 철학의 중심으로 삼았다는 것은 놀라운 일이 아닐 수 없다.

에피쿠로스는 지혜가 제일가는 미덕이라고 가르쳤는데, 지혜를 통해서 우리는 어떤 즐거움을 추구하고 또는 피해야 할지를 알 수 있게 되기 때문이다. 그는 덕 있는 삶을 살지 않는 한 그 누구도 온전하게 행복할 수 없는 이유는, 덕이 그 자체로 좋은 것이기 때문이 아니라 그것이 즐거움을 주는 결과들로 이어지고, 고통과 공포의 제거로 이끌어가기 때문이라고 말한다.

데모크리토스나 다른 소크라테스 이전 철학자들과 마찬가지로, 에피쿠로스는 인간사에 관여하는 인간과 닮은 신들이라는 관념을 거부했다. 분명 그는 모든 것을 사랑하며 전지전능한 신성이 존재한다고 믿는 이들을 위해, 후에 '악의 문제'라고 불리게 되는 논변을 최초로 정식화했다고 할 수 있다. 세상에 많은 악에 의해 사람들이 고통받는 것을 언급하면서, 에피쿠로스는 "신은 악을 물리치기를 원하지만 그럴 능력이 없는가? 그렇다면 그는 전능하지 않다. 그는 그렇게 할 수 있지만 하려고 하지 않는가? 그렇다면 그는 악하다. 그는 그렇게 할 수 있고 그럴 의지가 있는가? 그렇다면 어떻게 악이 존재할 수 있는가?" 그럼에도 불구하고 에피쿠로스는 무신론자가 아니었는데, 그는 신들은 존재하지만 인간사에 관심이 없으며, 대신 그들 자신의 사색하는 기쁨을 추구하느라 정신이 팔려 있을 뿐이라고 생각했다.

에피쿠로스의 철학은 서로 반대되는 생각들의 흥미로운 혼합을 제시한다. 그는 신중함과 절제를 가르치는 쾌락주의자였고, 신들의 간섭과 영혼의 살아남음을 거부하는 유신론자였으며, 기계론과 자유 의지를 지지하는 원자론자였다. 그의 추종자들은 에피쿠로스주의자라고 알려지게 되었는데, 그들 중 가장 유명한 이는 루크레티우스이다. 에피쿠로스의 철학은 약 600년 동안 인기를 누렸으며, 그 기간 내내 시조의 가르침에 충실하게 유지되었으나, 로마인의 관심이 스토아주의에 집중됨에 따라 마침내 퇴색하고 말았다.

PHILOSOPHY
100

제5장

견유주의자

The Cynics

ESSENTIAL
THINKERS

디오게네스

Diogenes of Sinope

(400~325 BC)

"부랑자 같은 삶을 살았던
'개' 또는 '미친 소크라테스'"

고대 그리스 철학자, 견유학파(키니코스학파)의 대표 철학자. 시노페의 디오게네스라 불린다. 알렉산드로스대왕과의 일화로도 유명하다. 그의 부랑자와 같은 생활방식 때문에 '개'라는 별명이 붙었으며 플라톤에 의해 '미친 소크라테스'라고 묘사되었다. 그는 행복은 단지 '자연에 따라 사는 것'에 의해서만 성취될 수 있다고 주장했다. 이는 육체의 가장 기본적인 요구들만을 가장 단순한 수단들을 사용해서 충족시키는 것을 의미했다. 또 그는 비타협적인 환상에 불과한 감정적·심리적인 집착을 최소화하기 위해 모든 재산과 소유물, 가족관계와 사회적 가치를 포기하도록 요구한다. 그의 철학은 불교와 도교의 가르침과 유사한데, 그의 사상의 진정한 가치는 '자아의 수련'이었다. 이 사상은 후에 등장하는 스토아 철학자들에게 대단히 큰 영향을 끼쳤다.

아리스토텔레스의 동시대인인 디오게네스의 철학과 사유는 플라톤의 아카데미아에서 가르쳐졌던 것과는 매우 다르다. 디오게네스는 카리스마적이고 불가사의한 인물이었으며, 도시 생활의 복잡성과 책략들을 거부하려 했던 견유주의자들(犬儒主義, Cynics)에게 영감을 주었다. 디오게네스가 실제로 그의 생각들을 저작으로 옮겼는지는 확실치 않지만, 만약 그랬더라도 그것들은 모두 손실되었으며, 사실상 저작을 남기는 행위는 그의 생활방식과 철학에도 부합하지 않는 것으로 보인다.

디오게네스는 극단적으로 단순화된 생활 방식을 주장하였는데, 자아의 수련에 전념하기 위해 도시 생활의 덫과 정신을 분산시키는 것들을 거부했다. 마찬가지로 그는 형이상학과 철학자들의 지적인 허세를 비판했다. 디오게네스는 행복은 단지 '자연에 따라 사는 것'에 의해서만 성취될 수 있다고 주장했다. 이는 육체의 가장 기본적인 요구들만을 가장 단순한 수단들을 사용해서 충족시키는 것을 의미했다. 부랑자같은 생활방식 때문에 그에게는 '개'라는 별명이 붙기도 했다. 전해지는 바에 의하면 플라톤은 그를 '미친 소크라테스'라고 묘사하기도 했다. 그는 구걸로 생계를 유지했고, 단순한 천 조각 외에는 아무것도 걸치지 않았으며, 충격적인 시선끌기로 유명했다. (전해지는 바에 의하면 그는 성적인 욕망이 얼마나 쉽게 충족되는지를 보여주기 위해 한번은 군중 앞에서 자위행위를 했다고 한다.)

디오게네스에 따르면, 자아의 수련 혹은 '자기 충족'은 행복과 자유로 이끌지만, 그에 대한 방해에 맞서 계속적인 연습과 훈련을 필요로 한다. 그의 비타협적인 철학은 '환상에 불과한' 감정적, 심리적인 집착을 최소화하기 위해, 모든 재산과 소유물, 가족관계와 사회적 가치를 포기하도록 요구한다. 하지만 그런 정신적 분산을 피하는 것만으로는 충분하지 않고, 타인들을 해방시키기 위해 사회를 적극적으로 비판해야 하며, 감정적으로 초탈한 상태를 유지하기 위해 의도적으로 자신을 조롱과 모욕의 대상으로 만들 수 있어야 한다. 매우 급진적이고 비타협적이긴 하지만, 디오게네스의 철학은 불교와 도교의 가르침과 유사한 면모를 갖고 있다. 하지만, 비판자들은 디오게네스의 생활 방식이 방종하며, 그의 부랑자 생활을 유지하기 위해 타인들의 생산성과 관대함에 의

존한다고 불평한다. 여기에는 단지 현실적인 의미 뿐 아니라 철학적 의미가 있는데, 윤리적 규범의 보편성에 관한 문제가 그것이다. 만약 모든 사람이 디오게네스의 방식을 따른다면, 사회는 붕괴할 것이며 그 결과로 디오게네스를 포함한 그 누구라도 자아 수련에 집중하는 것이 경제적으로 불가능하게 될 것이다. 그러므로 디오게네스의 철학은 보편적으로 추종될 수 없다는 의미에서, 엘리트주의적이다.

이런 비판은 디오게네스의 길을 따랐던 철학자들의 집단인 견유주의자들에게 거의 영향을 끼치지 못했다. 'Cynic(현대 영어에서 '냉소주의자')라는 단어는 당시에는 지금과 다른 의미를 가졌다는 점을 주지할 필요가있는데, 그것은 디오게네스의 별명이자 그리스어에서 '개'를 뜻하는 '키온(Kyon)'이라는 단어에서 비롯된 것이었다. 기원후 1세기에 다시등장한 견유주의가 고대 그리스와 로마에서 잠시 인기를 끌었을 때, 그용어는 우리가 현재 금욕주의라고 이해하는 것을 의미했다. 그렇다시피 견유주의 철학을 단지 방종하거나 엘리트주의적인 것이라고 치부하는 것은 지나치게 단순한 생각일 것이다. 견유주의자들의 인기는 경제적 혼란과 사회적 불안의 시기와 맞아 떨어졌다. 그들의 사상이 진정한가치를 지닌 단 한 가지는 이유는 가족이나 친구, 문화적 가치 혹은 물질적 상품이 아니라 자아의 수련이며, 그것은 인간이 그 어떤 불운과재난을 겪더라도 박탈할 수 없다는 것이었다. 이것은 일반적인 철학 원칙으로서 장점을 가지며 후에 등장한 스토아 철학자들에게 대단히 큰영향을 끼쳤다.

PHILOSOPHY
100

제6장

스토아철학자
The Stoics

ESSENTIAL
THINKERS

키케로

Marcus Tullius Cicero

(106~43 BC)

키케로는 미천한 출신에도 불구하고 보수적인 로마 귀족제 속에서 발군의 위치로 상승한 로마의 정치인이자 변호사, 웅변가로 유명했다. 청년시절에 그는 그리스를 여행했고 그곳에서 공부를 했으며, 그의 공적인 생활 내내 철학에 대한 확고한 관심을 유지했다. 그는 모든 주도적인 학파의 철학자들과 친교를 유지했으나, 정치적 야인이 된 은퇴에 이르러서야 그리스어 책들을 라틴어로 번역하는 일에 말년을 바치게 되었다. 그리스 사상에 대한 우리 지식의 대부분은 키케로의 번역 덕분에 가능하게 되었으며, 그는 헬레니즘 철학을 배우는 이들에게 최우선적인 정보의 원천이다.

키케로의 많은 저작들 중 가장 중요한 작품들은 확실한 지식의 불가능성에 관한 〈아카데미카Academica〉와 인간 행위의 목적들과 올바른 행위의 규칙을 논하는 〈최선과 최악에 관하여De Finibus〉, 〈의무론De Officiis〉, 행복, 고통, 인간 감정과 죽음의 문제들에 관련한 〈투스쿨란의 대화Tusculanae disputationes〉, 그리고 신학적인 문제들에 관련한 〈신들의 본성에 관하여On the Nature of God〉와 〈신성에 관하여On Divination〉 등이 있다.

그가 죽기 전 최후의 2년 동안 대부분의 키케로의 철학은 지식이론에 있어서는 회의론을, 윤리학에 있어서는 스토아주의의 혼합물로 구성되어 있다. 그는 에피쿠로스적인 모든 것에 대단히 비판적이었다. 그가 사상에 있어서 어느 정도의 독창성을 주장했음에도 불구하고, 키케로의 대화편들은 원칙적으로 세 개의 주된 그리스 철학 학파들의 '선택적 혼합'이었다. 이는 우연에 의한 것도 아니었고 위장된 것도 아니었다. 키케로는 더 많은 현대 라틴어가 그리스 철학의 문제들을 해소하고 명확히 할 수 있으며, 동시에 그것을 현대의 청중에게 더욱 매력 있는 것으로 만들 수 있다고 믿었다.

이런 목적에 있어서 키케로는 대부분 성공적이었다고 판단된다. 그에 의해 창조된 철학적 어휘들은, 라틴어가 그리스어를 추월해서 우선적인 철학적 언어가 되도록 했다. 라틴어는 르네상스 시기까지 철학의 제1언어로서 기능했다. 1641년에 출판되어 큰 영향을 미쳤던 데카르트의 〈성찰〉조차도 라틴어로 먼저 쓰였다가 후에 프랑스어로 번역되었다. 이 책의 가장 유명한 명제인 '코기토 에르고 숨Cogito ergo sum(대중적으로 번역되기로는 '나는 생각한다, 고로 존재한다')'은 오늘날도 여전히 철학에서 라틴어 이름인 '코기토'로 불리고 있다.

철학이 더 이상 라틴어를 제1언어로 사용하지 않음에도 불구하고, 키케로의 철학 용어들 중 다수는 오늘날도 여전히 광범하게 사용되고 있다. 라틴어 구인 'a priori(선험적인, 경험에 앞서는)', 'a posteriori(경험에 근거한)', 'a fortiori(더욱 강하게)', 'reductio ad absurdum(모순으로의 귀결, 즉 귀류법)', 'ceteris paribus(다른 것들이 동등하다는 조건 하에)' 등은 철학적 사용에 있어서 보편적일 뿐 아니라, 또한 어떤 경우들에 있어서는 철학적 논쟁의 의제를 제시했다. 예를 들면 경험주의자들과 이성주의자들(각각 로크와 라이프니츠 편을 보라)사이의 논쟁은 우선적으로 선험적인(a priori) 지식이 존재할 수 있는지(이성주의자들은 그렇게 주장했다) 또는 모든 지식이 경험에서 비롯된(a posteriori)한 것인지에 관한 것이었다. 논리학과 철학적 논리 양쪽에서, 라틴어 용어들은 현재에도 광범하게 사용되고 있다.

필론

Philo of Alexandria

(c. 20 BC ~ ?)

"육체는 세상에 속하며,
정신은 신성(神聖)에 속한다"

고대 유대인 신학자이자 철학자. 필론 주다에우스 혹은 필론 알렉산드라누스로 불려진다. 그의 사상은 플라톤과 스토아학파에 의해 지대한 영향을 받았다. 그는 인간은 신에 의해 창조되었는데 우선은 신의 정신속의 형상(Logos)으로서, 그 다음에는 비신체적인 영혼에 의해서 지배되는 육체적 존재로서 창조되었다는 것이다. 따라서 육체적인 몸은 세상에 속하며, 정신은 신(神)적인 것에 속한다고 주장한다. 그는 구약성서를 플라톤의 사상을 원용하여 비유적 해석을 하였는데 특히 모세의 책을 해석하는 것에 관심을 가졌다. 그의 이런 사상은 완전히 유대적인 것이었으며, 그리스 사상 중에 가치 있는 것들은 이미 유대교에 존재한다는 것을 보여줌으로써 그는 유대 문화로부터 전수받은 지혜에 대한 방어와 정당화를 제공했다. 저서로는 〈천지 창조에 관하여〉, 〈비유적 해석〉, 〈특수율법에 관하여〉 등이 있다.

필론 주다에우스(Philo Judaeus) 혹은 필론 알렉산드리누스 (Philo Alexandrinus)라고 불리기도 하는 알렉산드리아의 필론은, 고전적 사유에 있어서는 별종으로 보인다. 태생과 양육 양면에서 유태인이었던 그는, 성서에 관한 철학적 해석으로 우선 기억되고 있다. 대대로 성직자였던 그의 가문은, 알렉산드리아의 인구가 많은 유대 식민지에서 가장 강력한 가문들 중 하나였다. 그의 형인 알렉산더 리시마쿠스는 로마의 장군이자 정치가였던 안토니우스의 둘째딸의 집사였으며, 그의 아들 중 한 명을 아그리파 장군의 딸과 결혼시켰는데, 이는 아그리파를 재정적 의무에 의해 강제한 결과였다. 필론은 법학과 국가 전통을 공부하며 유대식 교육을 받았다. 또한 그리스식 학업 계획(시 낭독과 문법, 기하학, 수사학, 변증법)을 따랐으며 그는 이것을 철학을 시작하는 작업으로 생각했다. 그의 저작들을 통하여 그가 당시에 전성기를 구가하던 스토아주의 이론들에 대한 직접적인 지식을 갖고 있었으며, 그의 사상이 플라톤과 스토아학파에 의해 지대한 영향을 받았고, 그리스─로마 문화와 철학에 대한 그의 방대한 지식은 항상 유대교를 수호하기 위해 쓰였음을 알 수 있다. 특히나 모세의 책을 해석하는 것에 관심을 가졌던 필론의 사상은, 그럼에도 불구하고 유태인 동시대인들에게는 인기를 얻지 못했으며, 초기의 기독교 사상가들에 의해 후대에 전수될 수 있었던 것으로 보인다.

그럼에도 불구하고, 필론의 구약 성서에 대한 해석, 특히나 모세의 책에 대한 해석은 확실하게 플라톤주의적인 전환을 맞게 되는데, 더 많이 다루어지는 후기의 플라톤 저작들보다는 티마에우스 시기의 저작들에 의해 더욱 큰 영향을 받은 것으로 보인다. 필론에 따르면 인간은 신에 의해 창조되었는데, 우선은 신의 정신 속의 형상(로고스logos)으로서, 그 다음에는 비신체적인 영혼에 의해 지배되는 육체적 존재로서 창조되었다는 것이다. 이렇게 형성된 인간은 '신성과 비신성의 경계에 위치한 존재'이다. 필론은 육체는 세상에 속하며, 정신은 신성(神聖)에 속한다고 주장했다. 영혼이 세 부분으로 나뉘어져 있다는 플라톤의 주장에 따라, 필론은 영혼의 두 부분인 이성과 비이성이 정신에 의해 묶여 있다고 주장했다.

하지만 그리스 철학과의 유사성은 거기서 끝나지 않는다. '공화국

(Republic)'에서 제시된 플라톤의 사상을 아리스토텔레스 사상과 결합시킨 결과로, 필론은 인간의 텔로스(telos), 또는 궁극적 목적은 신과 같이 되는 것이며, 사유를 통해 신성에 도달하고 신적인 원천으로 가능한 한 멀리 돌아가는 것이라고 주장했다. 필론은 또한 스토아학파에 의해 지대한 영향을 받았는데, 특히나 성서에 대한 철학적 해설을 제공하기 위해 스토아주의자들이 행한 알레고리(allegory, 은유)의 사용을 모방하고자 했다. 필론에 의하면, 성서는 문자 그대로 해석해야 하는 것이 아니라, 참을성과 인내를 갖고 진리를 구하는 이들에게 발견되어지기를 기다리고 있는 숨겨진 진리들을 포함하고 있는 것이었다.

이 모든 사실들은, 필론이 과연 얼마만큼 독창적인 사상가였는가, 그에게 약간이라도 독창성이 있기는 했는가라는 질문으로 이어진다. 우리는 철학자의 독특한 계층—그리스 지성주의를 지향하는 정통파 유태인—을 대변하게 하기 위해 필론을 이 책에 포함시킨 것이 아니라, 그가 그리스와 유대의 지혜를 종합하는 것 이상을 목적으로 했기 때문에 그렇게 한 것이다.

필론의 야심은 완전히 유대적인 것이었다. 그리스 사상 중에서 가치 있는 것들이 이미 유대교에 존재한다는 것을 보여줌으로써, 그는 유대 문화로부터 전수받은 지혜에 대한 방어와 정당화를 한다. 그래서 그는 많은 초기 기독교 학자들에게 인기가 있었으며 그들에게 매우 큰 영향을 미쳤는데, 특히 오리겐(Origen, 기원 후 2세기)을 예로 들 수 있다. 그러나 필론이 처한 위험은, 다수의 비평가가 언급했다시피, 그리스 철학이 그에게 미친 영향이 너무나 강력했던 나머지 그가 자신의 종교적 기반을 상실할 위험에 처해 있다는 것을 깨닫지 못한 것처럼 보인다는 것이다. 아무도 필론의 사상이 그리스 철학의 영향에 의해 완전히 압도되었다고 하지는 않겠지만, 그리스 철학에 의해 그의 사상이 절충되었다는 것은 부인할 수 없는 사실이다.

세네카

Lucius Annaeus Seneca

(4 BC~AD 65)

세네카 1세(Seneca the Elder)의 아들인 루키우스 세네카는 스페인의 코르도바에서 태어났다. 그는 어린 나이부터 로마에서 철학 교육을 받았는데, 그곳에서 그는 평생에 걸쳐 세 명의 황제에 의해 살해의 위협을 받았다. 칼리굴라는 그를 죽이려고 했었지만, 세네카가 어쨌거나 오래 살지 못할 운명이라는 부정확한 근거에 의해 만류되었다. 클라우디우스는 세네카와 그의 가족을 추방했었는가 하면, 마침내는 가정교사로서 가르쳤던 네로에 대한 역적모의를 했다는 누명을 쓰고, 세네카는 기원후 65년에 스스로 목숨을 끊었다.

그럼에도 불구하고 그는 변호사로서 성공적인 경력을 쌓았으며 꽤 많은 재산을 모았다. 그는 많은 저술을 했는데 그것들은 대략 세 종류로 분류될 수 있다. 첫째로 스토아 철학에 대한 에세이들이 있으며, 그 다음에는 설교적인 사도서한(Epistles), 그리고 마지막으로 연극들이 있는데 그것들은 종종 생생한 폭력을 묘사하고 있었다. 그의 많은 연극들 중에는 '트로이의 여인들', '외디푸스', '메데이아', '미친 헤라클레스', '페니키아 여인들', '페드라', '아가멤논과 티에스테스' 등이 있다.

세네카는 스토아 철학자였지만 어느 정도는 실용주의적 성향을 갖고 있었다. 다른 스토아 철학자들이 거의 아무도 도달할 수 없을 정도의 고귀한 목표를 동경했던 반면, 세네카는 그보다는 실용적인 접근으로 그의 철학을 완화시켰다. 다른 스토아주의자와 마찬가지로 그의 철학의 핵심은 미덕과 이성에 바쳐진 단순한 삶에 대한 믿음이었다. 하지만 현존하는 그의 저작들, 특히나 〈사도서한〉의 124편에 달하는 에세이들은 기술적인 철학의 해설이기보다는 설득적인 탄원의 어조를 띠고 있다. 그는 철학적 지혜를 전하려고 하기보다는, 계속해서 그의 독자들에게 충고를 해주려고 한다. 보에티우스는 감옥에 있는 동안 세네카를 읽으면서 위안을 받았다고 한다. 자신의 비통해하는 어머니에 대한 글 하나는 그의 설교적 문체의 좋은 예가 된다. "당신은 화장으로 스스로를 오염시킨 적이 없고, 노출이 심한 옷을 입은 적도 없습니다. 당신의 유일한 장식품은 시간이 퇴색시킬 수 없는 종류의 아름다움이며, 그것은 바로 절제입니다. 당신이 스스로의 미덕으로 슬픔을 초월했다면, 슬픔을 정당화하기 위해 당신의 성별을 이용할 수는 없을 것입니다. 여자의 잘못들로부터 거리를 두듯, 여자의 눈물로부터 거리를 두십시오."

이런 설교는 세네카의 저작에 특징적인 것이며, 그가 성숙해질수록 더욱 빈번해진다. 그의 스토아주의는 유사(擬似, pseudo) 종교적인 색채를 띠고 있으며, 형이상학 대신 윤리적, 도덕적인 원칙에 대한 고려를 중요하게 성찰하고 있다. 세네카의 스토아주의는 이론적인 철학이라기보다는 삶에 대한 지침서에 가깝다. 스토아주의자들은 에피쿠로스주의자들과 마찬가지로 세계에 대한 적절한 이해가 우리의 일상적인 삶을 변화시킬 것이라고 믿었다. 하지만 에피쿠로스주의자들과는 달리 쾌락주의적 생활방식을 추구하지 않았다.

세네카는 유일하게 선한 것은 덕이라고 믿었다. 옳은 일을 행하는 것이야말로 가장 중요한 일이었으며, 다른 모든 것에 관해서는 무관심한 태도를 보여야 했다. 우리 모두는 섭리에 의해 정해진 길로 우리를 안내하는 신을 자신 안에 갖고 있으며, 그런 내면적인 안내에 의해 드러난 우리 자신의 진실한 본성에 따라 행동할 때, 그리고 삶에서 각자의 운명에 만족할 때에만 인간은 행복에 도달할 수 있다는 것이었다. 이타주의와 단순한 생활은 세네카의 올바른 삶에 대한 생각에 있어서 필수적인 것이었다.

로마의 역사가인 타키투스에 의해 전해진 세네카의 죽음의 방식으로 볼 때, 세네카의 철학에서 옳은 일을 하는 것에 대한 강조는 진심이었던 것으로 보인다. 세네카는 네로의 선고를 듣자마자 자신의 팔다리를 칼로 긋고 그의 아내와 모여든 청중에게 유창한 연설을 했다. 그의 아내 폴리나는 절망해서 함께 자살을 하려고 했는데, 세네카는 그녀에게 "나는 당신에게 삶을 평온하게 하는 방법을 보여주었다. 하지만 당신은 죽음의 영광을 선택하려 한다. 그런 고귀한 모범을 보이는 것에 대해 당신을 탓하지는 않겠다"고 했다. 하지만 황제의 군인들이 달려와 그녀의 자살을 막았다. 치명적인 상처에도 불구하고 세네카는 살아 있었다. 타키투스에 따르면 "스타티우스 아나에우스에게 독을 가져다주도록 간청했는데, 그것은 아테네의 인민들에게 공개 선고를 받은 이들의 목숨을 앗아갔던 것과 같은 약물(즉, 소크라테스의 독미나리)이었다. 세네카에게 그 독물이 제공되었고, 그는 그것을 마셨지만 효과가 없었다. 사지를 떨면서 그의 몸은 독의 효력에 저항했다…그리고 나서 욕조로 옮겨졌는데, 증기로 인해 그는 마침내 질식사했고 시신은 장례식 없이 태워졌다. 그렇게 그는 자신의 의지에 따라 스스로의 죽음을 택했는데, 부와 권력에도 불구하고 자신의 종말을 구상하고 있었던 것이다."

마르쿠스 아우렐리우스

Marcus Aurelius

(121~180)

"삶의 행복은 생각의 질에 달려 있다"

로마제국의 제16대 황제로 5현제의 (賢帝)의 마지막 황제이며, 후기 스토아파의 철학자이다. 개종된 스토아주의자로서, 그는 빈곤층과 노예들, 수감인들 등의 사회문제들에 관해 대단한 관심을 가졌다. 하지만 로마 종교와 생활방식, 영토 정복과 전 황제들의 신성시 등에 기반을 둔 제도에 대한 큰 위협으로 보아 기독교를 박해했다. 그가 강조했던 '성찰'의 중요성은 실용적이고 격언적인 스토아주의의 메시지에 놓여 있는데 '성찰'은 철학적 사변보다는 종교에 더 가까운 가르침, 또는 생활 윤리에 관한 지침서를 대변한다고 볼 수 있다. 제국의 영역을 북쪽으로 확장하기위한 군사작전 중에 전염병으로 사망했다. 저서로는 전쟁 중에 저술한 유명한 〈명상록〉이 있다.

마르쿠스 아우렐리우스는 피우스 황제의 양자로서, 기원 후 180년에 사망할 때까지 약 20년 동안 로마 제국의 황제로 재위했다. 그는 유일한 저작인 〈명상록〉으로 잘 알려져 있는데, 비평가들에 따르면 아우렐리우스는 파르티아와의 전쟁 중에 군대를 지휘해야 마땅할 시간에 이 저작을 썼다. 그는 '개종된' 스토아주의자로 빈곤층과 노예들, 수감인들 등의 사회적 문제들에 관해 대단히 관심을 가졌다. 이런 면모에도 불구하고 그는 황제로서 성장하는 기독교 인구를 계속 박해했는데, 이것은 그가 기독교인들을 로마 종교와 로마의 생활방식, 즉 정복과 다신교(多神敎), 죽은 황제에 대한 신성시 등에 기반을 둔 제도에 대한 위협으로 봤기 때문이었다. 그의 삶은 제국의 영역을 북쪽으로 확장하기 위한 군사작전을 계획하는 동안 전염병에 의해 종말을 맞게 되었다.

〈명상록〉은 실용적이고 격언적인 스토아주의의 메시지를 담고 있다. 스토아 철학과 연관된 막연하게 조직된 생각의 모음으로 철학적 사변보다는 종교에 더 가까운 가르침, 또는 생활 윤리에 관한 지침서를 대변한다고 할 수 있다. 다음과 같은 문장은 마르쿠스 아우렐리우스의 전형적인 스타일이다. "삶의 행복은 생각의 질에 달려 있다. 그러므로 정신을 지켜 덕과 합리적인 본성에 적합하지 않은 생각들을 품지 않도록 신경을 써라."

마르쿠스 아우렐리우스는 세네카와 마찬가지로 신의 섭리가 인간에게 이성을 부여했으며 인간은 우주의 이성적 목적과 하나가 될 수 있는 힘을 갖고 있다고 믿었다. 스토아 철학은 우선적으로 인간이 스스로의 본성과 우주적 '자연/본성(Nature)' 양쪽에 부합되게 살아가는 것과 관련된 것이었는데, 이것은 아마도 동양의 도교와 유사한 의미로 이해될 수 있을 것이다.

단순한 생활과 스스로의 운명에 대한 만족은 스토아주의와 밀접한 관련을 갖지만 무조건적 수용을 권하는 정적주의(靜寂主義, quietism)로 향할 수 있는 위험을 품고 있다. 스토아주의는 사회 통제의 수단으로서 이상적인 '종교'라 할 수 있는데, 사람들이 모든 것을 있는 그대로 받아들이려고 할수록 황제에게는 더욱 적은 문제를 야기할 것이기 때문이다. 〈명상록〉은 충분히 진심을 담고 있는 것으로 보이며, 정치적 목적에서 스토아주의를 주장한 것으로 보이지는 않지만, 그런 점이 그의 철학에 대해서 무시할 수 없는 한 요인이라는 점도 부인할 수 없다.

'자연에 부합하여' 사는 것에 대한 스토아주의의 주장은 생물학적 관점에서 비롯되었다. 스토아주의자들에 따르면 모든 '혼이 있는 존재들 (우리가 '지각 있는 생명체'라고 부르는 것)'은 자기 보존을 위해 투쟁하는데, 자기 보존력은 존재를 자신의 본성과 조화로운 것과 스스로의 존재에 적합한 것을 찾도록 이끈다. 이성을 갖춘 존재인 인간은 단지 음식, 온기, 피난처를 찾을 뿐 아니라 또한 지성에 좋은 것을 추구한다는 것이다. 최종적으로 이성은 우리의 진실한 본성과 조화가 되는 것을 선택하도록 하는데, 우리가 단순히 동물적 본능을 좇을 때보다 훨씬 더 큰 정확성이 엿보인다.

스토아주의의 관점에서 중심적인 것은 선 또는 인간 존재에 가장 적절한 삶을 구성하는 것이 무엇인지에 대한 이해이다. 많은 사상가들이 건강 또는 부를 제안하지만, 스토아주의자들은 최종 선은 언제나 좋은 것이어야 한다고 주장한다. 부는 가끔 사람을 타락시키기도 하며, 심지어 건강조차도 사람을 힘들게 할 수도, 피폐하게 만들 수도 있다. 만약 나의 힘이 나쁜 행위를 위해 사용된다면 더욱 그러하다. 따라서 스토아주의자들은 단 하나의 틀림없는 선은 덕(Virtue)이라고 결론짓는다. 덕은 그리스-로마적인 인간의 탁월함에 대한 일반적 목록을 포함하는데, 지혜, 정의, 용기, 그리고 절제가 그것이다.

PHILOSOPHY
100

제7장

회의론자
The Sceptics

ESSENTIAL
THINKERS

셉스투스 엠피리쿠스
S e x t u s   E m p i r i c u s
(100~200)

섹스투스 엠피리쿠스의 생애에 대해서 알려진 것은 전혀 없다. 단지 그의 이름이 현재까지 전수되는 로마 시대의 가장 중요한 저작들 중 일부('도그마주의자들에 대한 논변'과 '수학자들', '회의론의 요약' 등 11권의 저작)에 덧붙여져 있다는 것을 제외하고는 아무것도 알려지지 않았는데, 이 저작들에서 섹스투스 엠피리쿠스는 피론(Pyrrho)의 회의론을 제시한다. 회의주의자들(懷疑主義, Sceptics)에 대해 우리에게 알려진 것은 단지 엠피리쿠스의 저작에 의해서이며, 초기 그리스 철학자들에 대해서도 그의 저작은 많은 것을 알려준다.

대략 기원전 3세기에 피론에 의해서 창립된 피론의 회의론은, 당대의 사유 학파들(주로 아리스토텔레스주의, 에피쿠로스주의, 스토아주의)에 대한 막강한 대항 철학을 강론했다. 소크라테스나 고대 세계의 몇 명의 다른 철학자들과 마찬가지로, 피론은 스스로 어떤 저술도 하지 않았으며 다른 사람들에게 그의 철학을 명백히 해설하는데 관심이 없었다. 그럼에도 불구하고 이런 사실은, 섹스투스 엠피리쿠스의 방대한 저작에 언급되어 있는 바와 같이, 피론의 추종자들이 그의 철학을 기록하고 발전시키는 것을 막을 수는 없었다.

회의론자들의 철학은 단순하면서도 큰 영향을 끼쳤다. 그것은 하나의 철학적 주장에 통합된다. 즉 어떠한 명제에 있어서도 그것에 반대되는 명제에 대해 주장할 수 있는 것보다 더 나은 정당화를 제시하여 주장할 수는 없다는 것이다. 그러므로 피론의 철학은 'A보다 더 B하지 않다'라는 금언, 즉 'X'라는 명제를 주장함은 그것의 부정인 'not X'를 주장하는 것보다 더 정당화될 수는 없다는 것을 의미한다. 이것은 큰 영향력을 가지는데, 왜냐하면 회의론 철학의 의도는 그 깊은 의미를 깨닫지 못한 철학도들이 흔히 그렇듯, 지성을 철학적인 무관심으로 몰아넣기 위한 것이 아니라, 일종의 치료적인 배교(背敎, apostasy)를 불러오기 위한 것이기 때문이다. 섹스투스는 이런 효과가 마음의 안정과 평화로 이끈다는 것을 명백히 보여주며, 이것이야말로 회의론 철학의 최종적 야심이다.

섹스투스는 어떠한 명제에 대해서도 그것에 대한 반명제가 동등한 정당성에 기반해 주장될 수 있다는 일련의 회의론적 논증을 제공한다. 명백하게, 같은 사물이라도 가까이서 볼 때와 멀리서 볼 때는 매우 다르게 보일 수 있는데, 왜 우리는 근접한 관찰을 다른 것보다 더욱 진실에 가깝다고 여겨야만 하는가? 가끔은 한걸음 물러서 있을 때라야 무언가를 명백하게 볼 수 있다. 눈이 희다고 주장하는 누군가에게, 눈은 단지 얼어있는 물이며 물은 무색이라고 말할 수도 있을 것이다. 물론, 우리는 왜 눈이 희게 '보이며' 물은 무색으로 '보이는지'에 대한 설명을 할 수도 있지만, 그렇게 하는 것은 사물을 보는 하나의 관점을 다른 관점보다 우선시하는 일이다. 누군가는 동일한 외양을 설명하기 위해서 대안적이고 양립 불가능한 설명을 할 수도 있을 것이다. 왜냐하면 실재와 외양 사이의 논리적 격차, 즉 실재에 대한 우리의 지식이 항상 오류 가능성이 있는 신체적 감각에 의해서 매개되기 때문에 존재할 수밖에 없는 이 격차 때문에, 사물들이 실제로 다른 방식대로가 아니라 어느 한 방식으로 존재한다는 것을 증명할 수 있는 방법은 없다.

이런 사실이 어떻게 지적인 불안이 아니라 평안으로 인도할 수 있는 것일까? 섹스투스는 논하기를, 누군가가 모든 것이 확실히 좋든지 나쁘다고 가정한다면, 그런 사람은 좋은 것들을 잃어가고 나쁜 것들을 받고 있는 동안에는 억울함을 느끼면서 일생동안 고통을 겪을 것이다. 반면에 만일 그들이 많은 좋은 것들의 혜택을 누릴 만큼 운이 좋다면, 그것들을 잃을까봐 불안해하며 운의 변화에 대한 두려움 속에 살 것이다. 그러나 회의론자는 모든 좋고 나쁜 것, 옳고 그름, 진실과 거짓에 대한 판단을 유보함으로서, 어떤 것도 열정적이거나 강렬하게 추구하거나 피하려고 하지 않을 것이다. 그는 삶의 우여곡절에 대해 무심한 태도를 유지할 것이며 그러므로 마음의 평화를 이룰 수 있다.

비평가들은 회의론 철학이 삶의 가능한 방식이 아니며, 판단을 내리는 것은 자연스럽고 불가피한 심리적 기능이라고 말했다. 게다가 회의론자들의 주장은 자멸적인데, 만일 우리가 명제를 그것의 부정에 대하여 정당하게 주장할 수 없다면, 이것이 또한 회의론자들의 주장 자체에 적용될 수 있을 것이다. 역설적으로, 이런 사실은 단지 회의론의 관점을 뒷받침하는 것이 될 수도 있다. 만일 회의론에 대해 어떠한 방식으로건 판단을 내릴 수 없다면, 아마도 우리는 판단을 내리는 것 자체를 피해야 하며, 이것이 바로 회의론자들이 원하는 바이다.

PHILOSOPHY
100

제8장

신플라톤주의자
The Neoplatonists

ESSENTIAL
THINKERS

플로티누스
P l o t i n u s
(205~270)

"신성(神聖)의 세 가지 형태는
일자(一者, the one), 지성, 그리고 영혼이다"

이집트 태생의 그리스 철학자이자 로마 시대의 마지막 사상가. '플라톤 철학의 해석자'로서의 길을 걸었다. 플로티누스의 명성은 플라톤 저서에 대한 해석과, 재작업에 힘입었는데, 그가 아리스토텔레스와 스토아 철학자들에게도 많은 영향을 받았음에도 불구하고 그의 사상은 후대에 '신플라톤주의'로 불러지게 되었다. 그의 철학은 신비적인 것과 실용적인 것을 결합시키며 그리스도교 신학에 대한 막대한 영향을 끼치게 되었다. 그의 철학은, 그의 학도들이 연합하거나 종교단체를 이루어 '성찰'이라는 수단을 통해 일자, 혹은 궁극의 존재에 귀환하도록 하는 것을 목적으로 한다. 그 또 신성이 일자(一者, the one)와 지성, 영혼으로 나뉘어 있다고 믿었다. 저서로는 제자 포르피리오스 의해 전해진 총 9권씩 묶어서 6집을 편찬한 〈엔네아데스Enneades〉가 있다.

━━━━━ 플로티누스는 이집트에서 태어나 거의 완전하게 그리스식 전통으로 교육을 받은 철학자였다. 그는 고르디아누스 황제와 함께한 동양으로의 원정 중, 황제의 피살로 인해 원정이 포기되자 결국 로마에 정착했다. 플로티누스의 시대는 구 로마 제국의 종말, 그리고 동로마와 서로마로의 분할이 도래하게 될 혼란스러운 시기의 시초였다. 그리하여 플로티누스는 로마 시대 최후의 위대한 사상가로서 평가된다.

플로티누스의 명성은 플라톤의 저작에 대한 재작업과 발전에 대한 것인데, 그가 아리스토텔레스와 스토아 철학자들에게도 역시 영향을 받았음에도 불구하고 그의 작업은 후대에 '신플라톤주의'라고 알려지게 된다.

플로티누스의 많은 저작들은 그의 제자인 포르피리오스에 의해 〈엔네아데스*Enneads*〉라는 제목으로 한데 모여 편집되었는데, 이 제목은 그리스어로 "아홉"을 뜻하는 단어로부터 비롯된 것이며, 여섯 권의 책들 각각에 아홉 개의 장 내지는 논문이 실려 있음을 반영하고 있다.

플로티누스의 철학은 신비적인 것과 실용적인 것을 결합시키며, 그리스도교 신학에 막대한 영향력을 끼쳤다. 그의 철학은, 그 학도들이 연합하거나 종교단체를 이루어 성찰이라는 수단을 통해 일자, 혹은 궁극의 존재에게 귀환하도록 하는 것을 목적으로 한다. 그리스도교 신학에서와 같이 플로티누스는 신성이 세 부분으로 되어 있다는 것을 믿었는데, 일자(一者, the One), 지성, 영혼이 그것들이었다. 하지만 그리스도교의 삼위일체와는 달리 이 세 부분들은 동등한 기반이 아니라, 연속적인 '단계들' 혹은 사색하는 존재의 발산물로 간주되었다.

플로티누스가 플라톤을 따라 종종 '선'이라고 일컫는 일자(一者)는 설명을 초월하는 것이다. 언어는 일자를 가리킬 수 있을 뿐이고, 일자의 많은 명칭들은 그것은 진실한 명칭이 될 수 없다. 그것은 형언할 수 없는, 실재의 신비로운 근원이다. 일자이후에 지성 혹은 '누스(Nous)'가 발생하는데, 이것은 직관적 지식에 대응하는 것이다. 지성 또한 언어로 묘사하기는 어려운데, 플로티누스는 우리에게 지성에 대한 다양한 비유를 제시한다. 지성은 태양의 광선과 같아서 일자를 밝혀 주며, 일자가 스스로를 사유하는 수단이 된다. 지성은 원형들(archetypes) 또는 플라톤의 형상들, 그리고 물질적 사물들의 원천이자 근거이다. 생각과 생각의 대상들은 지성 안에서 결합되며, 주체와 대상 사이, 지각하는 자와 지각 대상 사이의 구분은 존재하지 않는다. 실재의 다음 수준은 영혼인데, 이것은 합리적인 혹은 추론하는 사유에 해당한다. 영혼에도 더 높거나 낮음을 구분할 수 있으며, 지성의 수단에 의해 신성을 지향하는 더 높고 내면을 향하는 영혼과, 더 낮고 바깥을 향하는 영혼 사이의 구분이 그것이다. 플로티누스는 이런 영혼의 낮은 부분을 자연(Nature)이라고 부르며, 이것이 물질적 세계를 책임진다. 인간으로서 우리에게 영혼의 두 수준이 모두 존재하며, 더 낮은 수준인 신체에 대해 염려만 할 것인지, 혹은 내면을 보고 지성의 더 높은 실재를 성찰할 것인지는 우리의 선택에 달려 있다.

플로티누스의 우주생성론을 이해하기 위한 핵심은, 실재의 세 수준인 일자, 지성, 영혼을 시간상으로 연속적인 생성과정으로서가 아니라, 유일하고 영원한 실재의 논리적 진행과정, 혹은 그것에 대한 성찰의 수준들로서 이해하는 것이다. '시간'은 단지 신성을 성찰하기에 부적합한 자연의 능력에 의해서 창조되었을 뿐이다. 플로티누스에 따르면, 시간은 물질적 존재의 낮은 차원에서 발생한 것인데, 왜냐하면, 지성과는 달리 영혼은 형상들을 즉각적으로(immediately, 매개 없이) 성찰할 수 없으며, 대신 그것들을 연속적인 순간들 속에서 지각되어진 파편화된 대상들로서만 성찰할 수 있기 때문이다.

PHILOSOPHY
100

제9장

기독교 신학자
The Christians

ESSENTIAL
THINKERS

아우구스티누스

St. Augustinus of Hippo

(354~430)

　　　　　　　종교학자이자 철학자인 아우구스티누스는 종교 철학과 그리스도교 교리에 있어서 고전이 된 〈참회록〉과 〈신의 도시〉 등을 집필했다. 알제리에서 태어난 그는 카르타고와 로마, 밀라노에서 공부를 했으며, 후에는 북아프리카로 돌아가 수도회를 설립했다. 그는 또한 395년에 히포 레기우스의 주교가 되었다.

　아우구스티누스의 철학의 핵심은 신앙을 통해서만 지혜에 도달할 수 있다는 믿음이다. 그는 철학과 종교가 동일한 것, 즉 진리에 대한 추구라고 보았으나, 이런 추구에 있어서 철학이 종교보다 열등하다고 믿었다. 신앙이 없는 철학자는 절대로 궁극적인 진리에 도달할 수 없는데,

이 궁극적 진리는 아우구스티누스에게 있어서는 지복(beatitude) 또는 '진실을 즐거워함'이었다. 이성만으로도 약간의 진리에 도달할 수 있음에도 불구하고, 아우구스티누스에게 있어 합리적 사고는 신앙의 하인에 불과했다.

아우구스티누스가 선호하던 글들 중 하나는 이사야서로부터 인용한 것인데, '그대가 믿지 않는 한 그대는 이해하지 못하리라'라는 구절이었다. 즉 이해를 얻기 위해서는 믿어야 한다는 것이다. 아우구스티누스의 사유는 그리스도교 교리에 대한 무조건적 추종은 아니었다. 청년 시절에 그는 성서가 지적으로 불만족스럽다고 생각하여 종교를 버렸다. 삼십대 초반에 그리스도교로 개종한 이후, 어떻게 이성이 신앙의 교리를 증명할 수 있는지를 보이는 것이 그의 목적이 되었다. 이것이 그의 철학이 전하고자 했던 생각이었다.

신앙의 교리를 정당화하기 위한 아우구스티누스의 실천이성은 소위 '펠라기우스 주의(pelagianism)'라고 불리는 것을 반대한 일로 잘 알려져 있다. 펠라기우스는 원죄의 개념에 대해 의문을 제기하고, 더욱 나아가 자유 의지론에 따라 주장하기를, 사람은 그들 자신의 도덕성에 따른 미덕에 의해 선행한다고 말했다. 그 결과로 사람들은 천국에서 보상을 받는다. 아우구스티누스는 이런 교리가 체제전복적이며 혐오스럽다고 생각했다.

그는 바울의 사도전서를 따라 말하기를, 모든 인간은 죄 속에서 태어나며 구원은 지상에서의 인간의 행동과는 상관없이 신의 은총에 의해서만 가능하다고 주장했다. 아담은 사과를 먹음으로써 그 자신과 모든 인류를 저주로 몰아넣었다. 우리의 유일한 구원은 참회에 달려 있으나, 그것이 우리가 지옥이 아닌 천국으로 가도록 선택되는 것을 보장해주지는 않는다.

후에 칼뱅에 의해 부활되고 마침내는 가톨릭 교회에 의해 거부된 아우구스티누스의 논변들은, 사도 바울의 '로마인에 대한 사도전서'에 대한 기술적인 합리화를 제공한다. 그러나 아우구스티누스는 어디에서도 사도전서의 전제들에 대해 의문을 제기하지 않으며, 대신 성서의 논리적 결론들을 도출하는 것에 집중한다.

더욱 최근에 이르러, 아우구스티누스의 〈참회록〉은 철학자 비트켄슈타인(Wittgenstein)으로부터 주목을 받았는데, 그 저작 속의 종교적이거나 철학적인 명제 때문이 아니라, 아우구스티누스가 언어의 학습을 묘사하는 방식에 대해서였다.

"그들(나의 손윗사람들)이 어떤 사물의 이름을 부르고 무언가를 향해서 움직일 때, 나는 그것을 보았고, 사물을 지시하기를 원할 때 사람들이 언급한 소리에 의해 그 사물이 불렸다는 것을 이해했다. 사람들의 의도는 모든 사람들의 자연 언어인 그들의 신체 동작에 의해 보였다. 얼굴의 표정, 눈의 움직임…그러므로 내가 다양한 문장들의 적절한 장소에서 단어들이 반복적으로 사용되는 것을 들었을 때, 나는 점차적으로 그런 단어들이 어떤 대상을 의미하는지를 이해하게 되었다. 그리고…나는 나 자신의 욕망들을 표현하기 위하여 그 단어들을 사용했다."(참회록, I,8)

비트겐슈타인의 사후에 출판된 〈철학적 탐구〉의 도입부에서, 그는 이렇듯 흔히 통용되는 언어에 대한 이해를 '아우구스티누스적인 언어에 대한 이해'라고 불렀다. 〈철학적 탐구〉의 나머지 대부분은 아우구스티누스적 언어 이해에 대한 성공적인 비판으로 이루어져 있다.

보에티우스
Boethius
(480~524)

보에티우스는 고트족 왕인 테오도리쿠스에게 처형당하여 상대적으로 젊은 나이에 죽었다. 이 개인적인 불운은 서양 사상사의 발전에 있어서 (혜택이라는 말을 삼간다면) 막대한 영향을 끼쳤다. 왜냐하면 처형을 기다리면서 수감되었던 와중에 로마의 의원 보에티우스는 그의 저서 〈철학의 위안*De Consolatione Philosophiae*〉을 쓸 수 있었으며, 이 책이 중세 전반에 걸쳐서 성경 다음으로 많이 읽히는 영향력 있는 명저가 되었기 때문이다.

'철학의 위안'은 보에티우스와 철학 사이의 대화 형식을 취한다. 문체는 평범하지 않은데, 산문과 운문이 교대로 쓰이고 있다. 보에티우스

의 사유와 성찰들은 산문으로 쓰여 있으며, 그의 대화 상대인 '철학'의
지혜는 운문으로 나타난다.

처형을 앞둔 보에티우스는 그의 불운에 대한 위안을 찾고자 했다. 그
리스도 교도이자 가톨릭 교회의 영웅이었음에도 불구하고, 아우구스티
누스와는 달리 보에티우스는 자신을 보호하기 위해 신앙보다는 이성에
호소한다. 이 책에서 그는 철학의 지속적인 문제들을 설정하고 정의내
리는데, 그 중에는 악, 자유의지, 결정론, 정의와 덕의 본질에 관한 문제
등이 포함된다. 철학적 관점에 있어서 우선적으로 플라톤에게 동기부
여를 받은 보에티우스는, "신의 실체가 오직 선(善, goodness)으로만 구
성되어 있다."고 보았다. 달리 말하자면, 보에티우스에게 있어서 신과
'선'은 동의어였다.

이런 명제는 보에티우스가 그리스도교 학자로 숭배되었던 것을 생각
해 볼 때 대단히 흥미로운 귀결을 수반한다. '철학'이 보에티우스에게
알려주기를, 어떤 인간이라도 진실로 선하다면 그는 신이라는 것이다.
"신성을 획득하는 자들은 신이 된다. 그러므로 행복한 자는 신이라고
할 수 있지만, 본성에 의해 단 하나의 신이 존재하며, 그러나 신성에 대
한 많은 참여가 있을 수 있다."

신이 선과 동의어라는 발견은 보에티우스가 소위 악의 문제(에피쿠로
스 편을 보라)를 고려하도록 이끈다. 보에티우스의 해결책은 본질적으로
아리스토텔레스적인데, "신의 섭리"를 간섭하는 주체라기보다는, 우주
의 관찰자로 개념화하는 것이다. 그 결과로 이것은 전능한 존재로서의
신을 거부하기에 이른다. 그럼에도 불구하고, 보에티우스의 철학에는

카르마적인 보복의 요소가 존재한다. 그는 악행을 저지르고도 잡히지 않는 자들은 붙잡힌 자들보다 더욱 고통을 당할 것이라고 주장한다. 보에티우스의 논리는 신비주의적이라기보다는 단순한 것이다. 처벌을 피한 자들은 계속해서 선행이 아닌 악행을 거듭할 것이기 때문에 스스로 은총과 궁극적 행복으로부터 더욱 더 멀어진다. '덕이 있는 인간들은 항상 강하고 악한 자들은 항상 약하다'고 보에티우스는 주장하는데, '양쪽 다 선을 욕망하지만 덕있는 자들만이 선을 갖출 수 있기 때문이다.'

그에 이어, 보에티우스는 자유의지와 결정론에 관한, 철학사에 되풀이되는 문제를 논한다. 그에게 이 문제가 발생하는 이유는, 인간이 선이나 악을 선택함에 있어 자유롭다는 것과, 일어날 모든 일에 관해서 신이 미리 알고 있다는 것 사이의 모순 때문이었다. 만일 인간이 무언가를 행하기 전에 그가 의도하는 것을 신이 알고 있다면, 인간은 그와는 다르게 행할 수 없을 것이다. 하지만 만약 인간이 다르게 행할 수 없다면, 그는 자유의지를 갖고 있지 않다는 것을 의미한다. 보에티우스의 해결책은 그다지 만족스럽지는 못한 타협안인데, 도덕적인 선택에 관련해서 자유로운 인간 주체를 허락하는 것이었다. 그럼에도 불구하고, 처형의 위험 하에 완성된 보에티우스의 저작이, 플라톤이 쓴 '소크라테스의 재판'과 동등한 철학적 진정성을 갖고 쓰여진 걸작임을 부인할 수는 없다.

PHILOSOPHY
100

제10장

스콜라 철학자
The Scholastics

ESSENTIAL
THINKERS

안셀무스
St. Anselm
1033~1109)

"완전성이라는 성질은
단지 신에게만 적용 가능한 속성이다"

중세 철학자, 신학자로 스콜라학파 전통의 아버지로 불러진다. 부르고뉴 왕국의 아오스타(이탈리아) 출신의 스콜라 철학자로 1903년부터 사망 시까지 캔터베리 대주교를 지냈다. 그는 다양한 논증을 펼쳐 신의 존재를 '존재론적 방법'을 통하여 증명하고자 하였다. 이것은 철학사에서 가장 뜨겁게 토론된 논점들 중 하나로 일컬어진다. 그는 "'신'이란 그것보다 더 큰 것이 없다는 것을 의미하는데, 무신론자나 심지어 바보라도 이것이 신의 개념을 내포하고 있는 바임을 받아들일 것이기에, 신의 존재는 그 정의에 따르는 필연적인 귀결이다"라고 주장한다. 결국 신은 사람들의 머릿속 뿐 아니라 현실에서도 존재해야한다고 보았다. 이 존재론적 증명은 지금까지도 많은 논쟁을 불러일으키고 있다. 저서로는 〈모놀로기온*Monologion*(독백)〉, 〈프로슬로기온*Proslogion*(담화)〉, 〈하나님은 왜 인간이 되었는가?〉 등이 있다.

부르고뉴 왕국의 아오스타에서 태어난 안셀무스는 15세라는 어린 나이에 수도 생활에 입문하기를 갈망했던 경건한 아이였다. 하지만 그 지역의 대수도원장(Abbot)은 안셀무스의 아버지의 반대에 따라 그를 받아들이는 것을 거부했다. 어머니가 돌아가신 후에, 안셀무스는 여행을 떠났다. 결국 그는 벡 수도회(Abbey of Bec)에 도착했고 저명한 부 수도원장(Prior) 랑프랑(Lanfranc)의 밑에서 공부를 시작했다. 그는 마침내 1060년에 수도회에 들어갔다. 3년 후, 랑프랑이 캉(Caen)의 대수도원장으로 임명되었을 때, 젊은 안셀무스는 나이 많고 명성 있는 후보자들을 제치고 랑프랑의 후임 부 수도원장으로 지명되었다. 그 후 삼십 년 동안 그는 철학적, 신학적 저서들을 썼고 벡 수도회의 대수도원장으로 재임했다.

현재는 스콜라주의 전통의 아버지이자, 1903년부터 사망 시까지 캔터베리의 대주교로 기억되는 안셀무스는, 그의 두 주요 저작인 〈모놀로기온*Monologion*(독백)〉과 〈프로슬로기온*Proslogion*(담화)〉에서 신의 존재를 증명하고자 하는 다양한 논증을 펼쳤고, 거기서 등장한 논리적 논변들을 통해 철학적 관심을 받게 되었다. 12세기까지 플라톤과 아리스토텔레스의 저작들은, 초기 그리스의 사상들과 중세 신학을 결합하고자 했던 스콜라철학자들에 의해 재발견되고 재해석되었다. 그리스 식 전통을 따라서, 안셀무스의 학생들은 성서의 수용이나 교조적 강론에만 의존하지 않는 신의 존재에 대한 합리적인 정당화를 듣고자 했다. 이런 도전에 대한 안셀무스의 가장 유명한 응답은 '신의 존재에 대한 존재론적 증명'이며, 이것은 철학사에서 가장 뜨겁게 토론된 논점들 중 하나로 일컬어진다.

안셀무스는 우리를 다음과 같은 논변으로 초대한다. "신은 그 이상의 큰 존재가 생각될 수 없을 만큼 큰 존재이다. 무신론자나 심지어 안셀무스가 바보라 칭하는 이라도 신의 개념이 내포하고 있는 것을 인정할 것이기에, 신의 존재는 그 정의에 따르는 필연적인 귀결이다. 그러므로 한편으로 신이 우리가 생각할 수 있는 가장 큰 존재라고 생각하고, 다른 한편으로 존재하지 않는다고 가정하는 것은 모순이다. 실재로 존재하지 않는다고 여겨지는 신은 실제로 존재한다고 여겨지는 신만큼 크지 않고, 우리는 명백하게도 신에 대해서 생각할 수 있으며 그가 존재한다고 가정할 수 있으므로, 그것보다 더 큰 것이 생각되어질 수 없는 것은 마땅히 존재하는 것이어야만 한다.

안셀무스의 존재론적 증명은 그 단순성에 있어 기발하다. 대부분의 사람들이 그 논변에 무언가 의문점이 있다고 생각했음에도 불구하고, 정확히 그 논증의 어떤 점이 문제인지에 관해서는 의견이 갈렸다. 안셀무스의 가장 초기의 비판자는 그의 당대인이었던 베네딕트회 수도사인 마르무티에의 가우닐로였다. 가우닐로는 만약 안셀무스의 추론이 옳다면, 우리는 존재했던 중 가장 완벽한 섬인 잃어버린 섬을 생각할 수 있을 것이다. 정의에 의해 그 섬은 가장 완벽하기에 그것은 존재해야만 할 것인데, 안셀무스의 추론에 따르면 존재하지 않는 것은 완벽하지 않기 때문이다. 그러므로 가우닐로는 비판하기를, 안셀무스의 추론은 모든 종류의 상상적인 사물들의 존재를 허락하며, 그러므로 그의 추론은 잘못된 것이다. 이에 대한 응답으로, 안셀무스는 완전성이란 단지 신에게만 적용되는 특질이며 그러므로 그의 존재론적 증명은 상상적인 섬이나 다른 어떤 것의 존재를 증명하기 위해서도 사용될 수 없다고 주장했다.

안셀무스의 존재론적 증명의 다른 버전들은, 후에 아퀴나스(St. Thomas Aquinas)와 데카르트(Rene Descartes)에 의해 사용되었으며, 훨씬 더 나중에 칸트(Immanuel Kant)에 의해 대단히 비판을 받았다. 칸트의 주된 비판은 완전한 존재로서의 신에 대한 개념이 신이 존재한다는 의미가 아니라는 것이다. 왜냐하면 '존재'는 완전성이 아니기 때문이다. 존재하는 완전한 것에 대한 개념은 존재하지 않는 완전한 것에 대한 개념보다 크지도 작지도 않다. 철학자들은 안셀무스 논증의 문제는, 단지 단어나 개념의 의미를 분석함으로서 무언가가 존재하는지 아닌지를 확인할 수는 없다는 사실에 달려 있다고 말한다. 하지만 그렇게 하려고 시도함으로써, 정확히 어떤 논리적 오류가 행해지는지에 관해서는 철학자와 논리학자들 사이에 많은 논쟁거리가 되어 왔다.

이 논증은 더 최근에 와서 1960년대에 재등장했는데, 칸트와 다른 이들에 의해 행해진 반론들을 비켜가는 안셀무스의 덜 알려진 논증을, 철학자 노만 말콤(Norman Malcolm)이 상기시키면서였다. 말콤에 따르면, 안셀무스는 〈프로슬로기온〉에서 논하기를, 만일 필연적인 것이 존재하는 것이 가능하다면 그것은 존재해야만 하는데, 필연적인 것이 존재하지 않는다고 말하는 것은 모순일 것이기 때문이라고 말했다. 신은 신의 개념이 자기 모순적이거나 부조리할 때에만 존재하지 않을 것인데, 말콤은 이것이 존재론적 증명에 대한 비판자들이 보여줘야 할 사항이라고 주장했다.

토머스 아퀴나스
St Thomas Aquinas
(1225~1274)

"만일 손이 막대를 움직이지 않는다면, 막대는 다른 어떤 것도 움직이지 않을 것이다"

가톨릭교회의 대표 신학자이자 스콜라학파를 대표하는 철학자이다. 이탈리아 북부 시칠리아에서 태어났고 나폴리대학과 쾰른대학에서 수학했다. 아퀴나스는 아리스토텔레스의 철학과 사상을 확장하고 명확히 정리했으며, 그의 사상에 많은 독창적인 기여를 했다. 그의 최고의 업적은 그의 저서 〈신학대전〉에서의 다섯 가지 방법, 혹은 신의 존재에 대한 증명들인데, 그에 따르면 신의 존재는 변화의 개념을 고려함으로써 증명될 수 있다고 말했다. 사물은 스스로 변화할 수 없고 스스로의 원인이 될 수 없기 때문에 무엇인가 다른 원인에 의해 변화를 받아야 하고 이런 사태가 무한히 반복된다고 했으며, 또 존재는 무(無)로부터 생성될 수 없기에 항상 무엇인가가 존재해왔음이 틀림없는데, 그에 의하면 이 모든 것이 다 '신'이라고 주장한다. 저서로는 〈신학대전〉, 〈진리에 대하여〉, 〈신의 능력에 대하여〉 등이 있다.

아퀴나스는 가톨릭 교회의 대표 신학자이며, 아리스토텔레스의 철학과 그리스도교 교리를 융합한 철학자로 기억되고 있다. 북부 시칠리아에서 태어난 아퀴나스는 나폴리 대학과 쾰른 대학에서 교육을 받았으며, 파리와 나폴리에서 강연을 했다. 그는 교황 요한 12세에 의해 1323년에 성인으로 추대되었다.

아퀴나스의 대부분의 저작이 아리스토텔레스 철학에서 파생된 것임에도 불구하고, 그는 또한 아리스토텔레스의 생각을 확장하고 명확히 정리했으며, 아리스토텔레스주의 사상에 많은 독창적인 기여를 했다. 아퀴나스의 많은 성과들 중 최고로 꼽히는 것은 〈신학대전*Summa theologica*〉

122

중 '다섯 가지 방법' 혹은 신의 존재에 대한 증명들인데, 이 저작은 논리적 증명에 의해 신의 존재를 증명하려는 가장 명확하고 간결한 시도를 제공한다.

'다섯 가지 방법' 중 첫 번째로 아퀴나스는 신의 존재는 변화의 개념을 고려함으로서 증명할 수 있다고 말한다. 우리는 세계의 어떤 것들이 변화의 과정에 있다는 것을 명백하게 볼 수 있으며, 이런 변화는 다른 무언가의 결과임에 틀림없는데, 왜냐하면 사물은 스스로 변화할 수는 없기 때문이다. 그러나 변화 자체의 원인이 또한 변화의 과정에 있기 때문에, 그 자신 외의 다른 어떤 원인에 의해 변화를 받아야만 하며, 이런 사태가 무한히 반복된다. 명백하게도, 모든 변화의 원인이 되지만 그 자체는 변화를 겪지 않는 무언가가 존재해야만 할 것이다. 아퀴나스가 말하다시피, "만일 손이 막대를 움직이지 않는다면 막대는 다른 아무것도 움직이지 않을 것이다." 아퀴나스에 의하면, 첫 번째로 움직이는 것이 바로 신이다.

'두 번째 방법'에서 첫 번째와 유사한 방식으로 논증을 펼치면서, 아퀴나스는 원인들은 항상 연속적으로 작동하지만 이 연속의 첫 번째 원인이 있어야만 하고, 만약 그렇지 않다면 이런 연속 자체가 존재할 수 없다고 말한다. 흥미롭게도, '첫 번째 방법'과 '두 번째 방법' 모두, 사물은 스스로의 원인이 될 수 없다는 가정 하에 진행된다. 그러나 그의 결론은, 스스로의 원인이 되는 존재, 즉 신이 있다는 것이다. 철학자들은 이런 형태의 논증을 혼란스럽다고 비판했는데, 결론에서 증명되는 것으로 보이는 명제가 논증 안에서 거부되고 있는 바로 그 명제이기 때문이다.

'세 번째 방법'에서 세계 속의 사물은 생성하고 소멸하는 것을 관찰할 수 있다는 사실이 주목된다. 그러나 명백하게도 모든 것이 그런 것은 아닌데, 만일 그렇다면 아무것도 존재하지 않았을 시기가 있었어야 할 것이기 때문이다. 그러나 그것이 사실이라면, 아무것도 생성되지 못했을 것이다. 왜냐하면 존재는 무로부터 생성될 수는 없기 때문이다. 그러므로 무언가가 항상 존재해왔음에 틀림없는데, 이것이야말로 사람들이 신이라고 일컫는 것이다. 아퀴나스의 첫 번째, 두 번째, 세 번째 방법들은 종종 더욱 일반적 논증인 '우주론적 증명'의 변형이라고 불린다.

네 번째 방법에서, 아퀴나스는 존재론적 증명(안셀무스 편을 보라)의 한 버전을 제공한다. 아퀴나스의 존재론적 증명에서, 사물들은 어떤 성질의 다양한 정도를 드러내는 것으로 보인다. 한 사물은 더 뜨겁거나 덜 뜨거울 수 있으며, 더 혹은 덜 선할 수 있고, 더 혹은 덜 고귀할 수 있다. 그런 다양한 정도의 성질은 그런 성질을 가장 많이 혹은 완벽하게 포함하고 있는 무언가에 의해 초래된 것이다. 마치 태양이 가장 뜨거운 것이며 다른 모든 뜨거운 것들의 원인이 됨과 같이, 다른 것들을 선하게 만드는 무언가 완전히 '선한' 것이 존재해야만 할 것이다. 그렇듯 가장 선한 것은 물론, 신이다.

마지막으로, '다섯째 방법'에서, 아퀴나스는 아리스토텔레스의 '텔로스', 혹은 목적인이라는 개념에 의존한다. 모든 것들은 어떤 최종적인 목표나 목적을 향하고 있다. 그러나 목적이나 목표에 의해 안내를 받는다는 것은, 그런 목적을 감독하거나 의도하는 어떠한 정신을 상정한다.

그런 관리자는, 또한 신일 것이다. 아퀴나스의 우주론적 그리고 존재론적 증명들은, 근대 철학자들이 거의 만장일치로 그 다섯 가지 방법 모두를 거부했음에도 불구하고, 여전히 오늘날의 가톨릭교회에 의해 받아들여지고 있다.

존 둔스 스코투스

John Duns Scotus

(1266~1308)

> ## "그는 그의 이름을 'dunce(열등생, 저능아)'라는 단어로 남김으로써 영어에서 불멸한 존재가 되었다"

> 프란체스코 수도회의 학자이자 스코틀랜드의 스콜라 철학자이다. 아우구스티누스의 추종자였던 그는, 펠라기우스주의에 대한 아우구스티누스의 반론을 논박했으며 자유의지에 대한 믿음을 지지했다. 그의 가장 큰 공헌은 특정한 논리적·언어학적인 논쟁들과 관련된 것이었는데 그것들은 지금도 언어철학의 많은 현대적 논쟁들에 중심적 문제가 되었다. 그는 신의 계시에 의한 도움과 함께 세 가지 형태의 앎이 있다고 주장했는데, 첫째는 스스로에 의해 저절로 알게 되는 선험적 원리이고, 둘째는 경험에 의해 직접적으로 알게 되는 것, 셋째는 우리 자신의 행동들에 대한 지식이라고 논했다. 그의 사상은 중세철학을 점차 르네상스로 인도하는 중요한 계기를 만들었다. 주요 작품으로는 〈Opus oxoniense〉와 〈Opus parisiense〉, 2부로 구성된 명제집 주석서가 있다.

━━━━━ 프란체스코 수도회의 학자이자 스콜라 철학자인 둔스 스코투스는, 스코틀랜드에서 태어났지만 폭넓게 여행을 했으며, 옥스퍼드, 파리와 쾰른에서 강연을 했고, 쾰른에서 이른 나이에 죽음을 맞았다. 그의 시대에 '명석한 천재'로 알려져 있던 둔스 스코투스는, 그의 이름을 'dunce(열등생, 저능아)'라는 단어로 남김으로써 영어에서 불멸화되었다. 이 단어가 현재에는 어리석음이나 느린 학습을 의미함에도 불구하고, 둔스 가문은 둔스 스코투스를 따라서 많은 고전주의적 가르침에 반론을 제기했던 스콜라 학자들의 집안이었다. 그들은 신이 내리는 깨달음이 없이는 어떤 지식도 가능하지 않다고 주장했다.

둔스 스코투스는 신의 계시에 의한 도움과 함께, 더 이상의 증거를 필요로 하지 않는 세 가지 형태의 깨달음이 있다고 주장했다. 첫 번째로 그 스스로에 의해 저절로 알려지는 원리들이 있다. 키케로의 어휘에 따르면, 이것들은 선험적(a priori)라고 불린다. 둘째로, 경험에 의해 직접적으로 알려지는 것들이 있다. 그리고 셋째로, 우리 자신의 행동들에 대한 지식이 있다. 많은 측면에 있어서, 특히 플라톤주의에 있어 아우구스티누스의 추종자였던 둔스 스코투스는, 그럼에도 불구하고 펠라기우스주의에 대한 아우구스티누스의 반론을 논박했으며 자유의지에 대한 믿음을 지지했다. 또한 아퀴나스에 반대하여 무원죄 잉태론을 지지했는데, 이것은 로마 교회의 행태에 부합하는 것이었다.

하지만 그의 가장 큰 영향력은 특정한 논리적, 언어학적인 논쟁들과 관련한 것이었다. 중세시대에 시작되었음에도 불구하고, 그것들은 언어철학의 많은 현대적 논쟁들에 중심적 문제가 되었다. 이런 논쟁들 중에는 개체화(individuation)의 원리에 관한 것이 있는데, 이 문제는 후에 라이프니츠(Leibniz)에 의해 다시 거론되었다.

둔스 스코투스에 따르면, 한 사물을 다른 사물로부터 구별하여 개체화시키는 것은 물질보다는 형식에 달려 있다. 어떤 것의 형식과 물질 사이의 이런 구분은 아리스토텔레스로부터 빌려온 것이며, 이런 측면에서 플라톤주의에 대한 확고한 거부를 보여준다.

둔스 스코투스는, 두 개의 사물이 단지 그것들이 다른 공간적(또는 시간적인) 위치를 점거하고 있는 물질들이라는 것을 논함으로서 개체로서 구분될 수는 없다고 주장했다. 그에 따르면 이런 생각이 불충분한 이유는, 물질은 스스로 그 자체로서는 절대로 규정될 수 없기 때문이라는 것이다. (이런 면에서 그는 흄Hume의 선구자이다.) 어떤 사물이라도 그것의 속성이나 특질에 의해서만 규정될 수 있다. 이 모든 것을 제거하고 나면—연장성, 고체성, 불투명성 등등—어떤 것이라기보다는 아무것도 아닌 것이 남게 된다. 그렇다면 이런 특질들의 소지하는 것, 공간과 시간 안에 위치하여 존재하는 그것은 정확히 무엇일까?

둔스 스코투스의 답은, 우리는 어떠한 특질들의 드러남을 넘어서 존재하는 '그것'이 명확히 규정할 수 없기에, 하나의 사물을 다른 것과 구분시키는 것은 공간과 시간 속에서의 그것의 자리가 아니며, 오히려 드러난 특질들의 특정한 조합이 그런 구분을 가능케 한다는 것이었다. 다시 말하면 그 사물 자체의 형식이 바로 그것이었다.

이런 생각은 즉각적으로 두 가지 사물이 모두 같은 특질들을 소지할 수 있다는 생각에 대한 거부로 이어지는데, 그러나 두 개의 유전자적으로 복제된 사과들을 예로 들자면, 그것들은 명백하게도 하나의 동일한 사물이 아니라 두 개의 다른 사물이다. 이에 대한 둔스 스코투스의 응답은 공간과 시간 자체를 사물의 특질로서 보는 것이며, 이것은 그것들을 사물의 형식의 일부로 취급하는 것이다. 어떠한 학파의 학자들도 (아직) 공간과 시간이 사물을 구성하는 물질의 일부분이라고 주장하지 않았다. 그러나 둔스 스코투스에 따르면, 시간과 공간은 사물 형식의 일부분이며, 한 사물을 그것이게끔 만드는 특질들의 조합의 일부분이라는 것이다. 그에 따르면 어떤 두 개의 다른 사물들도 특질들의 완전히 동일한 조합을 가질 수는 없으며, 물질이 아닌 형식이라는 수단에 의해서만 우리는 두 개의 사물을 구분할 수 있다. 만일 우리가 공간과 시간이 한 사물의 특질이나 형식의 일부하는 것을 지지한다면, 어떤 다른 두 가지 사물도 특질들의 정확히 같은 조합을 가질 수는 없다는 둔스 스코투스의 주장은 대단히 옳다고 할 수 있을 것이다.

윌리엄 오캄

Willam of occam

(?~1347)

> # "실재는 궁극적으로 단순하며,
> 개체적인 대상들로 이루어졌다"
>
>
>
> 영국의 스콜라 철학자로 '오캄의 면도날'의 원칙으로 유명하다. 이 원칙은 존재론과 관련한
> 방법론의 원칙인데, 실체들은 필요 이상으로 확장해서는 안 된다는 이론이다. 이 원칙은 정
> 보를 동등하게 설명하는 두 개의 이론이 있을 때, 최소한의 실체들을 가정하는 이론을 선택
> 해야 한다는 생각이다. 더 적은 것으로 행해질 수 있는 일을 더 많은 것은 행하는 것은 헛되
> 며, 따라서 단순성은 가능한 한 항상 바람직하다고 논한다. 이 원칙은 합리적으로 정당화하
> 기 어려움에도 불구하고, 오늘날 과학과 철학 이론 모두에서 충실하게 지켜지는 원칙이다.
> 이 원칙은 오캄의 인식론과 그의 형이상학의 기저를 이루고 있으며, 유명론과 더불어 원자
> 론적인 세계관의 반영으로 볼 수 있다. 러셀의 논리적 원자론과 비트겐슈타인의 초기 사상
> 에 지대한 영향을 끼쳤다.

오캄은 삶의 대부분 동안 그의 사상과 관련하여 교회와
갈등을 빚었던 정치적, 종교적 비 순응주의자였다. 그는 오늘날의 철학
학교들에서 '오캄의 면도날'이라고 알려진 원칙에 의해 잘 알려져 있다.
옥스퍼드에서 학위를 받은 그는 1324년 아비뇽의 교황 위원회 앞에서
그의 관점을 변호하도록 소환을 받은 후 뮌헨으로 떠났다. 그는 교회와
의 화해를 희망하던 중 1347년에 사망했는데, 아마도 그 시기에 뮌헨에
창궐하고 있던 흑사병으로 인한 것이었을 가능성이 크다. 그의 이름은
가끔 'Ockham'이라는 철자로 쓰이기도 하는데, 그가 서리(Surrey)의 오
크햄(Ockham)이나 요크셔의 오크햄에서 태어났다는 추측 때문이다. 그

러나 두 지역 중 어느 쪽도 그의 탄생의 장소임을 확실하게 주장할 수는 없다.

현재 '오캄의 면도날'이라고 잘 알려져 있는 원칙은 존재론과 관련한 방법론적 원칙이다. 이 원칙은 "Entia non sunt multiplicanda praeter necessitatem"이라는 라틴어구로 쓰여 있으며 "실체들은 필요 이상으로 확장되어서는 안된다"고 번역할 수 있다. 이 원칙은 정보를 동등하게 설명하는 두 개의 이론이 있을 때, 최소한의 실체들을 가정하는 이론을 선택해야 한다는 생각을 반영한다. 왜 우리가 가장 단순한 이론을 선택해야 하는가는 철학적으로 쉽게 판단할 수 있는 것은 아니지만, 그럼에도 불구하고 강력한 직관적 호소력을 지니는 주장이다. '오캄의 면도날'(이 원칙이 이론으로부터 불필요한 복잡성을 잘라내도록 고무하기 때문에 이렇게 불리운다)은 궁극적으로 심미적이다. 왜 하나만으로 충분할 때 둘을 가정하는가? 또는 오캄이 표현했다시피, "더 적은 것으로 행해질 수 있는 일을 더 많은 것으로 행하는 것은 헛되다." 이는 단순성은 가능한 한 단순하게 행하는 것이 항상 바람직하다는 의미이다. 그것은 합리적으로 정당화하기 어려움에도 불구하고, 오늘날 과학과 철학 이론 양쪽에서 충실하게 지켜지는 원칙이다.

이 원칙은 오캄의 인식론과 그의 형이상학의 기저를 이루고 있다. 오캄은 보편적인 것(universals)은 단지 인간 지성의 일부로서만 존재한다고 주장했다. 현실에서는 모든 것이 개체적(singular)이다. 이것은 '종(species)', '빨강' 또는 '인간'과 같이 어떤 공통적인 형식이나 특징에 의해 묶여진 사물들의 범위를 나타내는 개념들은 순수하게 인간 지성의 창조물이며, 심리적인 단순성에 의해 많은 개체적 대상들을 한데 모으는 방식이라는 것이다. 실제로는 개체들만이 존재하며, 보편적인 것은 존재하지 않는다. 현대적 용어로는 이런 관점을 가진 이를 '유명론자(唯名論者, nominalist)'라고 일컬으며, 이들은 플라톤의 생각, 즉 개체적, 물질적 사물들의 원형이 되는 추상적, 보편적 형식이 존재한다는 주장에 반대되는 입장을 갖는다.

유명론과 더불어, '오캄의 면도날' 원칙은 원자론적인 세계관의 반영으로 볼 수 있다. 어떤 의미에서는 버트런드 러셀의 논리적 원자론과 비트켄슈타인의 초기 사상의 선구자로 간주될 수 있는 오캄은, 실재는 궁극적으로 단순하며 개체적인 대상들로 이루어져 있으며 그것들은 독립적이고 절대적으로 존재한다고 주장했다. 어떤 개체도 존재하기 위해 다른 어떤 것에 의존하지 않으며, 변화는 단지 개체들의 재배열과 재정렬에 불과하다. 오캄에 따르면 이런 개체들은 신에 의해 존재를 부여받았지만, 그 인과적 작용력에 있어서는 어떠한 신적인 조작에도 독립적으로 유지된다. 이런 방식으로 오캄은 자유 의지의 가능성과 인간사에 있어서 도덕적 책임의 존재를 지지할 수 있었다.

PHILOSOPHY
100

제11장

과학의 시대
The Age of Science

ESSENTIAL
THINKERS

니콜라우스 코페르니쿠스
Nicolaus Copernicus
(1473~1543)

> ## "지구는 스스로의 축을 중심으로 24시간마다,
> ## 태양을 중심으로 364일마다 한 바퀴씩 순회한다"
>
>
>
> 폴란드의 천문학자이자 현대 천문학의 발명가이다. 사모스의 아리스타르코스에 의해 처음으로 제기된 지동설을 부활시켰다. 지구는 스스로의 축을 중심으로 24시간마다 한 바퀴씩 회전하며, 다른 한 편으로 태양 주위를 364일마다 한 바퀴씩 순회한다는 태양중심설은 우주에 대한 창조론에서 인간의 중심적 위치를 빼앗는다는 이유로 교회에 의해 강력한 저항을 받았다. 그러나 지성계에 대한 그의 가설의 효과는 세상을 바꿀 만큼 너무나 크고 근본적이었기 때문에, 후대의 철학자들과 과학자들은 '코페르니쿠스의 혁명' 이라는 용어를 사용하게 되었다. 이 혁명이 철학과 과학, 두 분야에서 서양사상사의 발달에 미친 영향은 너무나 커서 당대에 전형적이던 미신적이고 무지한 생각들을 제거시켰으며, 교회 권력의 쇠퇴를 가져왔고, 과학적 탐구와 발명의 새 시대로 이끌었다. 저서로는 〈천체의 회전에 관하여〉가 있다.

━━━━━ 폴란드에서 태어나 크라카우 대학을 졸업한 코페르니쿠스는 그리스 철학, 수학, 의학, 천문학과 신학을 공부했고, 최종적으로 프라우엔베르크(Frauenberg) 대성당의 참사회 의원이 되었다. 그는 현대 천문학의 발명가로서 인간의 스스로에 대한 개념화, 우주 안에서 인간의 위치에 대한 이해에 있어 다른 어떤 사상가보다도 더 혁명적인 변화를 일으켰다. 그는 자신의 사상이 교회에 대해 근본적이고도 부정적인 영향을 끼쳤음에도 불구하고, 자신의 관점이 신학과 일치하며 자신이 정통 종교인이라고 믿었다. 그러나 교회의 검열에 대한 두려움으로 자신의 발견을 세상에 공표하는 것을 미룬 것은 변명의 여지가 없다.

코페르니쿠스 이전 천문학자들은 아리스토텔레스와 프톨레마이오스를 따라서 지구가 우주의 중심이며 태양과 달 두 개의 항성이 지구 주위를 돌고 있다는 관점을 지지했다. 프톨레마이오스 체계라고 알려져 있는 이런 관점은, 우주가 인간을 위한 목적으로 신에 의해 창조되었다는 많은 신학적 가르침들과 완전히 일치하는 것이었다. 그러나 코페르니쿠스의 업적은 이 모든 것을 거꾸로 뒤집는 것이었다.

코페르니쿠스는 아마도 기원전 340년경 사모스의 아리스타르코스에 의해 처음으로 제기되었을 지동설, 즉 정지상태의 태양 주위를 지구와 행성들이 돌고 있다는 생각을 되살려냈는지 모른다. 게다가 그는 이런 체계에서 지구가 이중의 운동을 하고 있다고 주장했다. 한편으로 지구는 스스로의 축을 중심으로 24시간마다 한 바퀴씩 회전하며, 다른 한편으로 태양 주위를 364일마다 한 바퀴씩 순회한다. 이런 태양중심설(heliocentric system)은 교회에 의해서 강력한 저항을 받았는데, 그 이론이 우주에 대한 창조론에서 인간의 중심적 위치를 빼앗는다는 이유에서였다. 하지만 코페르니쿠스는 피타고라스의 계산법을 이용하여 정확성을 바탕으로 다양한 천문학적 관찰들을 예측하고 설명할 수 있었다. 코페르니쿠스가 그의 연구를 가정에 불과하다고 언급했음에도 불구하고, 오래지않아 코페르니쿠스의 입장은 갈릴레오 갈릴레이, 요하네스 케플러, 아이작 뉴턴 등에 의해 지지를 받게 된다. 생전에는 폭넓게 수용되지 못했음에도 불구하고, 다음 세기의 끝에 이르러 코페르니쿠스의 생각은 반박할 수 없을 정도로 다듬어지게 되었다.

태양중심설은 곧 교회에 의해 이단 판결을 받을 것이었으나, 코페르니쿠스는 후대의 갈릴레오와는 달리 교회의 분노를 사지 않기 위해 일생동안 주의를 기울였다. 분명 코페르니쿠스는 태양중심설을 내세우는 그의 저작 〈천체의 회전에 관하여 *De revolutionibus orbium coelestium*〉를 진심을 다해 교황에게 헌정했다. 후대에 이르러 갈릴레오의 시대에 와서야, 교회는 코페르니쿠스의 저작물을 이단적이라고 판결했다.

지성계에 대한 코페르니쿠스 가설의 효과는 너무나 크고 근본적이었기 때문에, 후대의 철학자들과 과학자들은 세상을 바꿀만한 생각들을 지칭하기 위해 '코페르니쿠스적 혁명'이라는 용어를 사용하게 되었다. '코페르니쿠스의 혁명'이 철학과 과학 양쪽에서 서양 사상사의 발달에 미친 영향은 과장할 수 없을 정도로 크다. 그것은 과학의 시대를 탄생시켰으며, 당대에 전형적이던 미신적이고 무지한 생각들을 제거시켰다. 그것은 좋든 싫든 교회 권력의 쇠퇴를 가져왔고, 과학적 탐구와 발명의 새 시대로 이끌었다.

니콜로 마키아벨리

Niccolò Machiavelli

(1467~1527)

> ## "마키아벨리 사상의 핵심은
> 권력을 위해 민중을 포함한 타인을 조작하는 것에 있다"

이탈리아의 르네상스 철학자이자 역사학자, 정치이론가이다. 대표작 〈군주론〉에서 정치적 간계와 동의어로 마키아벨리즘이라는 용어가 만들어졌고, 이것은 근대 정치사상의 기원이 되었다. 그는 정치가가 그의 정치적 목적을 성취하기 위해 사용해야만 하는 기술들에 집중하는데, 거기에 사용되는 수단들에 대한 도덕적 정당화를 고려치 않고 있다. 그는 또 지도자로서 가치가 있다고 판단한 목적을 어떻게 성취할 수 있는지를 고려한다. '목적이 수단을 정당화한다' 즉, 만일 목적이 그 자체로 좋기만 하다면, 그것을 실현하는 것만이 중요할 뿐이고, 그렇게 하기 위해서는 적대자들보다 더 많은 권력을 가져야 한다고 주장한다. 그러나 그의 주된 정치적 사상은 민중에 의해 지지를 받는 정부를 성취하는 것이었다. 저서로는 〈군주론〉, 〈로마사 논고〉, 〈전략론〉, 〈만드라골라〉, 〈피렌체사〉와 〈그라치아〉 등이 있다.

마키아벨리는 피렌체에서 태어난 이탈리아 르네상스 철학자이다. 그는 외교관이자 극작가였는데, 후대에 막대한 영향을 끼침과 동시에 악명을 떨친 저작물인 정치 이론서 〈군주론〉으로 가장 잘 알려져 있다. 이 저서는 마키아벨리의 이름을 정치적 간계와 동의어로 만들었다. 마키아벨리의 저서는 성공적이지만 가끔은 비도덕적인 정치적 술수에 대한 세부적인 분석을 제공하며, 오늘날에도 여전히 철학과 정치학을 배우는 학생들에게 읽혀지고 있다. 마키아벨리는 〈군주론〉에서 성공적 정치가가 자신의 정치적 목적을 실현하기 위해 사용해야만 하는 술책들에 초점을 맞춘다. 이때 거기에 사용되는 수단들에 대한 도덕적 정당화를 고려하지 않고 있다. 도덕적 감수성의 결핍 때문에 종종 비판을 받음에도 불구하고 위대한 지적인 완결성과 일관성을 보여준다.

마키아벨리는 〈군주론〉에서 지도자로서 가치 있다고 판단한 목적을 어떻게 최선으로 성취할 수 있는지를 고려한다. "목적이 수단을 정당화한다"는 구절이 마키아벨리의 저술에서보다 더 적절하게 적용된 적은 없었다. 이 책은 거의 완전한 실용주의적이며, 그 안에 예시된 방법들의 옳고 그름에 대해서는 거의 성찰하지 않는다.

그럼에도 불구하고 〈군주론〉은 어떤 정치적 목적이 좋은 것인가에 관한 특정한 주장들을 포함하고 있다. 마키아벨리는 세 가지의 주된 정치적 '선'이 있다고 믿는다. 국가의 안전과 국가의 독립, 강한 조직이 그것이다. 그는 나아가 어떻게 정치적 성공을 안정화할 것인지에 관한 실용적 문제들만을 주로 고려했다. 좋은 정치적 목적을 부적합한 수단으로 추구하는 것은 헛된 것으로 보았는데, 그것이 확실히 실패할 것이기 때문이었다. 성공하고자 한다면 힘과 용기를 갖고 스스로의 신념을 추구해야 하며 그것을 위해 어떤 필요한 수단도 사용할 수 있어야 한다.

마키아벨리 사상의 핵심은 권력을 위해 민중을 포함한 타인을 조작하는 것에 있다. 마키아벨리는 덕이 그 자체로 좋은 것이라고 가르치지는 않지만, 덕 있게 보이는 것은 정치적 목적을 성취하기 위해 종종 유용할 수 있다고 말한다. 그리고 이것은 아마도 마키아벨리 사상에 대하여 가장 많은 분노를 불러일으킨 주장일 것이다. 그러나 마키아벨리 그 자신은, 그렇듯 나약하고 심지어 위선적인 민감함에 대한 고려를 하지 않았다. 앞에서 언급했듯이 만일 목적이 그 자체로 좋기만 하다면, 그 것을 실현하는 것만이 중요할 뿐이다. 따라서 그렇게 하기 위해 적대자 들보다 더 많은 권력을 가져야만 한다고 마키아벨리는 말한다. 의심의 여지없이 〈군주론〉은 이런 불쾌한 진실을 진지하게 받아들일 수 있는 사람들을 위한 최고의 작품이다.

'군주론'이 그 가르침에 있어 확고한 입장을 나타냄에도 불구하고, 마키아벨리의 관점을 올바르게 이해하기 위해서는 더 길고 균형 잡힌 저작인 〈로마사 논고〉를 함께 읽을 필요가 있다. 〈로마사 논고〉에서, 마키아벨리는 그가 성공적이며 좋은 조직을 만든다고 생각하는 바에 대한 더 자세한 참고사항을 제공한다. 그의 정치적 이상은 공국들의 지 도자인 군주들이 운영하되, 귀족과 일반 시민에 의해 견제를 받으며 이 들 모두가 조직에 참여하는 공화국이었다. 러셀이 마키아벨리에 대한 주석에서 정당하게 언급하다시피, 〈로마사 논고〉는 18세기의 자유주 의 사상가에 의해서도 놀라움이나 반대를 불러일으키지 않고 읽혀질 수 있는 작품이었다. 마키아벨리는 독재 정치에 많은 시간을 할애하지 않았는데, 인민이 자유에 대한 불가침의 권리를 갖고 있기 때문이 아니 라, 독재정권은 합리적으로 만족한 민중에 의해 존중받는 정부에 비해 덜 안정적이고, 더 잔인하며 변하기 쉽기 때문이었다. 마키아벨리의 주 된 정치적 사상은 그렇듯 민중에 의해 지지를 받는 정부를 성취하는 것 이었다.

데시데리우스 에라스무스
Desiderius Erasmus
(1466~1536)

"종교는 인간 이성이
신을 알고 경배하고자 하는 확신이다"

네덜란드의 인본주의 철학자이자 인문학자, 신학자. 에라스무스는 사제의 사생아였고, 어린 나이에 수도원에 입문하게 된다. 그러나 이십대에 수도생활을 중단하고 여행을 하며 폭넓게 공부했다. 토머스 모어와 친교를 맺어, 그가 헨리 8세의 손에 죽을 때까지 우정을 지속했다. 그는 교회로부터 제공되는 의식이나 중재를 필요로 하지 않는 '마음에서 우러나오는' 경배로서 종교를 생각하고자 했다. 또 그는 종교는 불필요한 복잡성이나 교조적 교리에 얽매이지 않으며 단순하고 직접적이라는 의미에서 어리석음의 한 형태라고 보았다. 그에게 종교는 철저한 인본주의에 기반하고 있으며, 여기에서의 인본주의란 신을 알고 경배함에 있어서 인간 이성에 대한 확신이라는 고전적 의미로 이해되어야 한다. 그는 종교개혁을 재촉하는 데 큰 영향을 끼쳤다. 저서로는 〈우신 예찬〉, 〈격언집〉과 〈대화집〉 등이 있다.

에라스무스는 네덜란드의 인본주의(人本主義, humanism) 철학자이자 신학자이다. 그는 사제의 사생아였고 어린 나이에 보호자들에 의해 수도생활에 강제로 입문하게 되었다. 스테인의 수도원에서 평생 동안 지속될 라틴어에 대한 그의 열정이 시작되었으며, 그는 빠르게 교사들의 능력을 능가했다. 그는 이십대 후반에 수도 생활에서 탈출했으며 여행을 하며 폭넓게 공부를 하기 시작했다. 그는 마침내 영국에 도착했고 토머스 모어(Thomas More)와 친교를 쌓았으며, 모어가 헨리 8세의 손에 죽을 때까지 우정을 지속했다. 이탈리아 여행을 끝내고 영국으로 향하면서, 그는 그의 최고의 저작 〈우신 예찬 *In Praise of Folly*〉을 구상했다. 런던에 있는 토머스 모어의 집에서 그는 신속하게 이 작품을 집필했고 모어의 후원을 받아 1509년에 출판했다.

〈우신 예찬〉은 이중의 목적을 갖고 있다. 한편으로 에라스무스는 스테인에 있는 동안 깊은 증오를 품게 된 교회의 의식과 제도를 풍자하고 비판하기 위해 이 저서를 이용했다. 그는 수도회를 공격했고 "그들이 샌들을 묶는 매듭의 정확한 숫자"에 드러나는 경배에 대한 개념을 비판했다. 그는 더욱 독기를 품고 "심판의 날에 그들의 탄원을 듣는 것은 재미있을 것이다. 누군가는 그가 어떻게 물고기만을 먹음으로서 육체적인 식욕을 억제하였는지를 자랑할 것이며, 다른 이는 그가 지상에서 대부분의 시간을 찬송가를 부르는 신성한 행위로 보내었다고 강조할 것이다…그러나 그리스도는 이렇게 말하며 그들을 중단시킬 것이다. '너희에게 화 있으라, 서기들과 위선자들아…너희들에게 나는 단 하나의 가르침만을 남겼거늘, 그것은 서로 사랑하라는 것이었다. 그러나 나는 그런 가르침을 신실하게 수행했다고 탄원하는 것을 그 누구에게서도 듣지 못하겠구나…'."

이것은 에라스무스의 〈우신 예찬〉의 중심 주제를 드러내는데, 그는 교회로부터 제공되는 의식이나 중재를 필요로 하지 않는 '마음에서 우러나오는' 경배로서 종교를 생각했던 것이다. 에라스무스는 진정한 종교는 불필요한 복잡성이나 교조적 교리에 얽매이지 않으며 단순하고 직접적이라는 의미에서 어리석음(Folly)의 한 형태라고 주장했다. 에라스무스에게 있어서 종교는 철저한 인본주의(humanism)에 기반해 있으며, 여기에서 인본주의란 신을 알고 경배함에 있어 인간 이성에 대한 확신이라는 고전적 의미로 이해되어야 한다.

에라스무스는 비슷한 이유에서 스콜라주의에 대해서나, 또는 그의 시대의 철학적 우상이었던 플라톤과 아리스토텔레스에 대해서도 우호적이지 않았다. 에라스무스의 영웅은 아우구스티누스였는데, 그로부터 에라스무스는 이성이 신앙의 하인이어야 한다는 사상을 이어받았다. 그의 대부분의 저작은 〈우신 예찬〉과 '콜로키아(Colloquia)'를 제외하고는 성서의 그리스어와 라틴어 번역으로 이루어져 있다.

에라스무스는 종교개혁을 축진하는 데 막대한 영향을 끼쳤으며, 그의 종교적 생각들은 의심의 여지없이 프로테스탄트의 편에 가까운 것이었다. 하지만 놀랍게도 그는 가톨릭교도와 프로테스탄트의 싸움에서 종국에는 가톨릭의 편을 들었다. 이런 명백한 모순은 그의 약간 소심한 성격을 반영한다. 그는 루터주의자들의 폭력을 용서할 수 없었고, 행동보다는 말로서 가톨릭교도들을 공격하고자 했다. 토머스 모어가 영국 교회에서 교황에 대한 헨리 8세의 우월성을 인정하기를 거부했기 때문에 왕에 의해 처형되었을 때, 에라스무스는 "모어가 그렇게 위험한 일에 관여하지 않고 신학적인 문제들을 신학자들에게 남겨놓았다면 좋았을 텐데"라고 말했다고 전해진다. 이런 언급은 에라스무스의 성격과 모어의 비타협적이고 청렴한 성격 사이의 차이를 대조적으로 보여준다.

토머스 모어
Thomas More
(1478~1535)

"사유재산을 가지지 않는
공동사회의 실현은 가능하다"

영국의 정치가이자 인문주의자. 르네상스 문화운동의 영향을 받았고, 에라스무스의 후원자이자 친구이기도 했다. 헨리 8세의 가톨릭교회에 대한 정통성을 부정하는 전횡에 반기를 들어 1535년에 참수되었다. 모어는 자연에 따라서 살고 사유재산을 가지지 않는 공동사회가 실재할 수 있음을 확신하고 있었다. 자연법과 자연 상태가 선이라는 증명으로서 언급되고 있는 그의 이 주저는 유토피아라는 가공의 나라를 무대로 자유, 평등으로 전쟁이 없는 공산주의적인 이상사회를 묘사하였다. 유토피아의 가치는 박애주의 사상으로부터 대단히 거리가 있었던 시대에 사회적이고, 사회주의적인 이상을 제시하였다는 점에 있다. 1935년 성인으로 추대되었다. 저서로는 〈유토피아〉, 〈신앙을 위한 죽음〉, 〈예수 그리스도의 수난〉 등이 있다.

⬛⬛⬛⬛⬛⬛ 에라스무스의 친구이자 후원자이기도 했던 토머스 모어 경은 위험하지만 청렴한 정치생활을 이어갔고, 그 결과로 그에게 한때 기사작위를 주었던 왕인 헨리 8세로부터 사형선고를 받았다. 헨리의 회유에 영향을 받지 않고 가톨릭 정통성에 대한 충성을 고수했던 토머스 모어는 헨리가 아라공의 캐서린과 이혼한 것이나 뒤이어 앤 볼린과 결혼하기 위해 왕이 스스로를 영국 교회의 수장으로 임명한 것을 인정할 수 없었다. 모어는 헨리가 1535년에 모어를 참수하기 전에 서양 사상사에는 다행히도 그의 가장 중요한 철학적 저작인 〈유토피아〉를 1518년에 완성할 수 있었다.

모어는 〈유토피아〉를 통해 한 여행자가 남쪽 바다에 있는 한 섬에 관한 이야기를 풀어놓는데, 그 섬에는 모든 것이 가능하도록 최선의 방식으로 갖추어져 있다. 이 책은 대화의 형식을 띠고 있는데, 여행자 라파엘 히스로데이가 유토피아에서 보냈던 5년 동안 그가 관찰했던 그 섬의 현명한 방식들을 밝히는 내용이다. 모어의 유토피아에 대한 비전은 일종의 그리스도교적 공산주의와 같이 그곳에는 사유 재산, 국내 상업이나 개인적 야심 같은 것은 존재하지 않는다. 사회의 모든 구성원들은 어떤 직업을 갖든 간에 하루에 여섯 시간씩 일한다. 이것은 충분한 노동력을 공급한다는 면에 있어서 완전히 만족스럽다. 다른 사회에서는 게으른 부자들의 존재 때문에 가난한 자들만이 오랜 시간 일하도록 강제당한다.

유토피아는 각각 적어도 40명의 근로자로 구성된 집단농장을 통해 시민들에게 재화를 공급한다. 모어의 가상 사회에도 지식인과 정치가가 존재하는데, 이들은 그들의 공적에 의해서 선택되며 만족스럽게 업무수행을 해야만 그들의 직업을 유지할 수 있다. 국가의 수장으로서 활동하는 선출된 군주 또한 존재하는데, 독재정치를 펼 경우에는 해임될 수 있다. 모어는 흥미롭게도 그의 이상적 사회에서 노예 제도를 제거하지 않았다. 모어는 행복한 시민들이 참여하기를 원하지 않았던 혐오스러운 일들, 짐승들을 도살하거나 공동체의 저녁식사를 차리는 것과 같은 일들은 소위 '예속인(bondsmen)'들에게 주어지도록 했다. 예속인들은 유토피아의 법을 어겼기 때문에 형벌을 복역하고 있는 이들이며, 유토피아의 법률에는 혼전 순결과 혼인 중의 정숙함 등도 포함되었다. 예속인들 중에는 또한 다른 사회들에서 사형선고를 받고 끌려온 이들도 있었다.

모어의 〈유토피아〉가 몇몇의 감탄할 만한 자유주의적 특성들을 지니고 있음에도 불구하고 안타깝게도 현실세계의 모택동주의나 캄보디아 체제에서와 같이 미학적인 면에서는 억압적이다. 모어는 그의 모든 시민들이 똑같은 평범하고 차별화되지 않는 옷을 입기를 바랐다. 건축적인 면에 있어서도 억압적으로 무미건조하게 54개의 마을 각각은 동일한 계획에 따라 건축되고 거리는 모두 20피트 폭이며, 모든 집은 정확히 똑같이 생겼다. 사유 재산의 개념을 억누르기 위한 법에 따라 주민들은 정기적으로 서로 집을 바꾸는데, 어차피 모든 집들은 동일하므로 이것은 약간 불필요해 보인다.

플라톤의 〈공화국〉과 마찬가지로 모어의 유토피아에 대한 비전이 현존하는 사회의 변형은 차치하고라도 그 어떤 사회에 관한 현실적인 모델을 제공할 수 있을지는 의심스럽다. 그럼에도 불구하고 〈유토피아〉의 가치는 박애주의적 고려로부터 대단히 거리가 있었던 시대에 사회적이고 사회주의적인 이상을 제시했다는 점에 있다. 버트런드 러셀은 모어가 제시한 비전의 문제점을 다음과 같이 잘 요약했다.

"모어의 유토피아에서의 삶은, 대부분의 다른 나라들에서와 마찬가지로 견딜 수 없을 만큼 지루할 것이다. 다양성은 행복에 필수적이라고 볼 수 있는데 유토피아에는 그것이 거의 존재하지 않는다."

프랜시스 베이컨
Francis Bacon
(1561~1626)

영국의 과학철학자인 프랜시스 베이컨은 후대의 로크와 버클리, 흄, 존 스튜어트 밀, 버트런드 러셀 등을 포함하는 유명한 영국 철학파의 시조이다. 베이컨은 또한 뛰어난 수필가였고 법률가, 정치가로서도 성공했다. 엘리자베스 여왕의 뒤를 제임스 1세가 계승한 이후에 대법관에 취임했지만, 후에 부패 행위로 유죄 판결을 받았다.

"아는 것이 힘이다"라는 명제로 유명한 베이컨의 사상은 과학적 방법에 대한 그의 관심에서 비롯되었다. 베이컨은 두 개의 사유 학파를 비판했는데, 그것은 플라톤주의 학파와 아리스토텔레스주의 학파였다. 베이컨은 첫째로 지식이 단어들의 내용과 의미를 이해함으로써 얻어질 수 있다는 이성 주의적 관점에 대해 자신의 머리 안에 거미줄을 치는 것과 같다는 이유로 거부했다. 둘째로 아리스토텔레스주의자들은 경험 주의적 데이터들을 다량으로 수집하고자 했는데, 베이컨은 이것 또한 과학적 가설(hypotheses)을 도출하는 데 있어 무용하다고 지적했다. 필요한 것은 귀납적 가설을 생성하도록 돕는, 데이터를 분석하고 정리하는 새로운 방식이었다.

베이컨은 그의 많은 동시대인 및 선배들과 마찬가지로 귀납의 문제에 관심을 가졌는데, 이 문제는 후에 흄으로부터 놀라울 정도의 회의적인 응답을 얻게 된다. 베이컨의 동시대인들이 제기했던 귀납의 문제는 한 사건의 단순한 반복적 발생은 같은 일이 다시 일어날 것을 보장하지는 않는다는 것이었다. 누군가 열 개의 구슬이 든 주머니에서 아홉 개의 파란 구슬을 꺼냈다고 가정해 보자. 열 번째 구슬이 파란 색일 가능성은 그것이 빨간 색일 가능성과 마찬가지이다. 즉 이전의 사례들은 후속 사례에 관해 어떤 것도 보장할 수 없다는 것이다.

베이컨이 이 문제에 대해 제시한 답은, 가설을 확증할 방법을 찾기보다는 가설의 부당성을 증명하는 부정적 사례들을 찾아내기 위한 탐구를 강조하는 것이었다. 이런 생각은 칼 포퍼의 20세기 반증주의 과학적 방법론과 그의 '귀납 문제의 해결'에 대한 과장된 주장에커다란 영향을 주었다. 포퍼 자신도 기꺼이 인정했다시피 그는 베이컨에게 많은 빚을 지고 있다.

하지만 베이컨은 그 시대의 다른 이들이나 후대의 흄과는 달리 귀납적 일반화를 정당화하는 문제보다는 관찰에 의해 수집된 다량의 데이터로부터 어떻게 좋은 귀납적 가설을 내 놓을 것인지에 대해 더욱 흥미를 가졌다. 그에 관해 베이컨은 새로운 방법을 고안해냈는데, 이 방법을 예시하기 위하여 그는 어떻게 열의 성질에 관하여 가설을 형성할 수 있는지를 보여준다. 탐구 대상이 되는 성질(이 경우에는 열)이 존재하는 모든 대상을 열거해야 하며, 그리고 나서 그 성질이 존재하지 않는 모든 것을 열거하고, 최종적으로 문제가 되는 성질을 다양한 정도로 포함하고 있는 모든 사례들을 열거해야 한다고 주장했다. 베이컨은 이렇듯 열거된 목록으로부터 자연적 가설이 도출된다고 생각했다. 당시에 이미 그가 잘 알고 있었다시피 물체 안의 분자들의 운동이나 자극에 의해 열이 생성된다는 가설처럼 말이다.

베이컨의 방법도 데이터의 집합에 질서를 부여하는 하나의 방식임에 틀림없으며, 어떤 경우들에 있어서는 유용한 방식일 수도 있다. 그럼에도 불구하고 데이터를 정리함으로써 과학적 가설을 도출하는 체계적 방법을 찾아낸다는 그의 야심을 성취하는 것은 불가능해 보인다. 그런 체계의 존재가능성 자체가 의문스러운 일이다. 베이컨은 과학 이론 형성에 있어서 창의성과 상상력이라는 측면을 고려하지 않았다. 얼마나 체계적으로 데이터를 정리하던지 간에, 귀납적 가설들이 그것들로부터 출현할 것이라고 보장할 수는 없다. 어떤 사실들은 데이터들의 특정한 배열로부터 연역적으로 도출될 수 있지만, 그것은 베이컨이 찾아내고자 했던 바가 아니었다.

이런 측면에서의 실패에도 불구하고, 베이컨은 과학철학과 귀납의 문제에 있어 중요한 공헌을 했으며, 또한 우리가 살펴보았듯이 부정적 사례의 중요성을 최초로 강조했다는 면에서도 대단한 업적을 남겼다.

갈릴레오 갈릴레이
Galileo Galilei
(1564~1642)

갈릴레오는 이탈리아의 철학자이자 천문학자, 또 과학자이자 수학자였으며, 코페르니쿠스가 주장한 태양중심설을 지지한 것으로 가장 많이 기억되고 있다. 1633년 갈릴레오는 목숨을 부지하기 위해 지구가 자전하지 않는다고 말하며 자신의 주장을 철회했다. 그것이 진심이었을 가능성은 희박하며, 그는 그런 철회에도 불구하고 가택연금 상태에 처해졌다.

1608년에 네덜란드인 리퍼세이가 망원경을 발명했고, 그 후 2년이 지나지 않아 갈릴레오는 우주의 극적인 효과를 관찰하는 데 망원경을 사용했다. 그는 천문학적 관찰을 이용하여 지구가 우주의 중심이라는 프톨레마이우스의 천동설에 심각한 결점이 있다는 사실을 보여주었다. 또한 은하수가 사실상 수백만 개의 개별적인 별들로 이루어져 있다는 것을 관찰했다. 그는 금성의 변화를 관찰했고 목성의 위성들을 발견했으며, 그 결과로 신학자들을 경악시켰다. 갈릴레오의 발견들은 세속인들과 교회 양쪽으로부터 엄청난 비판을 받았기 때문에 스스로를 방어하고 그의 비판자들에게 응답하고자 1615년에 〈크리스티나 공작부인에게 보내는 편지Letter to Grand Duchess Christina〉를 쓰게 되었다. 이 저서에서 갈릴레오는 과학적, 신학적 문제들은 혼돈되어서는 안 된다고 논한다. 과학은 종교적 신조에 관해서 의혹을 던질 수 없으며, 단지 그것을 강화할 뿐이라고 그는 주장했다. 그럼에도 불구하고 그는 종교 재판에 의해 1616년에 첫 번째로 유죄판결을 받았고, 1633년에 다시 한 번 판결을 받고 자신의 주장을 철회했다.

그의 연구가 코페르니쿠스의 체계를 부활시키는 데 공헌했음에도 불구하고, 갈릴레오는 단지 천문학자 이상의 존재였다. 그의 중요한 저작들의 대다수는 운동의 역학과 원리들에 관한 것이다. 그는 자유 낙하 법칙(Law of falling bodies) 혹은 영구 가속운동을 최초로 발견했으며, 1638년에 여전히 가택 연금 상태인 채로 〈두개의 새로운 과학을 위한 논고Discourse on Two New Scences〉라는 저서를 통해 그런 발견들을 출판했다. 또한 후에 널리 알려진 뉴턴의 제1운동법칙, 즉 물체는 힘의 작용을 받지 않는 한 일정한 속도로 직선운동을 한다는 법칙은 갈릴레오의 관성의 원리로부터 직접 인용된 것이다. 이 원리는 코페르니쿠스의 이론을 뒷받침하는 데 있어서 중요한 역할을 했는데, 코페르니쿠스의 비판자들은 만일 태양중심설이 사실이라면 지구가 동쪽으로 회전한다는 것을 고려할 때 낙하하는 물체는 직선으로 떨어져서는 안 되며, 떨어뜨려진 지점보다 조금 서쪽에 착지해야 마땅하다고 주장했다. 하지만 실험에 의해서 이것이 사실이 아님이 증명되었고, 이 결과는 코페르니쿠스를 거부할 종교적 이유를 갖고 있지 않은 이들조차도 그의 견해가 잘못되었다고 생각하도록 했다. 그런데 갈릴레오의 역학에 관한 연구는 낙하하는 물체에 관한 그런 예측이 왜 실현될 수 없는지를 보여주었다. 다시 말하자면 낙하하는 돌은 지구의 회전 속도를 보유하고 있다는 것이다.

철학적인 면에서 갈릴레오는 "자연이라는 책은 수학이라는 언어로 쓰여져 있다"고 믿었다. 그는 그리스 철학으로부터 지대한 영향을 받았으며 아르키메데스의 대단한 숭배자였다. 그는 로크와 마찬가지로 물체에는 1차적 성질과 2차적 성질 사이의 형이상학적 구분이 존재한다고 주장했다. 1차적 성질은 사물에 필수적이며 내재적이고, 2차적 성질은 관찰자의 정신에 그것들이 특정한 효과를 발생시키는 한에 있어서만 존재한다. 갈릴레오는 의심의 여지없이 진리추구를 위해 많은 위험을 감수한 위대한 사상가로 종교적 독단주의의 구속으로부터 지식에 대한 추구를 지향하는 데에 일조했다.

홉스는 영국의 철학자이자 유명한 정치학 이론서인 〈리바이어던Leviathan〉의 저자이다. 그는 기하학과 탄도학, 광학 등의 분야에서도 중대한 공헌을 했지만, 정치사상가로서의 연구로 인해 가장 잘 알려져 있다. 홉스는 베이컨과 데카르트와 마찬가지로 더 많은 사실들을 발견하는 것에 의해서가 아니라 새로운 방법론을 발견하고 사용하는 것에 의해 자신의 연구를 뒷받침하고자 했다. 데카르트와는 달리 그의 관심은 인식론적이기보다는 정치적인 것이었다. 하지만 홉스는 데카르트에게 빚을 지고 있으며, 갈릴레오와 뉴턴과 같은 당대인들로부터 만일 자연 과학이 자연의 자명한 법칙에 의해 뒷받침될 수 있다면 사회과학도 마찬가지일 것이라는 생각을 빌려왔다. 홉스의 방법은 자연의 법칙을 정치학의 영역에 적용하는 것이었다.

홉스의 새로운 정치과학은 1640년 〈법의 요소들*Elements of Law*〉이라는 논문에서 처음 등장했는데, 이 논문은 출판을 목적으로 한 것이 아니라 갈수록 공격적으로 되어가는 국회에 대한 국왕 찰스1세의 대처를 정당화하기 위해 왕의 지지자들이 사용하도록 하기 위한 것이었다.

그 후 10년 동안 홉스는 스스로 프랑스로 망명을 떠났으며, 그곳에서 사상가로서 명성을 얻었다. 1642년에 출판된 저서 〈시민에 대하여*De Cive*〉에서 그는 〈법의 요소들〉에서 등장한 주제들을 발전시켰으나, 그의 사상은 〈리바이어던〉이라는 자신의 최고의 걸작에서 가장 잘 드러나고 있다.

홉스는 인간이 특정한 자연 법칙에 따라 행동하며, 물질은 작용을 받지 않는 한 일정한 방식으로 움직인다는 뉴턴의 운동 제 1법칙을 떠올리게 하는 비유를 통해 사회적 삶의 규칙에 의해 지배받지 않는 한 인간의 자연 상태는 전쟁과 갈등의 상태라고 주장했다. 단지 무력에 의한 규제로서 지켜지는 계약만이 인간이 자연 상태로 퇴화하는 것을 막을 수 있다는 것이다. 홉스는 계약이 없다면 사회는 와해될 것이며, '만인의 만인에 대한 투쟁' 상태가 초래되어 인간의 삶은 피할 수 없는 결과로 "고독하고 가난하며, 비참하고 야만적이며 짧을 것"이라고 주장했다.

홉스는 우리가 이런 암울한 자연적인 전쟁과 갈등의 상태에 떨어지는 것을 막아주는 사회계약의 개념을 발전시킨다. 모든 인간은 자기 보존이라는 자연법칙에 따라 행동하고, 우리는 각자 자연스럽게 우리 자신에게 좋은 것을 원하며, 사회계약은 타인의 이익을 고려함으로써만 스스로의 이익이 얻어질 수 있다는 것을 확고히 주장한다.

홉스의 사회계약은 인간들을 추동하는 자연을 전제로 하고 있다. 그러므로 홉스는 우주의 모든 것이 물질적임을 주장하며 비물질적인 정신이나 영혼의 존재를 배제하는 유물론자임이 드러나게 된다. 심지어 신(神)조차도 단순한 물질에 불과하다. 소크라테스 이전 철학자들 이래로, 그렇듯 비타협적인 유물론을 발전시킨 철학자는 없었다. 그의 시대정신 속에 주어진 것이긴 했지만 그의 많은 동시대인들은 교회의 비판을 두려워하여 그와 같이 대담한 주장을 하는 것을 주저했다.

하지만 이런 유물론은 비물질적인 영혼이나 정신을 언급하지 않으면서도 자유 의지에 대한 어떤 요소를 위해 자리를 내어 줄 수 있어야 했다. 또한 인간의 자연 상태를 중시했음에도 불구하고 어떻게 사회계약에 따라 사회가 생성될 수 있었는지를 설명할 수 있어야 했다. 홉스에게 있어 자유 의지와 결정론은 상호 배타적인 것이 아니라 양립 가능한 개념들이었다. 물이 구속받지 않음에도 불구하고 항상 아래로 흐르듯이, 인간은 자유롭지만 자연 법칙에 의해 제한을 받는다. 인간이 생존과 번식을 추구하는 자연적인 경향을 따르는 데 있어 자유로운 한, 인간은 행동의 자유를 갖는다. 인간의 경향들이 본성에 따라 결정된다는 사실은 홉스에게 어떤 문제도 되지 않았다.

아이작 뉴턴
Sir Isaac Newton
(1642~1727)

수학자이자 물리학자인 뉴턴은 철학적이기도 한 저서들을 내놓았다. 그 저작들은 동시대인들은 물론, 로크와 칸트를 포함한 이후 세대의 철학자들에게 지적인 추동력으로 작용되었다. 뉴턴의 주요 저서인 〈자연철학의 수학적 원리〉는 그의 중력 이론과 운동 법칙들을 포함하고 있다. 그의 후기 저작인 〈광학〉은 일차적으로는 광학 물리학에 관한 것이지만 기계학과 종교, 도덕에 대한 고찰을 포함하고 있다. 그는 라이프니츠와 일련의 분쟁에 말려들게 되는데 최초에는 그들 중 어느 쪽이 미적분을 발명했는가의 문제에 대해서, 그리고 나중에는 공간과 시간의 위상에 관한 논쟁을 통해서였다.

뉴턴 물리학의 통찰은 우주가 법칙에 의해 지배를 받는 기계적 원리들에 의해 작동된다는 것이었다. 이런 생각은 존 로크에게 깊은 영향을 끼쳤는데 로크의 철학은 뉴턴의 물리학 원칙들에 대한 철학적 귀결이라고 간주할 수 있다. 로크는 뉴턴의 역학과 일관된 방식으로 인간의 지성을 이해하고자 했다. 그 결과로 지각(perception)에 대한 인과적 이론을 논했고 사물의 1차적 성질과 2차적 성질에 관한 구분을 주장했다.

칸트는 비슷한 방식으로 현상 세계의 모든 것은 뉴턴의 법칙들에 부응해야 한다고 보았지만, 이런 질서는 대부분 정신의 심리적인 기관에 의해 부여되는 것이었다. 칸트의 철학은 공간과 시간이 절대적인 것으로 개념화되어야 하는가 혹은 그것들이 단지 사물들 사이의 관계에 불과한가에 대한 뉴턴과 라이프니츠와의 논쟁에서 뉴턴을 지지하는 것이었다. 이런 논쟁은 뉴턴주의자들이 손쉽게 이긴 것으로 보였는데, 후에 아인슈타인의 상대성 물리학이 도래한 후에는 판도가 바뀌었다.

뉴턴은 그의 방법론이 이성 주의적이거나 연역적이기보다는 경험적이고 귀납적임을 주장하면서 데카르트에 대한 비판도 즐겼다. 경험주의가 이성주의 철학에 대해 우위를 점하게 된 것은 뉴턴 덕분이었다. 하지만 뉴턴은 데카르트의 사상에 많은 빚을 졌으며, 그 이성주의자 선배 철학자들에 의해 이미 수행된 업적이 없었다면 뉴턴의 사변은 시작될 수 없었을 것이다.

뉴턴의 가장 위대한 성과는 의심의 여지없이 중력 이론인데, 그는 이를 이용해 달을 포함한 모든 행성들의 움직임을 설명할 수 있었다. 뉴턴은 "태양계에 있는 행성의 공전 속도는 태양에 가까울수록 더 빠르다"는 것을 증명했다. 태양에 가까이 갈수록 공전 속도가 가속하는 비율은 태양으로부터 거리의 제곱에 반비례한다. 이런 사실이 뉴턴의 보편 중력의 법칙으로 이어졌다. '모든 물체는 서로를 잡아당기는데, 그런 힘은 물체들의 질량의 곱에 정비례하며 그 물체들 사이의 거리에 반비례한다'는 보편 중력의 법칙은 뉴턴이 모든 행성의 운동, 조수의 움직임, 달과 혜성의 움직임 등을 예측할 수 있다. 놀라운 성취였던 그 이론은 아인슈타인에 이르러서야 대체되었는데, 심지어 아인슈타인의 상대성 이론이 도래한 이후에도 뉴턴의 역학은 여전히 옳다고 인정되었으며, 아직도 그 단순성 덕분에 소위 '중간 크기의' 물체들의 움직임을 예측하는 데 사용되고 있다. 이 "중간 크기의(medium sized)" 사물이라는 것은 태양계보다 크거나 눈이 볼 수 있는 것보다 작은 범위에 해당하지 않는 모든 사물을 가리킨다.

뉴턴의 작업은 의심의 여지없이 인간 사유의 역사에서 심오하고 주목할 만한 업적중 하나이다.

PHILOSOPHY
100

제12장

합리주의자
The Rationalists

ESSENTIAL
THINKERS

르네 데카르트

René Descartes

(1596~1650)

"나는 생각한다, 고로 존재한다"

프랑스의 철학자이자 수학자, 물리학자로, 근대철학의 아버지로 불린다. 데카르트는 세계에 대한 지식에 대해 극단적인 회의론의 문제들을 제기했는데 우리가 확실히 알 수 있는 것은 우리 자신의 존재뿐이라는 것이었다. 이런 통찰은 그의 유명한 "나는 생각한다. 고로 존재한다"로 요약된다. 그는 학문 중에서 수학만이 확실한 것으로 철학도 수학과 같이 분명하고 명확히 드러나는 진리를 출발점으로 해야 한다고 생각하였다. 그로 인해 그는 기존의 모든 지식을 의심하였는데, 그렇지만 최후의 의심할 수 없는 명제, "나는 생각한다. 고로 존재한다"에 도달, 이것이 철학의 근본 기초라고 설명하였다. 그의 기계적 우주관은 18세기 프랑스의 유물론에 영향을 주었다. 수학에 있어서는 해석 기하학을 창시하여 근대 수학의 길을 열어놓았다. 저서로는 〈성찰〉, 〈우주론〉, 〈방법서설〉과 〈철학의 원리〉 등이 있다.

프랑스 철학자이자 수학자인 데카르트는 종종 근대 철학의 아버지로 불린다. 물리학자들에게는 광학에서 굴절 법칙의 발견자로 알려진 데카르트의 가장 유명한 저작은 철학서이다. 〈성찰〉은 이후 적어도 300년 동안 정신에 대한 철학과 인식론의 논제를 설정했다. 그는 세계에 대한 우리의 지식에 대해 극단적인 회의론의 문제들을 제기하였는데, 우리가 확실히 알 수 있는 것은 우리 자신의 존재뿐이라는 것이다. 이러한 통찰은 "나는 생각한다, 고로 존재한다(코기토 에르고 숨 Cogito Ergo Sum)"로 요약된다.

〈성찰〉에서 데카르트의 기획은 안전한 기반 위에 인간 지식의 체계를 세우는 것이었다. 그는 자신의 믿음을 되새기면서 많은 믿음들이 상반된다는 사실을 깨달았다. 어떤 믿음들은 다른 믿음들보다 더 타당하고, 수학의 명제와 같은 것들은 확실하게 보이며, 또 다른 믿음들은 쉽게 거짓임이 판명된다. 그는 이런 믿음들의 뒤섞임 속에 어떤 질서를 부여하여 하나의 명제에 대한 정당화가 다른 명제로부터 귀결되도록 했다. 이를 위해 그는 가장 확실하고 오류가능성이 없는 것으로부터 시작할 필요가 있었다. 문제는 과연 어디에서부터 시작할 것인가였다.

데카르트는 독창적인 아이디어를 생각해냈다. 각각의 믿음들을 모두 순차적으로 검토하여 정리하는 불가능한 과제 대신에, 그는 회의(doubt)의 방법을 통하여 믿음들을 검토하기로 결정한다. 방법적 회의는 믿음의 근원을 의문시하여 그런 근원이 오류가능성이 없는 것인지를 묻는 것이다. 만일 그렇지 않다면 그런 근원으로부터 발생한 어떠한 믿음도 지식의 기반을 제공하기 위해 의존할 수 없는 것임을 확신할 수 있다.

그는 이를 시작하기 위해 자신의 많은 믿음들이 감각 혹은 지각으로부터 비롯된 것임에 주목한다. 하지만 그는 감각들은 종종 오류를 낳는다는 것을 주지한다. 막대는 물에 반쯤 담가진 채로 보면 구부러진 것으로 보일 수 있으며, 태양과 달의 실제 크기는 눈에 보이는 것보다 훨씬 크다는 것 등의 사례가 그것이다. 우리는 심지어 우리가 존재한다고 생각하는 것이 전혀 존재하지 않는 환각의 상태를 경험할 수도 있다. 데카르트는 자신을 한 번이라도 속였던 것은 완전히 믿지 않기로 결심했기 때문에 감각으로부터 얻어진 어떤 정보도 불확실하고 오류가능성이 있다는 이유로 거부한다.

우리는 그럼에도 불구하고 감각들이 때때로 우리를 속이는 것이 사실이지만 데카르트가 적어도 다음과 같은 사실들은 확신할 수 있으리라고 생각할 수 있다. 자신이 서재에 앉아 있다거나, 철학 등의 분야에 관심이 있는 프랑스인이라는 것 등등. 하지만 그는 현실과 꿈을 분별할 수 있는 명백하고 분명한 방법이 없다는 것을 깨닫는다. 어떻게 우리는 우리가 이끌어가는 삶이 단지 꿈의 일부가 아니라는 것을 확신할 수 있는가? 깨어있는 삶과 단순히 꿈꾸어진 삶을 구분할 수 있는 명백한 방법은 존재하지 않는다.

그러므로 데카르트는 모든 감각적 지식을 거부하면서 그 자신의 내면적 성찰에 의존하여 갖게 된 믿음들로 향한다. 분명 그는 2 더하기 3이 5라는 것을 알며, 어머니는 딸보다 나이가 많다는 것, 삼각형이 세 변을 갖는다는 것을 알지 않는가? 하지만 데카르트는 그 자신이 집단적인 속임수의 대상일 수 있다고 말한다. 이제 데카르트는 그 자신이 신적으로 강력하며 악의적인 존재에 의해 속임을 당하는 시나리오를 상상해낸다. 이 악마적 존재는 그의 생각들을 조종하여 어떤 것이라도 생각하도록 할 수 있는데, 만일 신이 초월적으로 선하지 않았더라면 그렇게 할 수도 있을 것이다. 이런 대규모의 근본적 기만은 최근의 인기 영화들인 〈매트릭스〉나 〈투웰브 몽키스〉 등에서 다루어진 바 있다. 하지만 데카르트는, 사악한 악마나 심지어 신조차도 절대로 거짓으로 만들 수 없는 단 하나의 명제가 존재한다는 것을 깨닫는다. 이것은, 그가 생각할 때는 언제라도 그가 존재해야만 한다는 것이다. 그가 생각할 수 있기 위해서는 존재해야만 할 것이기 때문이다. 이런 추론에 의해서 데카르트는 하나의 확실하고 오류불가능한 지식의 기반으로써 코기토 명제에 이끌려졌다.

데카르트에게 있어서 코기토는 다른 모든 인간 지식을 보장하기 위해 신의 존재를 증명하고자 했던 획기적인 시도였다. 비평가들은 〈성찰〉을 안셀무스의 존재론적 논증의 약한 버전이라고 비판하며, 신의 존재를 증명하기 위한 데카르트의 대표적 논증에 깊은 인상을 받지 못한 채 인식론적 회의론의 결정적 작품으로 받아들였다.

앙투안 아르노
Antoine Arnauld
(1612~1694)

아르노는 스무 명의 아이를 두었던 변호사의 막내로 태어나 신학자이자 논리학자, 철학자가 되었다. 그는 니콜, 파스칼과 공동 작업으로 〈사유의 기술〉이라는 유명한 저서를 완성하였는데, 이는 후에 〈포르 루아얄 논리학〉 혹은 더러 〈논리학〉으로 알려지게 되었다. 그는 또한 데카르트의 〈성찰〉에 대한 몇 개의 응답을 쓴 것으로도 기억되고 있는데, 그 과정에서 지적으로 엄정하고 지각력 있는 비평가로서의 명성을 얻게 되었으며 '데카르트의 원'이라고 알려지게 된 문제에 관심을 불러오게 되었다.

아르노는 데카르트와 마찬가지로 확고한 이성주의자였다. 그는 〈사유의 기술〉에서 논리학의 주목적은 명확한 사고를 심어주는 것이라고 선언한다. 그러므로 그는 "어떤 것도 거짓으로부터 진실을 분별하는 능력보다 더 존경받아야 할 것은 없다. 정신의 다른 특질들은 한정적으로 사용되지만 사고의 정확성은 삶의 모든 면에서 필수적이다. 오류로부터 진실을 구분하는 것은 학문에 있어서만이 아니라, 인간이 참여하고 토론하는 모든 일상적 일들에서도 어려운 일이다. 인간은 도처에서 대안적 선택들, 진실되거나 더러는 거짓인 대안들에 직면하게 되며, 이성은 이것들 사이에서 선택을 내려야 한다. 선택을 잘 하는 이는 건전한 정신을 갖고 있으며, 잘못된 선택을 하는 이는 결점이 있는 정신을 갖고 있다. 진실을 분별하는 능력은 정신의 가장 중요한 척도이다"라고 주장한다.

〈사유의 기술〉은 정신의 주된 작용에 대응하는 네 개의 부분으로 이루어져 있는데, 개념화와 판단, 추론, 배열이 그것이다. 개념화와 판단은 본질적으로 언어적인 대상인 개념들과 명제들이 개념화와 판단의 대상이 되기 때문에 언어에 대한 지식을 함축한다. 추론은 개념화와 판단보다 높은 수준의 기능으로 명제를 형성하는 개념들이 판단을 행할 수 있을 정도로 충분히 명확하지 않을 때 요구된다. 마지막으로 배열은 새로운 귀납적 과학들의 방법을 반영하는 정신 활동이다.

아르노는 데카르트 사상의 일반적 이론들을 받아들인다. 아르노는 데카르트의 존재론적 이원론의 입장과 비슷하게, 언어가 물질세계의 일부분이며 그 법칙들에 얽매여 있지만 정신의 본질에 속하는 사유는 그런 방식으로 제한되지 않는다고 주장한다. 이런 생각은 아르노의 작업에 있어서 한편으로 언어에 속하는 문법과 사유의 영역에 속하는 논리 사이의 구분으로 이어졌다. 아르노는 논리의 네 가지 분류에서 논리 자체를 이성의 기능 안에 확고하게 위치시켰지만 추론은 단지 판단의 연장이라고 주장한다.

이런 생각은 그것이 논리의 위치와 관련된 기본적인 논의의 한 입장을 반영하고 있다는 점에서 중요하다. 아르노가 주장했듯 논리는 단지 수사학을 돕기 위한 명확한 사고의 도구에 불과한가, 아니면 현실에 대응하기 위한 사유의 보편적 법칙을 반영하고 있는 것일까? 아르노와 포르 루아얄 논리학자들이 강력히 반대했던 후자의 관점은 어떠한 이성적 생명체에게도 —심지어 신에게도— 필연적인 원리로 작용하는 세 가지 사유의 법칙이 있다고 주장한다. 이 세 가지는 비모순율, 동일률, 배중률인데, 한 명제는 주장되는 동시에 거부될 수 없음(비모순율), A가 B와 동일하다면 A에 대해서 진실인 것은 또한 B에 있어서도 진실임(동일률), 모든 명제는 확정적으로 진실이거나 거짓임(배중률)을 뜻한다. 논리학과 물리학(양자역학) 양쪽 분야에 있어서 현대의 발전들은 이런 법칙들 중 적어도 두 가지에 의혹을 던졌으며, 논리는 단지 논변을 돕기 위해 혹은 수사학적으로 명확한 사고를 정제한 것에 불과하다는 포르 루아얄 학파의 주장을 뒷받침했다.

니콜라 말브랑슈
Nicolas Malebranche
(1638~1715)

> ## "우리가 무언가를 하고 있다고 생각할 때마다,
> 실제로는 신이 우리를 위해서 그것을 하고 있는 것이다"
>
>
>
> 프랑스의 철학자이자 신학자, 데카르트주의를 주도적으로 발전시킨 사상가이다. 말브랑슈는 데카르트의 심신이원론에 대한 해결책으로 기회원인론을 제시한다. 그의 해결책은 그의 신학적 믿음에 의존하는데, 개별적인 정신들은 유일한 보편적 정신인 신의 한계적 양상들에 불과하며, 그것들은 물질적인 세계 안의 그 어떤 것에도 원인으로 작용할 수 있는 힘을 갖고 있지 않다고 주장한다. 따라서 유일한 인과적 힘은 신 밖에는 없다고 논한다. 그의 주요 관심은 신앙의 진리와 이성적 진리를 어떻게 조화시킬 것인가 하는 일이었는데, 많은 철학자들의 비판에 응수하였고, 그 중 앙투안 아르노와의 25년간에 걸친 논쟁은 유명하다. 저서에는 〈진리의 탐구〉, 〈자연과 은혜에 관하여〉, 〈형이상학과 종교에 관한 대화〉 등이 있다.

말브랑슈는 프랑스 철학자이자 신학자, 데카르트주의를 주도적으로 발전시킨 사상가이다. 그의 대표 저서인 〈진리의 탐구〉가 다양한 주제를 다루고 있음에도 불구하고, 말브랑슈는 데카르트의 심신 이원론에 대한 해결책으로서 제시한 기회원인론(occasionalism)에 의해서 주로 기억되고 있다.

데카르트의 사상에서 정신(혹은 사유 'res cogitans')과 신체(혹은 연장 'res extenza')는 두 개의 구분되며 명백히 다른 종류의 것이다. 데카르트의 존재론에서는 세 종류의 실체만이 존재하는데 그것들은 정신, 물질, 그리고 신이다. 데카르트는 그의 '코기토' 명제에 대한 증명의 일부에서

정신은 신체적인 사물들과 명백히 구분되어야 한다고 주장했다. 하지만 이것은 즉시 인과적 상호작용의 문제를 불러온다. 명백하게도 우리는 우리의 정신과 육체가 상호작용하는 것을 의식한다. 몸이 다쳤을 때 고통을 느낀다. 이와 동등하게 내가 팔을 들어올리기로 결심할 때 나의 팔은 올라갈 것이다. 만약 정신과 육체가 별개의 것이라는 데카르트의 주장이 옳다면, 둘 사이의 인과적 연결은 미지의 것으로 남겨지게 된다. 어떻게 비물질적인 것인 정신이 물질적인 사물들의 변화에 대한 원인으로 작용할 수 있을까?

말브랑슈의 해결책은 그의 신학적인 믿음에 의존한다. 그의 주장에 의하면 개별적인 정신들은 유일한 보편적 정신인 신의 한계적 양상들에 불과하다. 그것들은 물질적인 세계 안의 그 어떤 것에도 원인으로서 작용할 수 있는 힘을 갖고 있지 않다. 하지만 물질적 사물 또한 다른 물질적 사물의 움직임을 초래할 수 있는 힘을 갖고 있지 않다. 왜냐하면 무언가가 일어나도록 초래하는 것은 그런 일을 벌어지도록 하는 방법을 안다는 것과 같기 때문이다. 따라서 유일한 인과적 힘은 신 밖에는 없다는 주장이다.

정신과 신체 사이의 인과적 상호작용이라는 현상을 설명하기 위하여 말브랑슈의 당대인 중 한 명인 횔링크스(Geulincx)에 의해 제시된 은유가 유용하게 쓰일 수 있을 것이다. 완벽하게 서로 맞추어진 두 개의 시계가 있다고 가정해 보라. A 시계가 시간을 가리킬 때, B 시계가 종소리를 낸다고 하자. 만약 당신이 A 시계만을 보았지만 B 시계가 울리는 것을 들었다면, 당신은 A 시계가 B 시계의 종소리의 원인이 되었다고 믿게 될 수도 있다. 그는 정신과 신체의 관계도 이와 마찬가지이다. 이 둘은 신에 의해 맞추어져 신의 개입을 통해 서로 동시성을 띠게 된 두 개의 시계와 같다. 내가 팔을 움직이려고 할 때마다 신이 그런 기회에 내팔이 움직이도록 초래한다. 우리가 무언가를 행하고 있다고 생각할 때마다 사실은 우리를 위해 신이 그것을 하고 있다고 주장한다.

기회원인론의 주장은 —데카르트가 그것을 받아들였을 것 같지는 않음에도 불구하고— 데카르트주의자들의 심신문제(mind-body problem)를 해결했지만 다른 사상가들에게는 별로 지지를 얻지 못했다. 하지만 이 문제에 대한 대안적인 해결책들은 발견되지 않았으며, 철학자들은 점차적으로 정신과 육체의 이원론을 거부함으로써 심신문제를 해소하는 것을 추구했다. 이것이 원칙적으로 스피노자의 해결책이었으며, 또한 심리철학(philosophy of mind)에서 유물론(정신은 사실은 단지 뇌이며, 혹은 뇌의 기능에 불과하고, 물질이나 물질이 어떤 특정한 방식으로 배열된 것 이상이 아니라는 관점: '길버트 라일Gilbert Ryle'편을 보라)의 추동력이다. 말브랑슈의 기회원인론을 받아들일 수 없으며, 동시에 인과관계 일반에 관한 흄의 회의론에 영향을 받은 어떤 데카르트주의자들은 인과관계가 어떤 사건에 대해서도 매우 잘 이해되지는 않기 때문에, 그것은 데카르트 철학에 특유한 문제가 아니라 철학 일반에 해당되는 문제라고 주장했다. 이런 주장이 사실일 수 있음에도 불구하고 어떤 합리적으로 성공적인 인과관계의 이론이라도 정신과 물질에 대한 데카르트주의의 이원론을 지지할 수 있을지는 불확실하다.

베네딕트 드 스피노자

Benedict de Spinoza

(1632~1677)

유태계 네덜란드인 철학자 스피노자는 이성주의 학파에서 가장 어렵고도 주목하지 않을 수 없는 철학자이다. 그는 데카르트와 유클리드에 의해 큰 영향을 받았으며 이성주의를 논리적 극단까지 가져갔다. 스피노자는 유클리드가 자신의 기하학 정리들을 증명했던 것과 비슷하게 공리의 형식으로 윤리학적 명제들의 원리를 설정하고자 했다. 그의 야심찬 계획은 아마도 철학에서 행해진 것 중 가장 거대한 것이며, 이런 계획을 수행하는 데 있어 많은 부분에서 대단히 성공적이었다는 사실은 오늘날까지도 그를 위대한 사상가로 자리잡게 해주었다.

그의 사후에 출판된 〈에티카*Ethica ordine geometrico demonstrate*(기하학적으

로 증명된 윤리학)〉에서 스피노자는 자신이 자명하다고 여기고, 이어 단계적으로 윤리적 판단을 추론해낸 공리들을 제시한다. 그는 데카르트와 마찬가지로 지식을 논리적 기반 위에 세우는 것에 관심을 갖는다. 그렇기 때문에 그의 윤리학적 결론들은 많은 존재론적·형이상학적·인식론적 믿음들에 우선 기반해야 한다. 이들 각각은 또한 기하학적인 방식으로 증명된다.

스피노자의 철학의 중심이 되는 생각은 파르메니데스와 유사하게도 우주 안의 모든 것이 하나라는 것이다. 단 하나의 실체만이 존재하며, 그 실체는 우리가 자연 혹은 신이라고 개념화하는 것이다. 이 실체는 무한히 많은 속성을 갖지만 유한한 인간 존재들은 그런 무한한 속성들 중 단지 둘 만을 지각할 수 있는데, 사고와 연장성이 그것이다. 스피노자는 정신과 육체가 두 개의 분리된 실체라고 생각했던 데카르트와는 달리 마음과 육체가 단지 같은 실재를 이해하는 다른 방식들이라고 주장한다.

자연 혹은 신이라고 불리는 이런 실재는 온전히 자립적이며 자기 원인적이고 자족적이다. 우주 안의 모든 것은 신의 부분이며 일어나는 모든 일은 신적인 본성의 필연적인 부분이거나 그 표현이다. 이런 범신론적 관점의 결말은 인간 행동의 영역에서 자유의지를 제거하는 것이다. 그것은 만일 인간이 신적인 실재의 일부라면 독립적인 인과적 행위를 위한 공간은 존재하지 않는다. 스피노자는 이런 결론에 대단히 만족하며 철저한 결정론자임을 드러낸다. "…경험은, 인간이 단지 자신의 행동들을 의식하며 이런 행동들이 결정되는 원인을 의식하지 못하기 때문에 스스로가 자유롭다고 믿는다는 것을 명백하게 보여준다. 게다가 정신의 명령들이 단순히 신체의 다양한 상태에 따라 변화하는 욕구들의 다른 이름일 뿐이라는 것은 일반적인 사실이다."

그럼에도 불구하고 스피노자는 일종의 자유가 존재할 수 있는 여지를 찾아내는데, 그것은 철학자들에게 일반적으로 익숙한 방식은 아니었다. 스피노자는 말하기를 각각의 개체는 실재의 속성들의 국지화된 집중점이며 사실상 유사(擬似, quasi) 개체인데 진정한 단 하나의 개체만이 완전한 우주이기 때문이다. 유사 개체가 그의 감정들에 의해 지배받는 한, 그는 자유롭지 않으며 한정된 이해력에 굴복당할 것이다. 자유롭게 되기 위해서는 개체가 이성적 사유에 의해서 모든 것을 하나로 연결하는 연장된 인과적 연쇄를 이해해야만 한다. 우주의 전체성을 의식하는 것이 자유롭게 되는 것이며, 인과적 결정으로부터 자유로워지는 것이 아니라 자신의 진정한 본성에 대한 무지로부터 자유로워지는 것이다.

그렇다면 사악함과 죄, 악은 무엇일까? 모든 것이 실재의 일부이기 때문에 전체의 관점에서, 즉 "영원의 관점에서(sub specie aeternitis)" 악은 존재하지 않는다. 악으로 드러나 보이는 것은 우리가 더 큰 그림, 즉 모든 사건들을 신적인 실재의 필연적 부분으로 만드는 인과의 연쇄를 볼 수 있는 이해력을 결여하고 있기 때문에 그렇게 보이는 것이다. 이런 생각에 대해 스피노자의 시대에 많은 이들이 충격을 받았음에도 불구하고 그것은 "신은 비밀스럽게 일하신다" 혹은 "우리들에게는 이러쿵저러쿵 말할 권리가 없다"고 말하며 역경에도 불구하고 인내하는 기독교인들과 동일한 감정을 반영한다. 물론 스피노자에게 있어서 왜인지를 추론하는 것은 정확하게 우리가 자유에 도달하기 위해 행해야만 하는 일이다.

스피노자의 철학은 흥미롭게도 신비주의적이면서 동시에 이성적이고 유신론적이다. 하지만 그는 그의 관점 때문에 유태인 공동체로부터 파문되었고, 기독교인들에 의해서 무신론자로서 거부되었으며 그의 책들은 너무나 사악하다고 선언되어 공개적으로 태워지기도 했다. 그의 작업의 엄정함과 성실성에도 불구하고 스피노자는 모든 이성주의 철학자들 중 비교적 주목을 덜 받았으며, 가장 평가받지 못한 철학자로 남아 있다.

고트프리트 빌헬름 폰 라이프니츠

Gottfried Wilhelm von Leibniz

(1646~1716)

독일의 철학자인 라이프니츠는 위대한 세 명의 이성주의자들 중 데카르트와 스피노자의 뒤를 이어 세 번째로 등장했다. 그들과 마찬가지로 그의 철학은 실체에 대한 아리스토텔레스주의 개념으로부터 발전되었는데, 실체는 속성의 담지자이지만 그 자체로서는 그 어떤 것의 속성도 아닌 것으로서 개념화된다. 그럼에도 불구하고 라이프니츠는 단 하나의 실체만이 존재한다는 스피노자의 관점을 거부하며 그 반대 입장을 취했는데, 그가 '모나드(monad, 단자單子)'라고 명명한 개체적 실체들이 무한히 존재한다는 주장이 그것이었다.

모나드는 어떠한 의미에서는 데모크리토스의 원자와 비슷하지만, 피타고라스의 기하학적 관점들과 더 유사하다. 원자와 마찬가지로 모나드는 모든 물질을 실재로 구성하는 궁극적인 분할불가능한 원소들이다. 하지만 모나드 자체는 연장성을 띠거나 물질로 구성되어 있지는 않다. 그의 대단히 독창적인 논문에서 라이프니츠는 모나드가 심리적인 실체라고 주장하는데, 이것이 인간 존재에게 구체화되었을 때는 '영혼'이 된다고 말한다.

라이프니츠의 '단자론 (monadology)'의 기반은 모나드가 통일되고 독립적인 실체라는 것이다. 그와 마찬가지로 모나드에게 있어 진실된 모든 것은 단자론 안에 포함되어 있으며 따라서 다른 어떤 모나드와도 인과관계를 맺을 수 없다(스피노자에 대한 라이프니츠의 사상적 빚이 여기서 분명해진다). 라이프니츠는 이런 주장을 '모든 진실인 명제에 있어서 전제는 주어에 포함되어 있다'는 언급을 통해서 논리적으로 표현했다. 이것이 함축하는 것은 모든 진리는 필연적 진리라는 극단적 관점인데, 라이프니츠는 이런 결론에서부터 도망치지 않고 그것을 끌어안았다. 만일 신이 세상에서 가능한 모든 것 중에서 다른 가능성이 있는 세상을 현실화하는 쪽을 선택했더라면, 모든 것은 지금과 달랐을 것이다.

이런 관점은 개인의 정체성을 매우 엄격한 개념으로 만든다. 율리우스 카이사르는 로마의 황제가 아니었을 수 없고, 당신은 이 책의 독자가 아니었을 수가 없다. 이런 진실된 명제들 중 어느 것이라도 거부하는 것은 개인을 혹은 그녀이도록 하는 것으로부터 필수적인 어떤 것을 제거하는 것과 같다.

당연히 이런 관점은 라이프니츠의 모나드 개념으로 귀결 된다. 비평가들은 거의 보편적으로 그것을 거부했지만 그것이 자유 의지의 가능성을 완전히 제거하는 것으로 보이기 때문만은 아니었다. 라이프니츠의 작업은 개인의 정체성의 기준이 무언가라는 완전히 새롭고 중요한 논의를 제기한다. 만일 한 개인의 모든 속성이 그 사람의 정체성에 있어 필연적인 것이 아니라면 과연 어떠한 속성이 필연적인가?

철학자들은 개인의 정체성을 구성하는 것, 루비콘 강을 건넜던 카이사르를 로마에 입성한 카이사르와 동일인으로 만드는 것은 '신체적 연속성', 즉 한 사건으로부터 다른 사건에 있어 동일한 물리적 신체의 연속적인 시공간적 역사라고 주장한다. 하지만 이 개념은 적어도 두 가지 점에 있어서 문제가 된다. 첫째로 생리학자들이 잘 알다시피 신체를 구성하는 세포들은 7년마다 완전히 재생된다. 루비콘 강을 건넌 지 7년이 넘은 카이사르가, 그런 행위를 한 카이사르와 신체적으로 동일하지 않다면 우리는 신체의 물리적 구성에 의존하지 않는 '신체적 연속성'에 대한 설명을 필요로 하게 된다. 이것은 논쟁의 여지를 남겨 둔다.

둘째로 드물게 법적·의학적으로 한 개인이 다양한 인격을 가진다는 것을 허용하는데, 어떤 심각한 심리적 외상을 겪었을 때 나타날 수 있는 현상으로 인정한다. 그러므로 심리적 온전성의 어떠한 요소가 개인적 정체성의 개념에 있어서 필수적인 것으로 보인다. 그러나 심리적 동일성의 적절한 기준을 찾는 것은 개인적 정체성 기준을 찾는 것만큼 어려운 것으로 드러났다. 이 논점은 윤리학과 형이상학, 심리학 분야에 있어 여전히 살아 있는 논점으로 남아 있다.

PHILOSOPHY
100

제13장

경험론자

The Empiricists

ESSENTIAL
THINKERS

존 로크
John Locke
(1632~1704)

"태어날 때 인간의 정신은 경험의 세계에 의해 쓰여지기를 기다리고 있는 빈 석판과 같다"

영국의 철학자이자 정치사상가로서 계몽철학 및 경험론철학의 원조이다. 저작 기간이 20년이 소요된 그의 명저 〈인간오성론〉은 이후 100년 동안 서양 사상사에서 가장 큰 영향력을 끼쳤기 때문에, 그는 전 세대를 통틀어 가장 위대한 영국의 철학자로 평가를 받는다. 버클리와 칸트, 흄의 사상은 모두 로크의 〈인간오성론〉에 직접적으로 영향을 받았다. 인간오성론은 인간 지성의 본성인데, 이것은 인간의 정신이 감각들을 통해 수용된 정보를 수집하고 조직하며, 그에 기반하여 최종적으로 판단을 내리는 방식에 기인한다. 로크의 의도는 건실한 과학적 토대위에 인간 지식의 기반을 세우는 것이었다. 나아가 그의 자유주의 사상은 미국독립 혁명의 밑거름이 되었으며, 훗날 프랑스 계몽주의 운동, 프랑스 대혁명 등의 대사건에 크나큰 영향을 주었다. 저서로는 〈인간오성론〉, 〈통치론〉, 〈관용에 대한 편지〉 등이 있다.

존 로크는 그의 시대에 중요한 정치적 인물이었으며 자유주의적 논설인 〈통치론Two Treatises of Government〉의 저자이기도 했다. 로크는 쉐프티즈베리 백작(Earl of Shaftesbury)의 협력자로서 네덜란드에서 망명 기간을 보내고 1688년 명예혁명 후에 영국으로 돌아왔다. 하지만 그는 〈인간오성론Essay Concerning Human Understanding〉이라는 저술에서 드러난 인간 지식에 대한 관점들로 근대 철학에서 기억되고 있다. 저술하는 데 20년이 소요된 이 책은 이후 100년 동안 서양 사상사에 가장 큰 영향력을 미쳤기 때문에 많은 이들로 하여금 그를 전 세대를 통틀어 영국에서 가장 위대한 철학자로 간주하게 했다. 버클리나 칸트, 흄의 사상들은 모두 로크의 〈인간오성론〉에 영향을 받았다.

　로크의 〈인간오성론〉의 주제는 제목에서 주어졌다시피 인간 지성 (understanding)의 본성인데, 이것은 인간의 정신이 감각들을 통해 수용된 정보를 수집하고 조직하며, 그에 기반하여 최종적으로 판단을 내리는 방식에 대한 것이다. 그의 시대에 일어난 과학적 선회에 대단히 영향을 받았으며, 당대의 유명한 과학자였던 로버트 보일과 아이작 뉴턴의 친구였던 로크의 의도는 건실한 과학적 토대 위에 인간 지식의 기반을 세우는 것이었다. 그는 흥미를 갖고 데카르트의 〈성찰〉을 읽었지만 그 책의 결론들을 떠받치는 이성주의 철학을 거부했다. 로크에게 있어 선천적 지식이란 있을 수 없는 것이었다. 우리가 아는 모든 것은 경험에서 비롯된 것이며, 우리의 감각 기관들에 대한 물리적 세계의 작용을 통해 획득된 것이라고 생각했다. 이것은 현대에 와서 경험주의로 불리는 관점이며, 세부적인 면에 있어서는 아니더라도 그 본질에 있어 여전히 콰인을 비롯한 현대 사상가들의 철학에 중심적인 관점이다. 로크의 적대자들, 즉 이성주의자들은 경험주의자들과 17~18세기에 걸쳐 이데올로기 논쟁의 주도권을 놓고 다투었다. 이들 이성주의자들은 노엄 촘스키(Noam Chomsky) 및 그외 추종자들이라는 현대의 철학적 대응책을 갖고 있다.

　로크는 탄생 시 인간의 정신은 경험의 세계에 의해 씌어지기를 기다리고 있는 빈 석판, 혹은 타불라 라사(tabula rasa)와 같다고 주장한다. 모든 인간의 지식은 경험 세계에 의해 정신에 제시되는 관념들로부터 비롯된 것이다. 하지만 이런 관념들은 복합 관념과 단순 관념으로 분류되며, 단순 관념은 감각 자극의 직접적인 산물들로 '노란', '쓴', '따뜻한', '둥근', '단단한' 등이 있고, 복합 관념은 단순 관념들의 구성물들로서 내적인 정신 작용의 산물이다. 이것들은 친숙한 물질적 사물들에 대한 모든 관념들을 포함하는데 탁자, 의자, 고양이, 개, 말과 같은 것들에 대한 관념이 그것이다. 하지만 복합 관념은 세계에 실재 존재하는 것을 표현해야만 할 필요는 없다. 이런 사실이 유니콘에 대한 관념 등에 해당하는데, 이 복합 관념은 '말'과 '뿔'과 같은 다른 복합 관념들을 합함으로서 만들어진 것이다.

로크의 단순 관념들 사이에는 사물의 1차적 성질과 2차적 성질들 사이의 구분이 존재한다. 이런 구분은 모든 사물에 필수적이고 내재적이라고 간주되는 성질과 사물이 우리의 감각에 미치는 효과에 의해서만 드러나는 성질들을 분별한다. 1차적 성질은 고체성, 연장성, 형태, 운동 혹은 정지, 수(數) 등과 같은 것들이다. 2차적 성질은 색깔, 향과 맛과 같은 것들로, 이것들이 2차적 성질인 까닭은 사물 자체에 내재적인 것이 아니라, 사물의 1차적 성질들이 우리의 감각에 작용한 효과에 의해서 단지 우리의 정신 속에 인과적으로 생성된 것들이기 때문이다. 다시 말해 1차적 성질들은 객관적이며(실제로 존재하며) 2차적 성질들은 주관적(단지 관찰자의 정신 속에만 존재한다)이라는 것이다. '아무도 듣는 이가 없을 때 넘어지는 나무가 소리를 내는가'라는 대중적인 수수께끼를 로크의 관점에서 보자면, 넘어지는 나무는 공기 중의 진동을 발생시키지만 엄격하게 말하자면 '소리'는 존재하지 않는데, '소리'라는 것은 '실재적' 혹은 1차적 성질이 아니기 때문이다. 종종 '과학적 본질주의

(Scientific essentialism)'라고 불리는 이런 관점은 많은 현대 사상가들이 수궁하는 형이상학적 결론으로 이끌어지는데, 색깔이나 소리, 달콤함이나 쓴 맛 등은 지각하는 정신이 없다면 세상에 존재하지 않지만, 형태나 연장성, 고체성과 같은 것들은 누군가가 그것들을 지각하든 않든 간에 실제로 존재한다는 것이다.

데이비드 흄

David Hume

(1711~1776)

━━━━━━ 데이비드 흄은 감각들로부터 얻어질 수 있는 것을 제외하고는 모든 지식을 거부했던 근대의 회의론자들과 경험주의자들의 철학적 영웅이다. 애석하게도 후에 콰인이 흄의 뒤를 따라 언급했다시피 감각들로부터 얻어질 수 있는 것은 그다지 많지 않다.

흄은 로크로부터 모든 인간 지식은 관념 혹은 '지각 인상' 사이의 관계들에 기반하고 있다는 결론을 이끌어낸다. 경험을 통해 발견된 것이 아니라면 그 어떤 것이라도 과감하게 폐기되어야 한다. 그는 신의 존재와 자아, 논리적 필연성과 인과관계의 객관적 존재, 심지어 귀납적 지식 자체의 유효성을 거부한다. 그의 목적은 이중적이다. 과학으로부터

"경험이 아닌 창조(invention)"에 기반한 모든 오류들을 제거하고자 한다는 점에 있어서는 파괴적이며, 동시에 인간 본성에 대한 과학적 접근을 추구한다는 점에 있어서는 건설적이다. 아이작 뉴턴이 물리적 세계를 단순한 기계적 법칙들에 따라 묘사했던 방식에 감명을 받은 흄은 인간 지성의 본성에 관해서도 뉴턴의 작업과 유사한 것을 행하기로 결심한다. 그의 〈인간 본성론*Treatise on Human Nature*〉은 경험적 심리학의 일반적 원리들을 찾기 위한 공들인 노작이다. 하지만 그런 목적에서 흄은 실패했다고 간주될 수 있는데, 우선적으로는 '인상(impression)'과 '관념(idea)'에 관한 그의 분류법이, 신빙성이 떨어진다고 평가받는 데카르트의 모델에서 유래된 것이기 때문이다. 그럼에도 불구하고 흄의 부정적인 기획은 논리적 비판력의 사례로 볼 수 있다. 그의 회의론적인 결과들, 특히 귀납과 관련한 결론은 현대 철학자들에게도 유효한 문제로 남아 있다.

흄은 "우리는 우리 자신의 자아를 절대로 경험하지 못하며, 단지 경험들 자체의 연속적인 연쇄가 있을 뿐"이라고 말한다. 이런 심리학적 사실은 "자아는 환상에 불과하며 사실상 개인적 정체성은 지각 경험의 연속적 이어짐에 불과하다"는 믿기 어려운 형이상학적 결론으로 흄을 이끌었다. 잘 알려진 한 구절에서 흄은 "나는 지각의 다발에 불과하다"고 말했다. 유사하게 이 생각의 흐름을 따라가면 하나의 사건에 따른 또 다른 사건을 강제하는 힘, 즉 인과관계는 감각적 인상으로는 결코 경험할 수 없다고 강조한다. 경험에 의해 주어진 모든 것은 한 종류의 사건에 뒤따르는 다른 사건의 정기적인 이어짐뿐이다. 이전의 사건, 소위 '원인'이 그에 뒤따르는 사건, 즉 '결과'로 이어져야만 한다는 것은 단지 현실에 투사된 인간의 기대일 뿐이다. 사건들의 연속에 어떤 인과적 필연성이 존재한다고 믿는 것에 대한 정당화는 있을 수 없다.

흄의 회의주의는 거기에서 멈추지 않는다. 인과성에 대한 인간의 믿음은 단지 더 일반적인 심리적 특질, 즉 귀납적 추론의 한 경우에 불과하다는 것이다. 귀납적 추론은 우리가 많은 유사한 경우들을 관찰함으로서 일반화를 하도록 이끄는 과정이다. 예를 들면 많은 흰색 백조를 관찰했으나 검은 백조는 관찰하지 못한 경우, 우리가 '모든 백조는 흰색이다'라는 결론을 내리는 것이 정당한 것처럼 보일 수도 있다. 마찬가지로 인간이 죽는다는 것을 알면서, 종종 우리는 '모든 인간은 죽는다'라고 결론을 내린다. 그러나 그런 일반화들은 경험에서 주어진 것들을 넘어서는 것이며, 논리적으로 정당화될 수 없다.

어쨌거나 검은 백조는 호주에서 발견되었고, 불사의 인간과 마주칠 수도 있는 논리적 가능성 또한 언제나 존재한다. 흄은 귀납적 추론이 우리를 진리로 이끈다는 믿음에 반대했는데, 규칙성을 관찰하는 것이 다음번에 그것과 다른 일이 일어날 가능성을 제거하지는 못하기 때문이다. 모든 과학 법칙들이 단지 귀납적 추론으로부터의 일반화에 불과하기 때문에 이런 소위 '귀납의 문제'는 과학철학자들에게 있어 긴급한 문제로 간주되어져 왔다. 어떻게 귀납이 정당화될 수 있는가를 보여주려는 시도는 20세기 전반에 걸쳐 중요한 문제로 다루어졌다. 흄의 회의주의에 대해 가장 전망 있는 해결책을 제시한 철학자로서 칼 포퍼가 주목할 만하다.

토머스 리드
Thomas Reid
(1710~1796)

"장군은 학교에서 매를 맞았던 아이이며,
동시에 그 아이가 아니다"

스코틀랜드의 철학자·윤리학자, 상식학파(常識學派)의 창시자. 같은 스코틀랜드 출신의 데이비드 흄에 영향을 많이 받았다. 그러나 흄의 회의론적인 결론에 반하여 흄 철학의 기반이 되었던 가정들에 대해 거부했다. 그에 따르면 가정이란, 정신속의 관념들이 주체와 세계사이의 매개물이라는 것이었다. 따라서 리드는 흄의 결론을 거부하고 철학을 '상식'으로 되돌리기 위한 시도로써 직접적 지각이라는 수단을 채택했다. 리드로부터 시작되는 상식학파는 보수적인 스코틀랜드 교회에서 오랫동안 세력을 폈고, 독일에도 영향을 끼쳤으며, 프랑스혁명 후의 반동시대에는 프랑스에도 영향을 끼쳤다. 특히 리드의 업적 중의 하나는 로크와 버클리에 대한 비판 이론인데, 존 로크의 개인적 정체성의 기준에 대해 비판한 "용감한 장교'의 논변은 유명하다. 저서로는 〈상식원리에 의한 인간정신의 연구〉 등이 있다.

토머스 리드는 스코틀랜드의 철학자로 같은 스코틀랜드 출신인 흄으로부터 많은 영감을 받았다. 주요 저서로는 〈인간 정신의 탐구Inquiry into the Human Mind〉와 그보다 후에 저술한 〈인간의 지적 능력에 관한 에세이들The Essays on the Intellectual Powers of Man〉이 있다.

흄의 회의론적 결론들이 피할 수 없지만 받아들일 수 없는 것이라고 느꼈던 리드가 할 수 있던 유일한 행동은 흄의 철학이의 기반이 되었던 가정들에 반대하는 것이었다. 이것은 흄뿐만 아니라 데카르트, 로크, 버클리에게 공통적으로 해당하는 가정을 거부하는 것에 이르렀는데, 그 가정이란 정신 속의 관념들이 주체와 세계 사이의 매개물이라는 것이었다. 리드는 흄의 결론들을 거부하고 철학을 상식으로 되돌리기 위한 시도로써 직접적 지각이라는 수단을 채택했다.

그렇기 때문에 그가 철학에 있어 독창적인 기여를 했음에도 불구하고 자신의 작업보다는 로크와 버클리에 대한 그의 합리적인 비판에 대한 것으로만 주목받았다. 특히나 로크의 개인적 정체성의 기준에 대한 그의 비판은 이 논의의 철학적 중요성을 부각시키는 데 기여했다(라이프니츠 편을 참고하라). 로크는 개인적 정체성의 충분조건은 심리적인 연결성이라고 주장했다. 이런 생각이 도달하게 되는 결론은 한 개인이 시간의 진행 속에서 그들이 심리적인 연결, 일차적으로 기억을 유지하는 한 동일인이라는 것이다. 리드는 그의 유명한 '용감한 장교' 논변을 통해 이런 주장에 반대했는데, 이 논변은 리드 자신의 구절보다 더 간결하게 표현될 수는 없을 것이다.

"한 용감한 장교가 학교에 다닐 때 과수원 서리를 했다는 이유로 매를 맞았으며, 후에 처음으로 참전하여 적군으로부터 깃발을 빼앗았고, 그 후 장군이 되었다고 가정해 보자. 또한 그가 깃발을 빼앗았을 때 학교에서 매를 맞았던 일을 기억하고 있었으며, 장군이 되었을 때는 깃발을 빼앗았던 일을 기억하고 있었으나 매를 맞았던 일에 대해서는 전혀 의식하고 있지 못했다고 가정해 보자."

리드는 "로크의 개인적 정체성에 대한 기준에 의해서는, 그 장군은 용감한 장교와 동일인이며 용감한 장교는 그 소년과 동일인이지만, 장군과 소년 사이에는 어떠한 심리적인 연결도 없기 때문에 장군과 소년은 동일인이 아닌 것으로 판명된다. 이런 논변의 위력은 단지 우리가 직관적으로 소년과 장군이 동일인이라고 생각하기 때문만은 아니다. 로크의 옹호자는 매우 현실적인 의미에서 장군이 그 아이와 아주 다른 사람이라고 주장할 수 있을 것이다. 그렇지만 '용감한 장교' 논변의 강점은 로크의 관점이 모순을 낳는다는 것을 보여주는 것에 있다. 로크의 입장은 리드가 말했다시피 '그 장군이 학교에서 매를 맞았던 소년과 동일인임인 동시에 동일인이 아니다'라는 결론을 함축한다. 이런 결론은 '동일성의 이행(Transitivity of identity)'으로 알려져 있는 논리적 원리에 의해 비롯된 것이다. 간단히 말해서, 동일성의 이행이라는 원칙은, 만일 A=B이고 B=C이면 A=C라는 것이다. 리드의 '용감한 장교' 논증은 로크의 개인적 정체성에 관한 기준이 이 규칙에 모순된다는 것을 보여준다. 그 결과로 그 모순은 로크의 기준을 정체성에 대한 필요조건 혹은 충분조건으로서 불합리한 것으로 만든다. 따라서 로크의 기준은 거부되어져야만 한다는 것이다.

볼테르
Voltaire
(1694~1778)

볼테르는 프랑수아 마리 아루에(Francois Marie Arouet)라는
이름으로 파리의 부유한 가정에서 태어났다. 법조계로 진로를 요구받
았던 볼테르는 가족이 바란 것과 반대로 문학가로서의 길을 선택하여
부모를 크게 실망시켰다. 그는 명예를 훼손하는 시를 썼다는 이유로 바
스티유에 수감되었으며, 그 기간 동안 비극 작품들을 쓰고 볼테르라는
필명을 채택했다. 그는 두 번째로 수감되고 나서 프랑스를 떠나 영국으
로 향했고, 그곳에서 로크와 뉴턴의 저작들에 의한 지속적인 영향력 하

*Lorette : 프랑스의 성당 | **Mecca : 이슬람의 성지

에 들게 되었다.

볼테르는 로크와 뉴턴의 영향으로 미신에 대한 이성의 우위를 주장했고, 유신론적인 믿음을 갖고 있었음에도 불구하고 교회의 권력을 거부했다. 그는 후에 디드로(Diderot), 달랑베르(Jean d'Alembert)와 함께 그 시대의 가장 위대한 지적인 기획임이 증명된 〈백과전서Encyclopedia〉의 작업에 참여했다. 〈백과전서〉는 볼테르에게 더 큰 논란의 주제가 될 것이었는데, 그것이 사람들에게 이성의 힘에 의존할 것을 고무함으로써 신앙에 도전하는 것으로 간주되었기 때문이다.

볼테르는 이성에 대한 완전한 지지와 함께 표현의 자유를 요청하는 강한 목소리가 되었다. 그 스스로가 자신의 저서 때문에 박해받았었기에 이것은 아마도 자연스러운 귀결이었을 것이다. 따라서 그는 사회의 엘리트 계층에 의한 권력의 남용에 대하여 많은 풍자를 했으며, 불가피하게도 이런 엘리트 계층과 다시 한 번 갈등하게 된다. 그의 종교에 대한 관점은 전형적으로 그의 저서인 〈철학 사전〉의 다음과 같은 구절에서 볼 수 있는데, 이 저서는 오늘날의 기준으로 보더라도 탁월하게 읽을 만한 작품으로 다음의 구절에서 그는 신을 믿는 자의 특성을 언급한다.

"이런 원리에 있어 우주 전체와 융화를 이루고 있는 그는 서로를 반대하는 그 어떤 종파도 받아들이지 않는다. 그의 종교는 가장 오래되고 가장 광범위하게 퍼져 있는 것이다. 신에 대한 단순한 숭배는 세계의 모든 체계를 앞서서 존재했기 때문이다. 만인이 서로를 이해하지 못할 때, 그는 모든 사람들이 이해할 수 있는 언어로 말한다. 그는 북경에서 카엔에 이르기까지 형제들을 갖고 있으며 모든 지혜로운 이들을 형제로 여긴다. 그는 종교가 이해할 수 없는 형이상학적 의견들이나 허영된 전시로 이루어진 것이 아니라, 경배와 정의로 이루어져 있다고 믿는다. 선을 행하는 것에 그의 역할이 있으며, 신에게 복종하는 것에 그의 교리가 있다. 이슬람교인은 '메카에 순례를 가지 않는다면 염려하라!'라고 소리친다. 가톨릭교인은 '만일 당신이 노트르담 드 로레트 성당에 가지 않는다면 화 있을지어다!'라고 말한다. 그는 이러한 로레트와 메카를 비웃고 가난한 자들을 도와주며 억압받는 자들을 옹호한다."

교회가 그를 성가신 존재로 간주하게 된 것은 놀라운 일이 아니다. 그러나 볼테르의 관심은 신학보다 훨씬 더 넓었다. 또한 그는 영국에 체류하는 기간 동안 영국 헌법을 숭배했다. 그는 민주주의를 고려하며 "우리는 매일 공화정이 왕정에 비해 더 바람직한 것인지 아닌지를 묻는다. 이런 논쟁은 언제나 인간을 통치하는 것은 매우 어렵다는 사실에 동의함으로써 끝나게 된다. 유태인들은 신(神) 자체를 주인으로 섬겼다. 그런 연유로 그들에게 어떤 일이 일어났는지를 보라. 역사적으로 항상 패배당하고 노예의 삶을 살았지만, 오늘날 그들이 꽤 두각을 나타내고 있다고 생각되지 않는가?"

볼테르는 철학자로서는 그다지 독창적인 저서를 남기지는 않았다. 그럼에도 그가 서양 사상사의 회고록에 포함되어야만 하는 이유는 그의 글이 미쳤던 막대한 영향력을 생각하지 않을 수 없기 때문이다. 볼테르는 다른 어떤 철학자들보다도 '이성의 시대'를 대중화하고 촉진하는 데에 큰 역할을 했다. 그의 문체는 항상 읽기 좋으며, 선동적이고 재치로 가득하다. 볼테르 이후, 20세기에 이르러서야 실존주의자들이 쓴 연극과 소설 등 철학적 작품들이 대중적으로 읽혀질 수 있었다.

장 자크 루소

Jean Jacques Rousseau

(1712~1778)

루소는 제네바에서 시계공의 아들로 태어났다. 그의 어머 니는 아이를 낳다가 세상을 떠났고, 아버지는 그에게 거의 관심을 보이 지 않았다. 그의 아버지가 니용(Nyon)으로 추방되었을 때 어린 루소는 제네바에 홀로 남겨졌다. 루소는 14세에 제네바를 떠났고, 몇 번의 모 험을 거친 후에 튜린(Turin)에 정착했다. 몇 년 동안 이곳저곳을 방황하 다가 드 바렌스 부인(Madame de Warens)의 보호를 받게 되었다. 그는 그 녀의 도움으로 8년간 독서와 공부를 했으며, 베니스의 프랑스 대사관 서기로 일하게 되었다. 그는 40세가 되어서야 첫 번째 독립적인 저서를 출간하게 되었고, 곧 유명해졌다. 그는 주도적인 프랑스의 계몽 철학자가 되었으며, 대륙 철학에서 낭만주의 운동의 시조가 되었다. 또한 루소는 작가로서의 성공에도 불구하고 구교도들 및 당시 그의 정부였던 드 바렌스 부인까지 포함해 그를 알았던 거의 모든 이들과 멀어지게 되게 되었다. 〈사회계약론*The Social Contract*〉을 출판한 후에는 신교도들과 프랑스 정부와도 갈등을 빚게 되었다. 그는 이 나라에서 저 나라로 도피를 거듭한 끝에 빈곤과 절망 속에서 홀로 말년을 보냈다. 한때 친구였던 데이비드 흄과 영국에서 언쟁을 한 후, 파리에서 사망했는데 자살이었을 가능성이 높다.

디드로의 〈백과전서〉에 협력한 것 외에 루소의 저서로는 〈참회록〉, 〈에밀〉, 〈사회계약론〉 등이 있는데, 그중에서도 〈사회계약론〉은 루소의 대표작이다. 여기서 그는 이전의 저서들, 특히 〈에밀〉과 〈인간 불평등 기원론〉에서 비판해왔던 당대의 사회적·정치적·교육적 환경에 대조하여 이상적 사회의 청사진을 제시한다. 루소는 이전의 저작들에서 "불평등은 인간의 자연적 의지와 능력을 억압하는 제도들의 산물"이라고 주장했다. 루소는 〈사회계약론〉에서 유명한 '고귀한 야만인'이라는 개념을 도입하며 "자연상태의 인간은 선과 악을 알지 못하며 단지 자신의 독립성만을 알 뿐이다"라고 선언하였으며, 이와 함께 "그들 열정의 평화로움과 그들의 악에 대한 무지가 그들이 악을 행하는 것을 방지한다"고 주장했다.

루소는 "인간은 자유롭게 태어났다. 그러나 도처에 사슬에 묶여 있다"라는 유명한 문장으로 〈사회계약론〉을 시작한다. 종종 전체주의의 청사진으로 잘못 해석되곤 하는 이 책은 해방(liberty)과 법, 자유

(freedom)와 정의 사이의 연관을 강조한다. 루소는 통치자는 주인이 아니라 민중의 대리인이라고 강조했지만, 추상적인 일반적 의지(general will)에 관한 그의 교리는 다수의 소수에 대한 지배를 허락하는 것으로 보인다. 루소가 민주적 절차를 존중함에도 불구하고 그것을 사회에 참여하는 모든 이들이 국가의 더 큰 선에 복종해야 한다는 의무와 합쳐 놓음으로써 개인적 권리의 개념을 침해하게 된다. 루소는 개인의 권리에 대한 어떤 개념도 버려져야 한다고 명시적으로 주장한다.

루소에 따르면 일반 의지(General will)란 도덕적 의지이며 공동선(共同線)을 목표로 하는 모든 사람들의 의지를 말하며, 개인의 이기적 의지의 집합체인 '전체 의지'와는 다르게 이해되어야 한다. "우리는 일반 의지의 최상의 단계 아래애 공통으로 개인과 개인의 모든 힘을 놓아두고, 이 결합된 능력 안에서 전체 중의 하나로서 각 구성원을 받아들인다."

하지만 일반 의지는 하나의 부분 전체(개인 의지)가 만들어내는 힘보다 더 큰 힘을 생성해내는 것으로 보인다. 여기서 루소는 일반 의지에는 개인의 의지가 널리 반영되며, 이것이 더해져 사회 구성원들에게 힘이 주어진다고 암시한다. 대중은 복종할 의무가 있다는 언급은 루소가 전체주의를 용납하고 있다는 해석으로 이어진다. 이런 해석에서 종종 빠져 있는 것은, 첫째로 그가 옹호하는 직접 민주주의는 단지 작은 도시 국가들에서만 실행가능하다는 것, 게다가 루소가 정확히 이런 종류의 민주주의를 실행했다고 당대에 알려져 있던 고대 그리스의 도시 국가들을 그의 모델이자 이상으로 삼았다는 점이다. 둘째는 소형 도시 국가의 중요성으로, 군주가 일반적 의지의 이름으로 국가의 구성원들에게 법률을 강제할 수 있는 한, 그 군주는 공동체 자체의 입법적·집합적 능력과 다르지 않다. 다시 말해 루소의 관점에 의하면 군주의 이해와 민중의 이해 사이에는 부조화가 있을 수 없는데, 왜냐하면 정의(definition)에 의해서 전자는 후자에 의해 구성되기 때문이다.

하지만 우리는 루소의 사회 계약의 개념에는 심각한 긴장들이 존재한다는 사실을 간과해서는 안 된다. 루소는 개인의 의지가 일반적 의지와 충돌하는 때가 있다는 사실을 깨닫지 못할 만큼 이상주의자는 아니었다. 그런 경우에 타협이란 있을 수 없다. 개인은 순종하도록 강요받을 것이다. 이것은 —루소의 섬뜩하지만 함축적인 표현에 의하면— 그가 자유롭도록 강요받을 것이라는 것과 다름없다는 것을 의미한다.

드니 디드로

Denis Diderot

(1713~1784)

"이성은 단지 열정들의 노예에 불과하다"

프랑스의 철학자이자 문학가. 루소와 볼테르와 더불어 18세기 프랑스의 대표적 계몽주의 사상가이다. 그는 프랑스의 철학자 달랑베르와 함께 18세기 모든 분야에서의 계몽주의 사상을 집대성한 기념비적 저작 〈백과전서〉의 저자이자 편집자이다. 철학과 소설, 희곡, 미술비평 등 다방면에서 수많은 저작을 남긴 계몽주의의 대표적 문필가이다. 그는 유물론을 옹호했고, 생물학과 화학 분야에서 이후의 발전에 영향을 미치게 될 주목할 만한 통찰들을 제시했다. 특히 생명의 기원에 관하여 신적인 개입의 필요를 제거시킨 그의 성찰은 진화론의 선구자로 평가될 수 있다. 그는 또 어린 시절의 경험이 도덕적 가치관의 발달에 영향을 끼친다고 제안함으로써 프로이트를 선취했다. 주요저서로는 〈화화론〉, 〈회의주의자의 산책〉, 〈맹인에 관한 서한〉, 〈달랑베르의 꿈〉, 〈배우에 관한 역설〉, 〈운명론자 자크〉 등 다수가 있다.

디드로는 루소와 볼테르와 더불어 계몽주의의 위대한 세 번째 인물로 평가된다. '계몽주의'는 유럽에서 17세기 후반과 18세기에 등장한 생각과 태도의 움직임을 일컫는다. 그들은 계몽주의 사상의 다양하고 비통합된 조류들이 있음에도 불구하고, 교조주의적 종교의 힘을 부수고 미신의 족쇄를 던져버리려는 충동을 공유하며 이성의 힘에 호소하고자 한다. 봉건적인 사회관계들과 정치적 절대주의도 또한 거부되었다. 갈릴레오와 뉴턴의 새로운 과학에 영감을 받은 계몽주의 운동은 '이성의 시대'의 시초가 되었다. 그 중심에는 교회의 지적인 삶에 대한 지배와, 이성을 통해 세계를 이해하고자 노력하는 정신 사이의 갈등이 놓여 있었다. 계몽주의 사상가들은 진리가 이성과 경험적 관찰, 적정하게 체계적이고 비판적인 회의의 조합에 의해 도달될 수 있다고 믿었다. 하지만 이 모든 것의 기저에 깔려 있는 것은 우주가 본질적으로 합리적인 진행을 한다는 근원적인 믿음이었다.

프랑스 랑그르(Langres)에서 칼장수의 아들로 태어난 디드로는 파리에서 예수회 교육을 받았다. 1745년 출판업자 앙드레 르 브르통(André Le Breton)이 그에게 영어 백과사전을 프랑스어로 번역할 것을 주문했는데, 디드로와 당시 그의 공동 편집자였던 장 달랑베르(Jean d'Alembert)는 (볼테르를 포함해) 문학가, 과학자, 성직자들과 함께 백과사전을 완전히 다시 썼다. 그중 많은 부분을 디드로가 담당해 썼다. 그들이 창조했던 것은 당시에 알려져 있던 모든 예술과 과학의 본질적 원리에 대한 백과전서였는데, 근대의 이성주의 철학과 인간적 탐구의 진보에 대한 믿음에 기반하고 있는 것이었다.

볼테르의 글들과 마찬가지로 디드로의 글 또한 검열을 받지 않을 수 없었으며, 그 또한 일종의 유물론적 무신론을 신봉한다는 이유로 체포되어 수감되었다. 석 달 동안의 수감에도 불구하고 디드로는 1751년에 백과전서의 첫째 권을 완성하여 출판했다. 그 후 20여년에 걸쳐 권력기관의 개입과 감시에도 불구하고 16권의 책이 11권의 장서표와 더불어 출판되었다. 디드로의 공동 편집자는 1758년 제 7권이 출판되자 검열을 두려워하여 사임했다. 심지어 출판자인 르 브르통은 디드로가 알지 못하도록 몰래 최종 교정본의 특정 부분을 편집했다. 디드로는 르 브르통의 속임수를 알게 되었을 때 깊게 상처를 입었음에도 불구하고 끝까지 용기를 잃지 않았다.

디드로는 평생에 걸쳐 유물론 철학을 옹호하고 생물학과 화학 분야에서 이후의 발전에 영향을 미치게 될 주목할 만한 통찰들을 제시하는 많은 저서를 남겼다. 특히 생명의 기원에 관하여 신적인 개입의 필요를 제거시킨 그의 성찰은 다윈의 진화론에 대한 주목할 만한 선구로서 간주될 수 있다. 그는 또한 어린 시절의 경험이 도덕적 가치관의 발달에 영향을 끼친다고 제안함으로써 프로이트를 선취했다.

사양 사상사의 발전에 미친 막대한 영향에도 불구하고 계몽주의 시기는 결국 인간의 다른 특성들을 제외한 이성과 합리성에 대한 과도한 강조 때문에 실패했다. 흄과 칸트는 계몽주의를 그런 측면에서 비판했다. "이성은 단지 열정(passions)의 노예에 불과하다. 다시 말해 이성은 우리들의 욕망을 실현하는 도구 역할을 할 뿐이며, 우주 전체는 물론, 인간의 근원적인 추동력으로서도 작용하지 않는다는 것이다"라는 흄의 주장은 널리 알려져 있다.

PHILOSOPHY
100

제14장

관념론자
The Idealists

ESSENTIAL
THINKERS

조지 버클리
George Berkeley
(1685~1783)

━━━━━ 아일랜드의 철학자이자 클로인(Cloyne)의 주교인 버클리는, 로크와 뉴턴의 유물론을 인정할 수 없다는 것을 그들이 세운 가정을 사용하여 증명하는 데에 혼신을 다한 철학적 관념론의 아버지로 유명하다. 그는 "존재하는 것은 지각되는 것이다(Esse est percipi)"라는 유명한 명제를 남겼다.

버클리는 로크의 인과적 지각 이론에 대하여 다른 이들과 마찬가지로 그것이 주체(subject)와 실재(reality) 사이의 논리적 격차를 내포하고 있다고 지적했다. 철학자들 사이에서 종종 '지각의 베일'이라고 불리는 이 논리적 격차는 다음과 같은 방식으로 발생한다. 지각에 대한 인과적

이론은 외부세계의 사물들이 우리들의 감각에 인과적 영향을 미치며, 그런 과정 중에 관찰자의 정신 속에 관념들을 발생시킨다는 것이다. 그러므로 일반적인 꽃병은 우선 관찰자의 망막에 인과적 사건들의 연쇄를 시작하며, 뒤이어서 관찰자가 '꽃병'을 보도록 하는 그의 신경 통로에 작용한다. 하지만 '꽃병을 보는 것'은 사람의 정신 속에 존재하는 구성물인데, 이런 사실은 환각과 꿈속의 시각적 이미지들의 존재에 의해 지지되는 것으로 보인다.

만일 꽃병의 지각이 정신 속의 구성물이라면(버클리의 용어로는 '관념'), 우리가 실제로 보는 것이 관념의 진정한 원인인 실제의 꽃병이 아니라 단지 관념 그 자체라는 결론이 뒤따르게 된다. 따라서 구성물의 원인이 실제로 우리가 지각하는 것을 닮았다고 가정하는 것은 추측에 불과하다. 꽃병들의 관념이 완전히 꽃병과 비슷하지 않은 무언가에 의해 초래되었을 수도 있다. 그러나 우리는 세계에 대한 우리의 모든 지각들이 정신의 내면에서 발생되기 때문에 실재가 진정으로 우리의 관념들과 유사한지 아닌지를 말할 수 있는 방법을 갖고 있지 못하다.

버클리는 이런 '지각의 베일'을 도입한 일련의 논증들을 사용하며 우리가 절대로 '물질'이라고 불리는 것을 지각하는 것이 아니라 단지 관념들을 지각하기 때문에, 우리의 지각들을 지지하며 그 배후에 놓여 있는 물질적 실체를 가정하는 것은 지지될 수 없는 가정이라고 결론을 내린다. 이 주장에 반대했던 로크와 다른 이들은, 1차적 성질인 고체성, 연장성, 형태 등과 2차적 성질인 색깔, 맛, 냄새 등을 구분하여, 단지 2차적 성질들만이 정신에 의존적인 것이라고 주장했다. 그러나 버클리의 논증들은 지각에 있어 1차적 성질과 2차적 성질 사이의 유효한 구분이 있을 수 없다는 것을 보여주는 듯하다. 그 결과로 모든 것이 정신에 의존적인 것으로 드러난다. 만일 어떤 것이 누군가의 정신 속에서 관념이 되지 못한다면 그것은 존재하지 못하게 된다. 그러므로 버클리가 말했다시피 "존재하는 것은 지각되는 것이다." 물론 그런 관점은 즉각적인 비판으로 이어지게 되는데, 만일 우리의 관념들 배후에 물질적 실체가 없다면 아무도 지각하지 않을 때 사물들은 어떻게 지속될 수 있는가? 내가 침실의 문을 닫았을 때, 만일 안쪽에서 그것을 아무도 지각하지 않는다면, 버클리의 관점에서 보았을 때 그 침실은 존재의 개념이 멈추는 것으로 간주될 수 있다. 버클리는, 지각은 신에 의해 생성된 관념들이라고 말한다. 신은 모든 것을 항상 지각하고 있으며, 그러므로 닫힌 방은 그것이 신의 정신 속에서 지각되기 때문에 여전히 존재하고 있는 것으로 보았다.

로널드 녹스(Ronald Knox)의 다음과 같은 풍자시는, 버클리에 대한 반대의견과 그의 응답을 정리해주고 있다.

한 젊은이가 말하기를,

　'신은 그것이 굉장히 이상한 일이라고 생각할 게 틀림없어.

　만일 그가 근처에 아무도 없는데도

　이 나무가 존재한다는 것을 알게 된다면.'

이에 대한 응답은,

　'친애하는 이여,

당신이 놀라는 것은 기이한 일이로군요.

나는 항상 근처에 있다오.

그리고 그런 사실이야말로

왜 나무가 계속해서 존재하는가의 이유가 되오.

왜냐하면 그것이 나에 의해서 관찰되기 때문에.

– 당신의 신실한 신으로부터'

임마누엘 칸트
Immanuel Kant
(1724~1804)

"어떤 경험을 갖는 데 있어 필수적인 사전 조건들은 무엇인가?"

독일의 철학자. 아리스토텔레스 이후에 가장 위대하고 또한 가장 영향력 있는 철학자로 평가받는다. 유럽 근세철학의 전통을 집대성하고, 전통적 형이상학을 비판하며 비판철학을 탄생시켰다. 칸트의 근원적인 통찰은 '경험을 갖는 데에 있어 필수적인 사전 조건들은 무엇인가?'라는 질문을 제기한 데 있다. 그는 인간이 세계를 해석하기 위해서는 인간의 정신이 습득된 감각적 정보에 어떤 구조를 부여해야만 한다고 논했다. 칸트는 이 구조들을 그가 '범주(Category)'라고 명명한 열두 개의 기본적 판단들로서 정의를 내렸다. 또한 도덕적 의무에 관한 칸트 이론의 형태들은 종종 의무론적 이론이라고 불리며, 오늘날까지 광범위하게 지지를 받고 연구되고 있다. 그의 탁월한 저서 〈순수이성 비판〉은 이성 그 자체가 지닌 구조와 한계를 연구한 책이다. 그 외 저서로는 〈실천이성 비판〉, 〈판단력 비판〉 등이 있다.

칸트는 아마도 아리스토텔레스 이래로 가장 위대하고 또한 가장 영향력 있는 철학자일 것이다. 그는 일생의 대부분을 그가 태어난 도시인 쾨니히스베르크(Konigsberg)에서 보냈다. 널리 알려진 이야기 중 하나는, 습관에 의존하는 독신자였던 칸트가 그의 일상을 구성하는 요소들에 있어서 너무나 규칙적이었기 때문에 주부들이 그가 창문 앞을 지나는 시간에 맞추어서 시계를 맞추곤 했다는 것이다. 이 이야기는 물론 사실이 아닐 수도 있지만, 적어도 칸트가 매우 모험심이 적은 사람이었다는 사실을 알 수 있다. 그는 음악이나 예술에는 거의 흥미가 없었지만 수학과 논리학, 과학은 열정적으로 공부했다.

그는 저서에서 인류 전체와 모든 시대에 적용이 가능한 사고의 보편적 원리들을 발견하여 제시하고 있다. 칸트의 영향력은 상당 부분 그의 세 비판서 중 처음 두 권으로부터 비롯된 것이다. 매우 길고도 이해하기 어려운 첫 번째 비판서인 〈순수 이성 비판〉(1781)에서 그는 실재에 관한 객관적 판단들의 배후에 있는 원리들을 발견하고 정당화하고자 한다. 그리고 이보다 짧고 더욱 명확한 〈실천 이성 비판〉(1788)에서는 윤리적 판단들에 관한 합리적 정당화를 제시하고자 시도한다. 마지막으로 〈판단력 비판〉(1790)에서는 아름다움과 목적이라는 관념들을 우선적으로 다루고 있는데, 이 책은 처음 두 비판서에 비해 상당히 적은 관심을 받았다.

칸트는 첫 번째 비판에서 형이상학을 탐구의 적법한 주제로 정당화하는 것에 관심을 둔다. 그의 관점에서 이성주의자들(라이프니츠 편을 참고할 것)과 경험주의자들(흄 편을 참고) 사이의 논쟁은 막다른 길에 들어섬으로써 악명을 떨치게 된다. 이성주의자들은 형이상학적 판단과 모든 지식들이 기반하고 있는 근본적 원리가 순수하게 지성에 의해 인식되고 정당화된다고 주장했고, 경험주의자들은 인간의 정신이 경험의 세계에 의해 쓰여지길 기다리고 있는 텅 빈 종이나 빈 서판(tabula rasa)과 같다고 주장했다. 칸트의 천재성은 이런 두 개의 반대되는 관점들을 종합할 수 있는 방법을 찾아낸 것에 있다. 그는 "어떤 경험을 갖는 데에 있어 필수적인 사전 조건들은 무엇인가?"라는 질문을 제기한다.

인간이 세계를 해석하기 위해서는 인간의 정신이 습득된 감각적 정보에 어떤 구조를 부여해야만 한다고 논했는데, 이 구조들을 '범주

(Category)'라고 명명한 열두 개의 기본적 판단들(실체, 원인과 결과, 상호성, 필연성, 가능성, 존재, 완전성, 통합성, 복수성, 한계성, 현실성, 부정)로 정의하고, 이것은 공간적이며 시간적인 틀 안에서만 적용될 수 있다고 설명한다. 다시 말해 각각의 범주와 그가 '직관의 형식'이라고 불렀던 공간과 시간이 인간의 정신에 의해 현상적 경험에 부여됨으로써, 그런 경험들이 의미를 갖도록 할 수 있다는 것이다.

칸트는 이런 생각을 자랑스럽게 '코페르니쿠스적 전환'이라고 불렀다. 태양이 지구의 주위를 돌고 있다는 전통적 생각을 뒤집었던 코페르니쿠스와 마찬가지로, '어떻게 정신이 경험으로부터 지식을 획득하는가'라는 문제를 해결하는 데 있어, 정신이 지식을 생성하기 위해 경험에 원리들을 부여한다고 주장했던 것이다. 이런 생각은 후대의 현상학자들 및 20세기의 게슈탈트 심리학자들에게 막대한 영향을 끼쳤다.

그의 첫 번째 비판에서 사고의 법칙을 제시했던 것과 같이, 두 번째 비판에서 그는 '정언 명령(Categorical imperative)'이라고 명명한 보편적인 도덕적 법칙을 발견했다고 선언했다. 그는 첫 번째로 "보편적인 법칙으로서 의지할 수 있는 금언에 따라 행동하라"고 제시했는데, 이 정언 명령은 자주 듣게 되는 도덕적 충고의 표현이다. "만일 모든 사람들이 그렇게 했다면 어땠을까?" 칸트가 이를 진지하게 받아들이는 것은 어떤 도덕 법칙들은 이성적으로 논파될 수 없다는 결론을 함축하고 있다는 것을 깨달았기 때문이다. 한 행위자가 어떤 약속을 깨기 전에 우선 칸트의 정언 명령을 고려해보려 한다고 가정해 보자. '내가 약속을 깨는 것이 보편적 법칙이 될 것을 의지할 수 있는가?' 칸트에 따르면 이에 대한 답은 '아니다'인데, 왜냐하면 사람들이 약속을 지키는 한에서만 약속을 하는 행위가 의미를 가질 수 있기 때문이다. 그러므로 우리는 모든 이들이 약속을 깨야만 한다고 합리적으로 주장할 수 없고, 따라서 우리는 합리적 존재로서 약속을 지킬 의무를 갖게 된다.

칸트는 이런 종류의 추론이 우리가 소중하게 여기는 다른 많은 도덕적 명령들에도 적용될 수 있다고 보았으며, 그에 대하여 어떠한 합리적 존재라도 필연적으로 복종할 것이라고 생각했다. 도덕적 의무에 관한 칸트 이론의 여러 형태들은 종종 의무론적 이론들이라고 불리며, 오늘날에 이르기까지 철학자들에 의해 광범하게 지지를 받고 옹호되고 있다.

요한 크리스토프 쉴러

Johann Christoph Schiller

(1759~1805)

　　　　　　쉴러는 칸트에 의해 영향을 받은 독일 철학자로, 예술 철학, 혹은 미학 분야에 있어 막대한 중요성을 가진 작품을 내 놓았다. 미학은 음악과 시, 시각 예술과 관계된 우리의 경험을 다루는 철학의 한 분과이다. 심오한 미적 체험들은 성찰적이거나 감정적인 반응들을 불러일으킬 수 있으며, 우리는 그것들을 '아름다운', '영감을 주는', '감동적인', '절묘한' 등의 단어를 통해 묘사하곤 한다. 철학자들이 미적인 체험과 판단에 관심을 갖는 것은 그것이 주체의 문제와 관련될 뿐만 아니라 윤리학과 인식론, 심리 철학과 형이상학에서의 연관된 문제들을 제기하기 때문이다. 이 주제에 대한 쉴러의 최고의 사유들은 〈숭고함에 대하여〉라는 에세이에 포함되어 있다.

쉴러의 예술 철학은 그의 심리학과 심리철학에서 시작된다. 쉴러는 두 종류의 기본적이고 자연적인 욕구들을 구분하는데, 첫 번째는 자기 보존의 욕구로, 이것은 우리가 존재를 지속하기 위해 우리의 환경을 지속하도록 하는 것으로서 쉴러는 이를 '보존 충동'이라고 부른다. 둘째로는 우리의 환경이 효율적으로 되도록, 그리고 우리 존재의 표현을 부여하기 위하여 우리의 환경을 변화시키고자 하는 충동으로 그는 이를 '이해 충동'이라고 부른다. 이 두 개의 욕구들은 보존과 진보에 대한 쌍둥이들로, 보존 충동은 신체의 감각들 혹은 느낌들과 연결되며, 이해 충동은 자연스럽게도 지각과 사고, 표상들에 연관된다.

쉴러는 이 이분법을 두려움과 미적인 체험에 대한 흥미로운 심리학적 설명을 제시하기 위해 사용한다. 두려움은 자연 환경이 우리의 생존에 적대적으로 될 때 보존 충동이 작동하도록 경고하는 자연적 보호 기제로, "만일 주어진 위험적 요소가 저항이 무용한 종류의 것이라면 두려움이 뒤따를 것이다. 그러므로 어떤 사물의 존재가 우리 존재의 요구 조건과 갈등할 때, 우리의 힘이 그에 대항할 만하지 않다고 느낀다면 그것은 두려움의 대상이 된다. 그러나 두려움은 단지 우리의 감각적인 측면에만 영향을 끼칠 뿐이므로 우리의 의지를 지배할 수는 없다."

쉴러는 미적 체험, 혹은 그가 '숭고함'이라고 부르는 것에 대한 설명을 제시하기 위해 이런 생각을 사용한다. "숭고함은 자연의 힘이 너무나 거대하여 보존 충동으로부터의 저항의 가능성이 제거될 때 발생한다. 우리의 감각적인 면에 있어서 이런 현상은 고통에 대한 인간적인 두려움을 발생시키지만, 우리의 이해 충동에 있어서는 의지의 독립성에 대한 자각이 일종의 기쁨을 낳게 된다. 그러므로 우리가 자연적 존재로서 굴복할지라도, 우리들은 이성적 존재로서, 자연에 속하지 않는 존재로서 절대적으로 독립적이라고 느낀다." 숭고함을 체험하기 위해서는 "다음과 같은 것이 절대적으로 요구되는데, 우리가 모든 신체적 저항의 수단으로부터 완전히 고립되었다고 보는 것, 그리고 우리의 비신체적 자아에서 구원을 구하는 것이다. 그러므로 그런 소재는 우리의 감각성에 대해 두려운 것일 수밖에 없다."

인간이 홍수를 막기 위해 댐을 건설하고, 말을 길들이기 위해 멍에를 만들어내는 식으로 자연을 길들이는 한, 그만큼 자연은 덜 숭고해진다. 마찬가지로 종종 자연이 압도할 때, 다시 말해 말이 멍에를 부수고 달아나고 댐에 물이 넘칠 때 ("인간의 책략들을 부끄럽게 만들 때") 자연은 다시금 숭고해진다.

쉴러는 "인간적 두려움이 존재하는 곳에는 어디든지 숭고함이 존재하는 것처럼 우리가 숭고함을 체험하는 곳에서는 항상 보존 충동으로부터의 두려움이 발생할 수밖에 없다고 말한다. 예술작품들에 대하여 자연의 힘에 대항하는 것으로 느끼는 우리의 미적인 반응들은, 그것들이 우리의 신체적 안전을 위협하지는 않는 대신 우리의 도덕적 안전을 위협한다는 사실에 놓여 있다. 위대한 예술 작품들은 우리의 도덕적 안전을 구성하는, 확립되고 보수적이며 보존된 생각들을 의문에 부친다. 이해 충동은 이런 위험에 놀라지만 두려움을 느끼지는 않는다. 그러므로 쉴러의 미적 체험에 대한 생각은 아마도 다음과 같은 그 자신의 경구에 의해 가장 잘 요약될 수 있을 것이다.

"위대하다, 두려움을 정복하는 이여. 숭고하다, 굴복하면서도 두려워하지 않는 이여."

프리드리히 빌헬름 셸링

Frederick Wilhelm Schelling

(1775~1854)

"의식하는 자아는 '세계정신'이
시간 속에서 스스로를 표현하는 것이다"

독일의 철학자. 독일 관념론의 대표자 중 한 사람이다. 데카르트에 의해 주창되고 스피노자나 칸트 어느 쪽도 만족스럽게 대답하지 못한 주관성과 객관성 사이의 간격을 연결하는 문제에 도전하였다. 셸링은 그의 작업을 주관성과 객관성의 화해로 요약하는데, 이것들은 사실 하나이며 동일한 것이기 때문에 적절한 선험 철학은 어떻게 그들이 하나로 통합되는지, 그것들이 모든 것을 포괄하는 동일한 진리의 부분이며, 절대성의 측면이라는 것을 보여준다. 또한 그는 '적극 철학'을 설파하여 '이성'과 '체계'를 깨뜨리는 실존철학의 길을 열었다. 셸링은 두개의 학문 사이의 구별을 제시하는데, 인식과 경험에 있어 가장 근본적인 요소를 다루는 '선험 철학'과 우리가 일반적으로 외부세계로 간주하는 것에 대한 '과학'이 그것이다. 저서로는 〈선험적 관념론의 체계〉, 〈인간적 자유의 본질에 관한 철학적 고찰〉 등이 있다.

        셸링은 데카르트에 의해 주창되고 스피노자나 칸트 어느 쪽도 만족스럽게 대답하지 못한 주관성과 객관성 사이의 간격을 연결하는 문제에 도전한 독일의 철학자이다. 그는 한편에 의식하는 자아와 다른 편에 외부 세계를 가정한 데카르트의 이원론의 문제를 해결하고자 많은 저작물을 남겼으며, 그 중 초기작이지만 기념비적인 〈선험적 관념론의 체계〉를 가장 중요한 작품이라고 볼 수 있다.

   셸링은 칸트의 뒤를 따라 두 개의 학문 사이의 구별을, 인식과 경험에 있어 가장 근본적인 요소들을 다루는 '선험 철학'과, 우리가 일반적으로 외부세계로 간주하는 과학을 통해 제시했다. 셸링은 그것들이 서로 전제되어야 한다는 것을 우리에게 제시한다. 만일 우리가 자연철학에서 출발한다면 자연에서 발생하는 의식적 자아의 현상을 설명해야만할 것이다. 또한 우리가 의식의 현상학에서 출발한다면, 우리는 의식적경험에서 등장하는 물질적 대상들의 기원에 대해 설명해야만 할 것이다. 그러므로 헤겔이 셸링에 대해 언급하다시피, "이런 두 개의 과정들은 전체로서 매우 명확하게 표현된다. 자연으로부터 주관으로 향하는과정과 자아로부터 대상으로 향하는 과정이 그것이다."

셸링은 그의 기획을 주관성과 객관성의 화해로 요약한다. 이것들은사실 하나이며 동일한 것이다. 적절한 선험 철학은 어떻게 그 둘이 하나로 통합되는지, 그들이 모든 것을 포괄하는 동일한 진리의 부분이며절대성의 측면들이라는 것을 보여주어야만 한다.

셸링은 자연 세계에 대한 과학적 탐구가 주체의 존재에 대한 피할 수없는 결론을 이끌어내며 자연 질서 속에서 지성의 인식으로 향하는 과정을 묘사한다. 이런 측면에서 그는 아리스토텔레스주의의 자연세계에대한 목적론적 이해를 따른다. 그러나 셸링의 시야는 아리스토텔레스의 것보다 훨씬 더 포괄적이며, 어떻게 우리가 주관적인 것에서 출발하여 객관적인 것으로 진행하는지를 논할 때 그는 진정으로 활기를 띤다.

선험 철학은 셸링에 따르면 자아에 대한 주관적 자각, 즉 자의식에 의해 시작해야만 한다. 선험적 관념론의 체계는 "영적 활동의 내면적 원칙으로부터 객관적 세계가 발생하는 메커니즘"이다. 자의식 속에서 자아는 주체이며 동시에 대상이다. 자아는 무한하며 한계가 없는 가능성이다. 그러나 그것이 연구의 대상이 되는 한, 그 자신에 있어서 유한한 것으로 되어야만 한다. 셸링은 이런 역설을 설명하기 위해 제한하는 것과 관념적인 것은 사실상 서로를 반영한다고 말한다. 자의식 안에서 주체와 대상은 하나이며 같은 것이다. 그것들은 동일하다. 자의식의 영적인 활동을 절대자 혹은 신과 동일한 것으로 보는 것이다. 전 시대에 걸쳐 가장 난해한 철학자들 중 한 명인 헤겔은 이러한 내용의 셸링의 저서에 대해 "이 모든 것은 뒤엉킨 추상적 관념들의 덩어리이다"라고 효과적으로 표현했다.

그렇듯 뒤엉킨 추상관념들을 지나 셸링이 도달하게 되는 지점은 스피노자의 관점과 그다지 멀지 않다. 셸링에게 있어서 절대자 혹은 "세계정신"은 자연과 정신의 이중적 측면을 통해 표현된다. 우주는 시간 속에서 펼쳐지는 완전한 실체이며 절대적인데, 무(無)는 자연의 일부분이 아니라는 의미에서 그러하다. 하지만 셸링은 스피노자보다 더 멀리 나아가, 의식하는 자아는 그 자체로 우주의 의식, 즉 "세계정신"이 시간 속에서 스스로를 펼치고 표현하는 것이라고 말한다. 인간을 통하여 절대자는 스스로를 의식하게 된다는 것이다.

이런 생각은 헤겔과 다른 칸트 이후의 철학자들에게 부분적으로 비판받았음에도 불구하고 당대에 대단히 인기를 얻었다. 그는 예술가들은 자신들의 생각을 표현하는 것이 아닌 절대자, 즉 신의 생각을 예술로써 표현하는 것이라고 말했다. 하지만 최종적으로 셸링의 지지자들조차도 그가 주관성과 객관성을 화해시키는 방법을 보이는 일에 대해서는 실패했다는 것을 인정할 수밖에 없었다. 그러나 그의 생각들은 쇼펜하우어, 니체, 하이데거와 화이트헤드 등의 다양한 저작들에 끼친 영향으로 인해 철학적으로 중요한 사상으로 남아 있다.

게오르크 빌헬름 프리드리히 헤겔
George Wilhelm Friedrich Hegel
(1770~1831)

"궁극적인 진리는 사상사의 진화가 전개되면서 천천히 드러난다"

독일의 철학자. 칸트 철학을 계승한 독일 관념론의 대성자이다. 칸트 이후로 가장 어렵고도 영향력 있는 저작들을 썼으며, 거대 형이상학을 건설하여 칸트의 '초월적 관념론'이 해결하지 못했던 '외양'과 '실재' 사이의 격차를 해소하고자 시도했다. 정신의 근본적인 원리는 모순의 오류성에 대한 전념이라고 하는데, 어떤 생각이 모순을 포함하고 있는 것으로 발견될 때, 생각의 발전에서 새로운 단계가 발생해야만 한다. 헤겔은 이 과정을 '변증법'으로 불렀는데 모든 사물의 전개를 '정·반·합'의 3단계로 나누었다. 이 과정은 계속해서 되풀이되는데 헤겔의 관심에 있어 필연적인 사고의 전개는 절대 진리를 향한 진전이며, 절대적이고 보편적인 정신 혹은 영혼을 향한 것이었다. 헤겔 철학은 마르크스에 중대한 영향을 끼쳤다. 저서로는 〈정신현상학〉, 〈철학 강요〉, 〈종교철학〉, 〈법철학〉 등이 있다.

슈투트가르트에서 태어난 독일인 철학자 헤겔은 칸트 이후로 가장 어렵고도 영향력 있는 저서를 남겼다. 그의 주요 저서는 초기의 〈정신현상학〉, 좀 더 성숙한 〈법철학〉 등이다. 헤겔은 칸트의 '초월적 관념론'이 해결하지 못했던 외양(appearance)과 실재(reality) 사이의 격차를 해소하여 거대 형이상학을 건설하고자 했다.

칸트는 형이상학에서 정신이 경험에 특정한 범주들을 부여하기 때문에 인간의 지식이 도달할 수 있는 모든 것은 정신에 제시된 현상의 완전하고 체계적인 지식이라 했는데, 이것은 실재를 그런 외양의 배후에 존재하는 것으로 남겨둔다. 칸트는 그런 실재를 물자체(物自體, noumenal world)라고 불렀으며 이것은 인간의 이해 범위를 벗어난 것이었다. 칸트는 이를 불가피하다고 결론내렸지만 헤겔은 그것을 받아들이지 않았다. 헤겔의 철학에서 궁극적 진리는 사상사의 진화가 전개되면서 서서히 드러나는 것이다. 헤겔은 "명제적 진리가 아니라 개념적인 절대적 진리가 존재한다"고 주장했다. 이 어려운 생각은 역사와 사상의 발전에 대한 헤겔의 관점을 우선 이해함으로써 가장 잘 다루어질 수 있다.

헤겔에 따르면 "이해하는 정신의 근본적인 원리는 모순의 오류성에 대한 전념이다. 어떤 생각이 모순을 포함하고 있는 것으로 발견될 때, 생각의 발전에서 새로운 단계가 발생해야만 한다." 헤겔은 이 과정을 '변증법(dialectic)'이라고 불렀다. 헤겔의 변증법은, 최초에는 진실이라고 믿어지는 한 명제(thesis)로부터 시작한다. 성찰은 그 명제에 모순점이 있다는 것을 드러내는데, 이것은 처음의 명제와 동일한 적합성을 띠며, 헤겔은 이 단계를 '반명제(antithesis)'라고 불렀다. 이런 두 개의 양립 불가능한 생각들—명제와 반명제—에 마주하여 새로운 세 번째의 지점이 드러나게 되는데, 헤겔은 이것을 '합명제(synthesis)'라고 일컫는다. 합명제는 이제 새로운 명제가 되며, 조만간 그에 대한 반명제가 등장하여 다시 한 번 또 다른 합명제를 생성하게 되고, 그렇게 이 과정은 계속된다.

이렇듯 점차적으로 필연적인 사고가 펼쳐지는 것은 절대 진리를 향한 진전이며, 절대적이고 보편적인 정신 혹은 영혼을 향한 것이다. 그러나 헤겔에게 진리란 명제의 형식을 띤 것은 아니다. 다시 말해 진리는 세계나 실재가 다양한 성질을 갖고 있다는 주장들에 속한 것은 아니다. 헤겔 철학에서 진리의 획득은 완전성의 획득 또는 모든 한계의 초월이다. 오류는 단순한 한계이며, 절대적인 것에 대한 불완전한 이해이다. 이것은 헤겔에게 있어, 반증된 과학 이론들은 그 자체로 완전히 틀린 것이 아니라 단지 전체적인 이야기를 하지 않는 것이라는 결론을 함축한다. 그것들은 더욱 포괄적인 진리의 제한된 이해들이다.

헤겔의 변증법적 과정은 보편적 정신의 거대 형이상학적 이해로 끝난다. 그는 "'너 자신을 알라'는 절대적 '명령'의 의미는 그 자체만을 보든, 그것이 최초로 언급되었던 역사적 상황 하에서 보든 간에, 단순히 한 자아의 특정한 능력들의 측면에서 자신에 대한 지식을 촉진하는 것은 아니다. 그것이 명령하는 지식은 인간의 진정한 현실에 관한 것으로, 필연적이며 궁극적으로 진실이고 실재하는 것에 대한 진실하고 필연적인 존재로서의 영혼이 갖는 지식인 것이다."

헤겔 철학의 복잡성은 다양한 측면에서 존재하며, 이런 사실과 그의 저술 상의 모호성에 대한 결과로 그가 남긴 저서로부터 다양한 학파들과 여러 갈래의 철학적 영향들이 나타나게 되었다. 하지만 아마도 헤겔 철학이 미친 영향 중 가장 중대한 결과물은 카를 마르크스의 저서일 것이다.

아르투르 쇼펜하우어
Arthur Schopenhauer
(1788~1860)

쇼펜하우어는 비관주의적인 후기 칸트주의 철학자이다. 그의 최고의 작품은 〈의지와 표상으로서의 세계〉로, 이것은 몇몇의 주요 칸트주의의 주제들을 동양 철학의 도움과 결합한 대단히 박식한 모험적 저작이다. 쇼펜하우어는 칸트의 난해한 저작을 일반에게 대중화하는 것을 도왔고, 〈베다경〉과 〈우파니샤드〉에 포함된 철학적 사유들을 서양 문화에 처음으로 들여왔다.

헤겔과 동시대에 베를린 대학의 강단에 섰던 그는 헤겔에 대해 헛된 혐오감을 품었지만, 그와 마찬가지로 칸트의 형이상학에서 현상 세계의 배후에 존재하는 실재인 물자체(物自體)의 인식불가능성을 철학의 시발점으로 삼았다. 그러나 쇼펜하우어는 헤겔과 달리 현상 세계의 배후에 존재하는 실재, 즉 물자체가 주관적인 자아에게 인식불가능하다는 칸트의 관점을 받아들였다. 하지만 물자체의 세계로 통하는 은밀한 방법, 또는 "우리에게는 내면으로부터 길이 열려 있는데, 그것이 없이는 관통할 수 없는 사물의 진정한 내면적 본성에로 열린 길이다. 그것은 말하자면 지하의 통로, 즉 반역과도 같은 비밀스러운 연합인데, 외부에서 접근할 수 없는 성 안으로 우리를 한 번에 데려간다"는 쇼펜하우어의 전형적인 생생한 묘사에서 등장한 '지하 통로'는 "우리 자신이 우리가 알고자 하는 것들 중 하나이며, 우리 자신이 물자체라는 것"이라는 깨달음을 얻게 된다. 쇼펜하우어는 이런 관점이 위대한 철학자인 칸트가 간과한 점이라고 말한다.

쇼펜하우어의 생각은 대략 다음과 같다. 주관적인 '나'는 단지 현상 세계 속에서 우리에게 드러나는 것이므로, 우리의 진정한 본질(즉 물자체)을 구성하는 것이 될 수 없다. 우리의 진정한 본질은 의지이다. 의지는 물자체이며, 현상세계에서는 주관적인 자아에 대하여 즉각적이고 비개념적으로 나타나는 삶에 대한 열망이라고 볼 수 있다. 쇼펜하우어는 이런 즉각적인 의식이 무엇으로 구성되는지는 설명하지 않으며, 단지 의지가 각 개인에게 속하는 것이 아니라 보편적인 열망하는 힘이 현상 세계에서 스스로를 드러내려는 만족할 줄 모르는 욕망에 의해 개인 안에서 붙잡혀 표현되는 것이라고 말한다.

후에 이런 의지 개념을 가져가서 숭배했던 니체와는 달리, 쇼펜하우어는 의지가 찬양되어야 할 것이 아니라 저항되어야 할 것이라고 보았다. 우리는 모두 의지에 휘둘리며 그것은 우리가 생각하고 행하는 모든 것을 감염시킨다. 그것은 우주의 진정한 본질이지만 또한 우리의 모든 고통의 원인이기도 한데, 왜냐하면 우리가 그것의 요구들에 종속되어 있기 때문이다. 하지만 쇼펜하우어는 예술에 대한, 특히 음악에 대한 성찰을 통해서 의지를 극복할 수 있다고 믿는다. 우리는 음악과 예술에서 우리 자신의 개인적인 열망 외에 보편적인 의지에 대해 성찰할 수 있다. 우리는 이런 성찰 중에 객관성의 수단을 획득할 수 있으며 일시적인 목표들에 대한 의지의 열망과 계속적인 욕구들을 포기할 수 있다.

또한 쇼펜하우어는 우리들의 유한한 자아가 단지 보편적 의지의 노예이자 도구에 불과하기 때문에, 죽음을 두려워할 필요가 없다는 지적은 자각에 의해 의지를 극복할 수 있다는 점을 지적하는 예리한 통찰을 발휘했다. 그는 우리의 개인적인 삶들이 가치 있게 여겨질 필요가 없는 이유로 보편적인 의지는 영원하고, 현상 세계에 존재하고자 하는 의지의 욕망에 의해 우리의 개인적 존재와 고통이 발생된다고 보았기 때문이다. 이런 관점은 자연스럽게 자살의 정당화로 이어지는데, 쇼펜하우어는 자살 또한 의지의 작용이며, 성찰을 통해 얻어질 수 있는 지성의 승리이기보다는 지성의 포기라고 주장하며 이런 결론을 피해갔다.

PHILOSOPHY
100

제15장

자유주의자
The Liberals

ESSENTIAL
THINKERS

애덤 스미스
A d a m   S m i t h
(1723~1790)

> # "'의도된 행동의 의도되지 않은 결과들'이
> ## 사회 전체에 대하여 이득이 될 것이다"
>
>
>
> 영국(스코틀랜드)의 정치·경제학자인 동시에 도덕철학자이다. 그는 윤리학과 정치학, 경제학을 다루었으며 '흄'과 가깝게 지냈다. 그는 사유 재산과 자유 시장 경제에 대한 관점, '의도된 행동들의 의도되지 않은 결과들'이 사회 전체에 이득이 될 것이라고 주장했는데, 이는 의도적으로 자신의 이익을 추구하면서 무심코 사회 전체의 이익에 이바지하게 된다는 의미이다. 그의 이러한 믿음은 18~19세기의 산업적 인도주의자들에게 거대한 상상력을 불러일으켰으며, 후대에 벤담과 밀의 윤리 이론들에 대한 철학적 기반을 제공했다. 또한 그는 그의 저서 〈국부론〉에서도 경제 행위는 '보이지 않는 손'에 의해 종국적으로는 공공복지에 기여하게 된다고 주장하였다. 저서로는 〈국부론〉, 〈도덕 감정론〉이 있다.

━━━━━ 스미스는 윤리학, 정치학, 경제학을 다룬 스코틀랜드의 철학자이다. 그는 흄과 동시대에 활동했으며, 관점과 철학적 기질에 있어서도 흄과 매우 가까웠다. 그의 윤리학과 논리학 강연들은 〈도덕 감정론*Theory of the Moral sentiments*〉이라는 제목으로 출간되었으나, 정치경제학 저서인 〈국부론*The Wealth of Nations*〉이 가장 유명하다.

보수적인 경제학자들의 총아인 스미스는 전 영국 수상 마가렛 대처의 지지를 받았으며, 사유 재산과 자유 시장 경제에 대한 관점, '의도된 행동들의 의도되지 않은 결과들'이 사회 전체에 이득이 될 것이라는 주장으로 유명하다. 이 원칙의 배후에 있는 생각은 의도적으로 자신의 이

253

익을 추구하면서 우리가 무심코 사회 전체의 이익에 봉사하게 된다는 것이다.

하나의 단순한 사례가 스미스의 생각의 본질을 예시해줄 수 있을 것이다. 사유재산을 추구하는 존스가 어떤 보편적인 상품을 제조하는 자신의 사업체를 세워서 운영하기로 결정한다고 가정해 보자. 존스는 단지 자신의 재산을 조성하기 위한 기업 활동으로 다른 이들에게 의도하지 않은 이득을 주게 된다. 우선 그는 그에게 고용된 직원들에게 생계를 제공하여 그들에게 직접적으로 혜택을 준다. 둘째로 고객들이 구매하기 어려웠거나 더 비싼 어떤 보편적인 물품을 사용하기가 보다 쉽고 싸게 만들어내어, 결과적으로 그는 고객들의 삶의 한 측면을 용이하게 만든 셈이 된다. 시장 경제의 힘은 이런 비의도적인 혜택들의 발생을 보장하는데, 만일 존스의 노동자들이 다른 직장으로 옮기길 원한다면, 존스의 회사를 그만두거나 존스가 노동자들의 임금을 올려줄 것이기 때문이다. 마찬가지로 존스의 경쟁사가 같은 상품을 더 싸고 편리하게 만들어낸다면, 존스의 사업이 망하거나 경쟁력 있는 가격으로 낮추어야만 할 것이기 때문이다. 이 모델은 노동 시장과 경제 시장에 독과점이 존재하지 않음을 가정하고 있다.

"의도적 행동의 의도되지 않은 결과들"이 사회에 혜택이 되리라는 믿음은 18~19세기의 산업적 인도주의자들에게 거대한 상상력을 불러일으켰으며, 후대에 벤담과 밀의 윤리 이론들에 대한 철학적 기반을 제공했다. 하지만 그에 대한 비판도 어렵지 않게 찾아볼 수 있다. 자신의 이해를 추구하는 것이 사회 전체에 대한 관대하고 인도주의적인 행위가 된다고 가정하는 것이 기업적 자본가들에게 위안을 주기야 하겠지만, 그것은 확실히 좁은 시야에서 바라본 관점이다. 영국의 산업사를 검토해보면 산업혁명 시대의 기만적이고 착취적인 노동 행태들, 노동 계급의 극단적 빈곤과 악화되는 사회적 조건들을 목격하게 되며, 스미스의 이상주의적 모델은 심각한 '의도되지 않은' 결과들을 갖고 있다는 것을 깨닫게 된다. 산업화된 서구 사회에서 그런 상황들이 종료가 된 것은 서양 경제학에서의 스미스의 원칙들에 대한 학습 덕분이 아니라, 세계의 한편에서 다른 편으로 빈곤과 착취적 노동 행태들의 이동이 벌어졌기 때문이었다. 다시 말해 서구인들의 삶의 조건들이 개선되었는데, 스미스 경제 철학의 주요 논점이 되는 노동력이 서구사회에서 제3세계로 이동했기에 가능한 일이었다.

〈국부론〉은 스미스에 대한 정치적 관점에 상관없이 서양 사상사에서 마땅히 가치 있고 중요한 정치·경제학적 철학 저서 중 하나로, 지지자들만큼이나 반대자들에 의해서도 읽혀지고 연구될 필요가 있는 작품이다.

메리 울스턴크래프트
Mary Wollstonecraft
(1759~1797)

> ## "내 동포의 교육이 경시되었다는 사실은
> ## 내가 개탄하는 고통의 커다란 원천이다"
>
>
>
> 영국의 작가이자 여권신장론자. 페미니스트의 원조이며 여성들의 권리뿐 아니라 인간의 권리 전반을 위한 운동을 펼친 급진적인 사상가였다. 울스턴크래프트는 남성과 여성의 권리가 상호적이며 서로 얽혀 있다고 보았다. 여성이 복종적이며 다른 모든 것을 배제하고 그녀들의 외모에만 주의를 기울이도록 고무한 것이 남성 지배 사회이며, 단지 결혼은 합법적인 매춘에 불과하다는 것에 대해 그녀는 이런 사실들이 여성뿐만 아니라 남성들에게도 큰 손해를 안겨줄 것이라고 주장했다. 그녀의 저서는 진정으로 혁명적이었으며, 많은 동시대인들에게 충격을 안겨주었다. 그 이유는 여성의 권리들에 대한 관점을 뿐 아니라, 그녀가 억압적 체제라고 보았던 군주제의 철폐와 교회 권력의 해소를 요구했기 때문이었다. 저서로는 〈인간의 권리 옹호〉, 〈여성의 권리 옹호〉 등이 있다.

━━━━━━━ 페미니스트의 원조인 울스턴크래프트는 38세의 나이에 출산 중에 사망했다. 그녀는 토머스 페인과 유사한 문체로 여성들의 권리뿐 아니라 인간의 권리 전반을 위한 운동을 펼친 급진적인 사상가였다. 울스턴크래프트의 가장 중요한 저작인 〈여성의 권리 옹호*Vindication of the Rights of Women*〉는 〈인간의 권리 옹호*Vindication of the Rights of Man*〉라는 소책자의 후속작이었다.

그녀는 〈인간의 권리 옹호〉에서 영국의 국민들이 나쁜 군주를 제거할 권리가 있으며, 당대의 노예제와 빈민들에 대한 취급이 비도덕적이라고 논했다. 울스턴크래프트는 현대의 몇몇 페미니스트 운동의 조류들과는 달리, 남성과 여성의 권리가 상호적이며 서로 얽혀 있다고 보았다.

울스턴크래프트은 그녀 시대의 악을 바로잡기 위한 수단은 바로 교육이라고 보았다. 그녀는 〈여성의 권리 옹호〉의 서문에서 "나는 교육에 관해 쓰여진 다양한 책들을 읽었고, 학부모들과 학교 운영진들의 행태를 참을성 있게 관찰했다. 그러나 결과는 무엇이었는가? 내 동포의 경시된 교육이야말로 내가 개탄하는 비참함의 커다란 원천이라는 깊은 확신이었다"라고 이야기한다.

그녀는 특히 여성의 자연적 능력들이 교육을 통해 억압되는 방식에 관심을 가졌는데, 그 시대의 여성에 대한 교육은 인간으로서 그들의 자연적 능력들을 향상시키기보다는, 남성들을 기쁘게 하고 그들에게 봉사하기 위한 자질들을 강조했다. 그녀는 "내가 이 지독히 잘못된 교육체계에 책임을 묻고자 하는 이유 중 하나는, 남성은 여성을 인간이기보다는 여자로서 간주하며, 아내라기보다는 유혹하는 정부로 만드는 것을 갈망한다. 성에 대한 이해는 이 허울 좋은 경의(homage)에서 너무나 부풀려져 있어서, 몇몇의 예외를 뺀 현대의 문명화된 여성들은 단지 사랑을 불러일으키려는 열망만을 갖고 있다는 것이다. 그러나 그들이 사랑보다 더 고귀한 야망들을 소중히 여기고 그들의 능력과 미덕에 상응하는 존경을 받아야 마땅하다는 사실을 간과하고 있다"고 주장한다.

울스턴크래프트는 여성이 "복종적이며, 다른 모든 것을 배제하고 그들의 외모에만 주의를 기울이도록" 고무한 것이 남성 지배 사회라는 것과 결혼은 단지 "합법적 매춘"에 불과하다는 것에 대해 명확히 언급하며, 이런 사실이 여성에게 만큼이나 남성들에게도 결코 이득이 될 수 없을 것이라고 과감하게 주장한다. "여성이 남성의 권리를 공유하도록 허락한다면, 남성들의 덕과 자질에 필적할 것이다"라고 울스턴크래프트는 선언한다. 사회의 선(善)이 이성과 지식, 미덕의 증가에 의해 진보하기 때문에, 이런 자질들을 극대화하는 것은 양쪽 성에 모두 이익이 된다는 것이다. 여성을 단지 하찮은 존재로 취급하는 것은, 남성을 간사하고 비열하게 되도록 고무하여 여성의 자연적 재능들을 깎아내리고 가정불화를 조성하는 일인데, 이것은 아이들에게 반영되어 영속화된다.

울스턴크래프트는 여성의 선거권을 주장하며 남성이 여성의 권리를 부정하는 한, 그들이 아내나 어머니로서의 여성의 의무들에 대해 호소할 수 없다고 주장했다. 여성은 비이성적이기에 투표를 할 수 없을까? 울스턴크래프트는 이 질문에 냉소적인 이야기를 던진다. "러시아와 새로이 교역을 하여 채찍을 들여오는 것이 상책일 것이다. 채찍은 러시아에서 신부의 아버지가 결혼식에 사위에게 주는 선물로서, 남편이 가족 전체의 질서를 지키는 수단이라는 게 그들의 주장이다. 법에 위배되지 않고 이런 주권을 휘두르는 그는 가정의 유일한 주인인데, 왜냐하면 그는 가정 안에서 유일하게 이성을 갖춘, 즉 우주의 주인으로부터 신성하고 파기할 수 없는 지상의 지배권을 부여받은 자이기 때문이다. 여자들은 이런 위치를 허락하면서 어떠한 천부적인 권리도 주장할 수 없을 뿐 아니라, 그들의 의무 또한 소멸하는데, 권리와 의무는 분리가 불가능하기 때문이다."

울스턴크래프트의 저작은 가히 혁명적이었으며, 동시대인들에게 큰 충격을 안겼다. 그녀는 한때 '속치마를 입은 하이에나'라고 묘사되었는데, 여성의 권리들에 관한 관점들 뿐 아니라 그녀가 억압적 체제라고 보았던 군주제의 철폐와 교회 권력의 해소를 요구했기 때문이었다. 그녀가 일찍 사망하지 않았더라면 여성의 권리는 실제로 지금보다도 훨씬 빨리 진전될 수 있었을 것이다. 실제로 철학에 있어서는 그녀만큼의 영향력을 가진 또 한명의 여성 사상가 시몬느 드 보부아르가 등장하기까지 거의 200년간을 공백으로 남겨두어야 했다.

토머스 페인
Thomas Paine
(1737~1809)

"토지와 재산세로부터 나온 수입은 복지 제도에 투자되어야 한다"

영국에서 태어나 미국과 프랑스까지 영향을 끼쳤던 정치철학자이다. 그의 여러 저서들에서 언급한 혁명에 관한 주장들로 인해 미국과 프랑스, 영국으로 쫓겨다녔다. '미합중국'이라는 말을 창조해냈을 뿐 아니라 미국과 프랑스의 혁명에 영향을 끼쳤으며, 그로 인해 영국에서는 반역 혐의까지 받았다. 또 페인은 무신론과 기독교를 비판하며 신적인 계시에 호소하지 않는 유신론을 옹호했다. 저서를 통해 노예제의 철폐와 미 식민지의 독립을 주장했다. 그의 저서들은 정치적 억압과 조직화된 종교와 빈곤에 대항하여 비판을 펼치는 보기 드문 통일성을 특징으로 한다. 그의 초기 저작들이 미쳤던 막대한 영향에도 불구하고 그는 아주 드물게 언급되는 철학자로 남아 있다. 저서로는 〈상식론〉, 〈인간의 권리〉, 〈이성의 시대〉, 〈위기〉, 〈토지 정의〉 등이 있다.

███████ 페인은 영국에서 태어난 정치철학자로, '미합중국(United States of America)'이라는 말을 창조해냈으며 미국과 프랑스에서 일어난 혁명들에 영향을 끼쳤다. 그러나 정작 그의 모국인 영국에서는 활동에 많은 제약을 받았고, 결국 망명에 이르게 된다.

미국 헌법과 미국의 '삶의 방식'의 형성에 있어서 그의 중요성에 대한 인식은, 현대의 미국을 이해하는 데 필수적이다.

1770년대 초에 신세계로 이민한 페인은 〈펜실베이니아지Pennsylvania Magazine〉의 편집자가 되었으며 노예제의 철폐를 요구하는 최초의 에세이를 출판했다. 페인은 미국 혁명의 시작과 함께 〈상식론Common Sense〉

을 출판하여 유명해졌다. 그는 이 책에서 지배 계급의 생각에 반하여 주장하기를 "정부와 사회가 분리되어야 한다"고 말했다. 페인은 "미 식민지의 독립은 도덕적으로 또한 실용적으로 정당한 일이다"라고 주장했다. 그는 독립전쟁 전반에 걸쳐 혁명을 지지하는 팸플릿을 쓰고 출판했다.

페인은 미국 독립 전쟁이 성공하자 우선 프랑스로 갔다가 영국으로 향했다. 그는 버크(Burke)의 〈프랑스 혁명에 과한 성찰〉에 대한 응답으로 〈인간의 권리The Rights of Man〉를 쓰고 출판했는데, 이것은 민주주의와 공화주의에 관한 독창적인 논문이었다. 페인에 따르면 "모든 인간은 동등한 권리를 갖고 태어났다. 사회생활의 필요는 우리가 타인의 권리를 침해하는 상황을 불러올 수 있다. 게다가 우리는 우리의 권리를 존중하지 않는 타인들로부터 그것들을 보호할 수단을 항상 갖고 있지 못할 수도 있다. 결과적으로 개인의 권리를 시민권으로서 보장하는 헌법과, 그것을 개인의 입장에서 집행하는 국가를 발현시키는 것이 필요하다. 유일하게 도덕적으로 받아들일 만한 헌법은, 시민들이 스스로의 지도자를 선택하기 위해 투표할 권리를 갖는 민주 공화국의 헌법이다. 바로 이 지도자를 선택할 수 있는 권리는 프랑스와 영국의 이단적인 군주제가 그들의 인민에게 거부하고 있는 권리이며, 이런 사실은 그들의 헌법이 포기되어야 마땅하다는 정당화가 된다.

영국 정부는 페인의 이런 주장에 반역 혐의로 기소했고, 그 결과로 그는 다시 프랑스로 망명하게 되었다. 정부는 페인이 망명하자 영국 혁명이 동력을 얻을 기회를 갖기 전에 모든 상황을 진정시켰다. 프랑스로 망명한 페인은 처음에는 환영을 받고 의회에도 진출했지만, 나중에 수감되어 처형을 간신히 모면했다. 페인은 그의 저서 〈토지 정의*Agrarian Justice*〉에서 시민권과 정의에 대한 그의 생각들을 제시했다. 그는 이 책이 '국가는 시민들을 헌법이 없는 상태보다 더 나은 상태에 처하도록 한다'는 전제 하에 성립한다고 논한다. 그러나 그는 유럽의 문명화된 사회들의 가장 가난한 계층에 속하는 많은 이들이, 소위 '비문명화된' 아메리카 원주민들보다 더 나쁜 상태에 처해있으며, 이런 불평등은 토지와 재산 소유와 큰 관련이 있다고 보았다. 페인은 그것들이 분명 사회의 지지를 필요로 하는 부의 생성이며, 이는 세금이 부과되어야 마땅한 특권이라고 보았다. 또한 토지와 재산세로부터 나온 수입은 복지 체제에 투자되어야 마땅하고, 이 복지 체제에 접근하는 것은 모든 시민의 권리임을 강조한다.

페인은 1802년에 미국으로 돌아갔는데 그것이 행복한 귀향을 의미하는 것은 아니었다. 페인은 〈이성의 시대*The Age of Reason*〉라는 저서에서 무신론과 기독교를 비판하며 신적인 계시에 호소하지 않는 유신론을 옹호했다. 신에 대한 믿음은 본질적으로 합리적인 것, "왜 만물이 존재하는가"라는 질문에 대한 논리적인 귀결이라고 그는 주장했다. 페인은 조직화된 종교와 복수심 강한 신에 대한 성서의 묘사를 모두 거부했다. 불운하게도 이전에 그가 미국에 기여한 공로에도 불구하고, 미국은 그의 종교적 저서들을 철저히 외면했다. 남은 여생을 미국에서 보냈음에도 불구하고 그는 거의 무명으로 생을 마감할 수밖에 없었다.

페인의 저서들은 정치적 억압, 조직화된 종교와 빈곤에 대항하여 비판을 펼치는 보기드문 통일성을 특징으로 한다. 그의 초기 저서들이 미쳤던 막대한 영향에도 불구하고 다른 유명 철학자들에 비해 초라한 조명을 받고 있다.

제러미 벤담

Jeremy Bentham

(1748~1832)

　　　　　　　런던에서 태어난 벤담은 변호사가 되도록 교육받았으나, 지나치게 복잡한 법률 언어와 서로 갈등하는 원칙들에 불만을 갖게 되었다. 그는 대신 법 자체의 본성과 기반, 도덕과 정치학에 대한 연구를 수행했는데, 그에게는 이 세 가지가 하나의 원리로 통합될 수 있는 것이었다. 인간에게 선은 쾌락의 획득이고 고통의 최소화라는 이 원리는, 에피쿠로스의 시대로부터 알려져 왔던 단순한 쾌락주의적 심리학의 반영이었다. 하지만 벤담은 그가 '유용성의 원리'라고 불렀던 이 원칙을 철학과 사회, 문화의 구조에 엮어 오늘날까지 대단히 중요하게 여겨지는 '공리주의(utilitarianism)'라고 알려진 윤리학의 체계를 대중화시켰다.

벤담은 어떻게 법의 계약, 정치학과 윤리학이 모두 더욱 단순한 유용성의 언어로 재구성될 수 있는가를 보여주었는데, 이것은 단지 우리가 욕망하는 것을 최대화하고 두려워하는 것을 최소화하는 것에 관련된다. 공리주의는 인간 본성에 대한 매우 단순한 관점에 기반을 두고 있다. 벤담은 말하기를,

> "자연이 인류를 두 지배자의 통치 하에 두었는데, 고통과 쾌락이 그것이다…그것들은 우리가 행하고 말하며 생각하는 모든 일들에서 우리를 다스린다. 우리가 그에 대한 복종에서 벗어나기 위해 하는 모든 노력은 단지 그것을 증명하고 확인할 뿐이다. 인간은 말로는 그들의 제국을 벗어난 척 할 수 있지만, 사실상 그는 항상 그것에 종속된 체로 남아 있을 것이다."

이로부터 하나의 단순한 도덕 규칙이 뒤따르게 되는데, 우리가 해야 할 일은 쾌락을 최대화하고 고통을 최소화하는 일이라는 것이다. 벤담은 정치적·법적·사회적 제도들에 대한 예리한 개혁가로서 그런 제도들이 이 규칙에 부합하여 만들어져야 한다고 주장했다. 그가 감옥을 설계했던 것은 유명한 사실인데, '파놉티콘(panopticon)'이라는 이름의 이 감옥에서 죄수들은 감독관들에게 항상 감시를 받게 되고 점점 감독관의 시선을 내면화함으로써 그들 스스로가 일을 자연히 해나가는데, 이렇듯 고통을 피하기 위해 최대 다수의 최대 행복을 촉진하게 된다. 다시 말해 처벌은 갱생의 수단으로 의도되며, 주의 깊게 계산되어 그 처

벌들이 단기적으로는 고통스러울지라도 장기적 결과들이 쾌락의 증가로 이끌어질 수 있을 것이라는 주장이다. 벤담은 이런 목적으로 '행복의 계산법'을 만들었는데, 어떤 행동의 결과로 주어질 고통과 쾌락의 정확한 양을 계산하기 위한 것이었다.

벤담이 행복과 쾌락 사이에 어떤 구별도 하지 않았다는 사실은 흥미롭다. 벤담이 고려하는 어떤 쾌락을 경험하는 것은 행복해지는 것인데, 이런 관점은 그의 공리주의 후계자인 존 스튜어트 밀에 의해 비판받게 된다. 쾌락과 고통이 동등한 가치의 단위로 양적으로 계산될 수 있다는, 즉 항아리 속의 구슬처럼 셀 수 있다는 벤담의 생각은 다양한 경험들이 서로 다른 질을 갖는다는 여지를 두지 않았으며, 이러한 신념 또한 후에 밀에 의해 주요 비판의 대상이 되었다.

아마도 벤담의 체계가 맞닥뜨린 가장 큰 문제는 —심지어 현대의 공리주의 이론들도 완전히 해결하지 못한 문제는— 다수의 이익을 위한 개인들의 복종에 의해서 비롯되었다. 만일 윤리적 딜레마에서 중요한 것이 '그 사안에 관련된 모든 이들의 최대 행복'뿐이라면, 전체의 집합적 이득을 위하여 한 개인의 쾌락이 희생되지 말아야 할 명백한 이유는 없어 보인다. 벤담의 공리주의가 간과하고 있는 것은, 루소의 '사회계약론'과 마찬가지로 개인의 권리에 대한 개념이다. 그러나 벤담에 의해 대중화되고 밀에 의해 발전되었으며오늘날까지도 우리의 정신 세계를 지배하고 있는 이 윤리 체계는 많은 사상가들에게 강한 직관적 호소력을 띠고 있다.

존 스튜어트 밀
John Stuart Mill
(1806~1873)

"옳은 것은 선(善)한 것이며, 선한 것은 모든이의 최대 행복을 촉진한다"

영국의 경제학자이자 철학자, 사회과학자, 사상가. 밀의 공리주의는 벤담에 의해 발전된 관점을 정교화한 것이었다. 벤담과 마찬가지로 도덕적 행위의 근본적인 지침이 쾌락의 최대화와 고통의 최소화여야 한다고 주장했다. 공리주의 윤리학은 밀이 출현과 더불어 광범위하고 지속적인 비판을 불러일으켰다. 또 밀은 정치사상에서 표현의 자유를 가장 중요하게 강조했는데, 정부를 전복하려는 기획이나 살인을 정당화하는 이론일지라도 표현에 사회적 박해나 정치적 탄압이 가해지면 안 된다고 주장했다. 밀의 이와 같은 주장은 오늘날 영국을 비롯한 자유민주주의 사회에서 가장 기본적인 정치원리로 받아들여져, 표현의 자유라는 시민의 기본권으로서 포괄적으로 인정되고 있다. 그의 사상은 말년에는 점차 개량주의적 사회주의로 발전하였다. 저서로는 〈논리의 체계〉, 〈공리주의〉, 〈자유론〉, 〈경제학 원리〉, 〈여성의 종속〉, 〈사회주의론〉 등이 있다.

존 스튜어트는 어린 시절 그의 아버지 제임스 밀에게만 교육을 받았는데, 세 살에 그리스어를 깨우치고, 십대 초반에는 그의 아버지가 정치경제학 저서를 쓰는 것을 도왔을 정도로 신동이었다. 스무 살 무렵 그는 신경쇠약을 겪었고, 그의 아버지와 제러미 벤담의 지적인 영향에 대항하기 시작했다. 밀은 중년에 이르러 그의 가장 중요한 저서인 〈논리의 체계〉를 썼는데, 오늘날에는 그보다 훨씬 짧은 1863년 출판된 〈공리주의*Utilitarianism*〉로 주로 기억되고 있다.

밀의 공리주의는 그의 아버지와 벤담에 의해 발전된 관점을 정교화한 것이었다. 그는 벤담과 같이 도덕적 행위의 근본적인 지침이 쾌락의

271

최대화와 고통의 최소화여야 한다고 주장했다. "행동들은 그것들이 행복을 촉진하는 만큼 올바르며, 행복의 반대를 생산하는 경향이 있을 때 잘못된 것이다. 행복이란 쾌락을 의미하며, 또한 고통의 결핍을 의미한다. 불행이란 고통을 의미하고, 쾌락의 결핍을 의미한다"며 이것을 '최대행복 원리'라고 공식화했다.

밀은 벤담의 초기 이론에서 두 가지 결점을 발견했다. 벤담은 '행복 계산법'에 의거하여 고통과 쾌락의 상대적인 양을 계산함에 있어, 좋은 것과 나쁜 것의 각 단위를 동등하게 가정했는데, 밀은 쾌락이 어떤 질적인 측면들을 고려함이 없이 단순한 양적 분석으로 환원될 수는 없다고 보았다. 좋아하는 애완동물을 잃는 것이 친지를 잃는 고통과 동등하다고 보기는 어렵다. 또 어떤 경우, 어떤 사람들에게는 그것이 동등한 정도의 고통일수도 있다. 벤담의 계산법은 그런 차이들에 대한 여지를 거의 남겨두지 않았다. 둘째로 어떤 쾌락들은 다른 것들보다 더 큰 가치를 지닌다고 주장했다. 그는 "불만족한 인간이 되는 것이 만족한 돼지가 되는 것보다 낫다. 불만족한 소크라테스가 되는 것이 만족한 바보가 되는 것보다 낫다"는 유명한 말을 남기며 높고 낮은 수준의 쾌락들에 대한 구분을 공리주의의 계산에 넣을 것을 주장한다.

밀의 공리주의 윤리학은 그 단순성 때문에 강한 직관적 호소력을 갖는다. 그럼에도 불구하고 광범위하고 지속적인 비판을 불러일으키게 되었다. 하지만 밀에게 제기된 많은 비판은 일반적인 이론에 대한 것이 아니라 그가 말하는 '공리주의'를 그의 전체적 사유의 맥락에서 분리한 결과이다. 예를 들면 현대의 비평가들은 밀의 윤리학 원칙이 너무 까다

롭다고 불평해왔다. 만일 모든 행동이 쾌락의 증가와 고통의 감소를 지향해야만 한다면 우리의 일상적인 행동들마저도 비도덕적인 것으로 보인다. 만일 내가 밀의 윤리에 성실하게 따라서 생활하기로 한다면, 나의 모든 처분 가능한 소득을 자선사업에 기부해야 할 것이며, 내가 선택한 사용처의 폭넓은 귀결들에 대해서 생각해야만 할 것이다. 내가 행하는 모든 일들이 불행을 저지하여 행복을 촉진하는가?

그런 보편적 이타주의는 칭찬할 만한 것인지도 모르지만, 그것이 밀의 철학의 신조이거나 귀결인 것은 아니다. 그의 철학 체계는 급진적 자유주의 사상에 기반하고 있다. 그는 우리가 '특정한 종류의 행위를 단념해야만 하는 것이 요구되는 삶'의 측면들에 대해서만 도덕성을 고려해야 한다는 것을 명백히 한다. 그 외의 경우에 개인은 그가 알맞다고 보는 방식으로 그들의 삶을 추구함에 있어 도덕적으로 그리고 법적으로 자유롭다. 밀의 비판가들은 그의 철학의 넓은 맥락에서 그가 옳은 것과 선한 것을 명백하게 구분하고 있다는 사실을 반복적으로 간과해왔다. 밀은 그 어디에서도 우리가 항상 선을 위해 행동하도록 강제된다고 제안하지 않았다. 그는 단지 옳고 그름에 대한 질문들이 발생할 때에만 옳은 것은 선한 것이며, 선한 것은 모든 이의 최대 행복을 촉진하는 것이라고 주장한다.

오귀스트 콩트
Auguste Compte
(1798~1857)

"지성은 열정(passions)의 노예가 아니라, 가슴(heart)의 하인이어야만 한다"

프랑스의 철학자이자 사회학의 창시자. 콩트는 뉴턴에 의한 과학혁명에 깊은 영향을 받았으며, 따라서 그는 사회학이라는 학문을 자연법칙에 종속된 하나의 과학으로 정립시키려 했다. 그는 관찰에 기초하여 사회를 연구하고, 그 사회를 지배하는 근본적이고 기초적인 법칙들을 발견하는 것을 사회학적 이론의 전개라고 생각했다. 그는 사후에 20세기 실증주의 운동의 영웅이 되었으며, 여러 사회적·역사적 문제를 온갖 추상적 사변을 배제한 과학적 방법으로 설명하려고 하였던 '과학주의' 조류의 멘토가 되었다. 또한 독학으로 사회학을 창시했고, 과학의 방법들을 인간과 사회에 대한 연구에 적용한 최초의 철학자였다. 저서로는 〈실증 철학 강의〉, 〈실증 정치학 체계〉 등이 있다.

콩트는 독특하고 비정상적인 삶을 살았던 인물로 보인다. 그는 학문적으로는 영민하였으나 학생 반란을 주도하거나 정신병 환자가 되기도 했고, 자살 기도를 하는 등의 사건들로 점철된 삶을 살았다. 그는 평생에 걸쳐서 어떤 대학에서도 교수직을 맡지 않았는데, 존 스튜어트 밀을 비롯한 친구들의 도움에도 불구하고 자신의 선택을 바꾸지 않았다. 그럼에도 불구하고 이 프랑스 철학자는 사후에 20세기 실증주의(Positivist) 운동의 영웅이 되었으며, '과학주의(scientism, 콰인의 유명한 언급에 의하면, 과학이 진리의 최종적 결정권자라는 관점)'로 향하는 조류에 영감을 주었다. 콩트는 또한 독학으로 사회학을 확립하여 전 세계의 학생들에게 익숙한 이름이 되었는데, 과학의 방법들을 인간과 사회에 대한 연구에 최초로 적용한 학자였다. 이런 생각들이 제시된 그의 가장 중요한 저서 〈실증 철학 강의〉는, 후기의 더 성숙하지만 낭만주의적인 생각들, 세속에서 종교적 감정의 진리를 찾고자 시도한 그의 저서들에서 반박되었다.

콩트는 그의 초기작에서 신학적이고 형이상학적인 성찰들이 포기되어야 하며, 확인 가능한 관찰들의 엄정한 배열만이 인간의 지식 영역을 구성해야 한다고 주장했다. '실증 과학'의 질서는 수학에서 시작하여 천문학, 물리학, 화학과 생물학의 순서로 복잡성의 정도가 증가한다. 생물학의 뒤에 새로운 사회과학이 오는데, 이것은 사회의 '정역학(Statics)과 동역학(dynamics)'에 관한 연구이다. 사회 현상에 적용된 균형 상태의 힘들에 관한 과학인 정역학은, '사회적 동의'의 어떤 부분도 전체에 근본적인 영향을 주지 않고서는 분해될 수 없다는 관점을 낳는다. 콩트는 그 결과로 "경제적·문화적·사회적 조건들은 각 영역의 지식의 상태에 따라 모두 서로에게 영향을 끼치며", 변화의 과학인 동역학에서는 "사회의 발전은 지적인 진보의 발전을 반영한다"고 주장한다. 따라서 역사적으로 지식이 실증주의에 이르기 전에 신학과 형이상학에서 시작했다시피 사회 질서 또한 신정(神政, theocracy), 군주정, 무정부 상태를 점진적으로 거쳐 과학에 의해 이끌어지는 새로운 사회 질서로 도착하게 되어 있다는 것이다.

콩트는 이런 사회 질서의 마지막 단계를 세부적으로 고안하면서 초기의 관점들을 순화시켰다. 그는 새로운 '인간성의 종교'를 가르치면서 종교적이고 이념적인 믿음들이 수행하는 중요하고 응집력 있는 사회적 역할을 인정한다. 콩트는 이 새로운 '종교'에서 그 자신을 새로운 종교 집단의 대사제로 예견했다. 놀랄 것 없이 이 지점에서 콩트는 그의 초기 저작을 구성했던 인식론의 객관적 관점으로부터 부조리성의 영역으로 옮겨갔다는 것이 일반적인 견해이다.

비평가들은 콩트의 후기 저서들을 설명하려고 시도하면서 클로틸드 드 보(Clotilde de Vaux) 부인과 그의 관계를 언급하는데, 콩트는 그녀가 그에게 '지성을 가슴에 복종시키는 것'의 중요성을 가르쳤다고 한다. 콩트는 〈실증주의 종교의 교리문답〉을 비롯한 그의 후기 저서에 도덕을 위한 공간을 마련하여, 도덕성이 과학적 노력 자체에 내포되어 있는 것으로 보았다. 과학에 의해 드러난 진리는 인간의 겸손을 유지하며 자연주의적 종류의 법 혹은 정의를 부여한다. 콩트는 흄을 상기시키며 말하기를, "지성은 열정의 노예가 아니라 가슴의 하인이 되어야만 한다"고 가르친다.

콩트의 철학 활동은 후기에 완성된 저작들보다 초기에 집필된 저작들을 통해 큰 영향력을 발휘했다.

PHILOSOPHY
100

제16장

진화론자
The Evolutionists

ESSENTIAL
THINKERS

찰스 다윈

Charles Robert Darwin

(1809~1892)

"복잡한 설계가, 설계자를 가정할 필요 없이 자연스럽게 등장한다"

영국의 생물학자이자 자연주의자, 철학자. 다윈은 그의 저서 〈종의 기원〉에서 생물의 진화론을 내세워 당시 지배적이었던 창조설을 뒤집고 새로운 시대를 열어, 인류의 자연 및 정신문명에 커다란 발전을 가져오게 했다. 그는 진화론에서 자연선택이론을 주창하는데, 이는 특수한 환경 하에서 생존에 적합한 형질을 지닌 종이, 그 환경 하에서 생존에 비적합한 형질을 지닌 종에 비해 생존과 번식에서 이익을 본다는 이론이다. 자연도태라고도 한다. 자연선택은 두 개의 구성요소를 갖는데, 첫째는 개체들 사이에 존재하는 작은 차이들, 둘째는 이런 차이들을 세대를 걸쳐 이전시키는 유전 법칙이다. 진화론은 사상의 혁신을 가져와 그 후의 자연관과 세계관의 형성에 큰 영향을 끼쳤다. 저서로는 〈종의 기원〉, 〈인간의 계보〉, 〈식물의 교배에 관한 연구〉, 〈지렁이의 작용에 의한 토양의 문제〉 등이 있다.

1831년, 젊은 자연주의자 다윈은 비글호에 승선했고, 이 항해는 다윈이 근대의 가장 영향력 있는 이론인 진화론을 내놓을 수 있는 단초를 마련해주었다. 그의 저서 〈종의 기원*Origin of Species*〉과 〈인간의 계보*The Descent of Man*〉에서 자세히 설명된 다윈 이론의 단순성은, 그 이론의 해석이나 거의 모든 학문 분야에 대해 영향력을 미치고 있다.

다윈 이전에 플라톤으로부터 내려와 아리스토텔레스에 의해 부분적으로 변형된 일반적으로 받아들여진 지혜는, "모든 자연종은 금이든 은이든, 동물이건 식물이건 그것이 그것이도록 하는 본질적인 특질들, 그리고 동일성의 변화 없이 얻거나 잃을 수 있는 우연적인 특질들을 갖고 있다"는 것이었다. 한 개체를 다른 종과 구별되는 어떤 종의 구성원으로 만드는 것은 예를 들어 개나 말, 장미 혹은 쐐기풀과 같이 특정한 종류이다. 명백하게도 개별적인 개들 사이에 차이가 있다시피, 다른 유형의 개들 사이에도 차이점들이 있다. 그러나 이것들은 '우연적인 차이'로, 모든 개들은 그것들을 고양이나 말이 아니라 개로 만드는 특정한 근본적 특질들을 갖는데, 이것들을 한 종의 '본질(essence)'이라고 부른다.

철학자들은 어떻게 본질들을 설명할 것인가에 관해 오랫동안 의문을 가져 왔다. 어디에서부터 그것들이 출현했는가? 그동안의 해답은 그것들이 위대한 설계자의 작품이라는 것이었다. 신이 모든 것의 형상을 설계했고 그것들이 개체들의 생산을 위한 청사진으로 사용되었다는 것이다. 다윈의 이론은 복잡한 설계가 설계자나 청사진의 존재를 상정할 필요 없이 자연스럽게 발생한다는 것을 보여주기 위한 것이었다.

진화론의 배경에는 토머스 맬서스(Thomas Malthus)의 인구 폭발에 관한 저서 〈인구론〉에 많은 영향을 받았다. 맬서스는 멸종을 피하기 위해 인구가 계속해서 팽창해야 한다고 언급했다. 하지만 인구가 사용 가능한 자원들을 능가하는 시기가 올 수밖에 없을 것이다. 필연적으로 일부는 죽을 것이고 다른 이들은 생존할 것이다. 다윈의 이론은 이렇듯 누가 죽고 살 것인가에 관한 도박에서, 무엇이 승자와 패자를 구분하는가를 묻는 것으로 시작한다.

"만일⋯유기체들이 그들의 조직의 몇몇 부분들에 있어 다양하다는 것이 사실이라면⋯각 존재 자체의 안녕을 위해 유용한 어떤 변화도 일어나지 않았다면 그것이야말로 가장 이상한 일일 것이다…어떤 유기체에 유용한 변화들이 정말로 일어난다면, 확실히 그런 성질을 가진 개체들은 삶을 위한 투쟁에서 보존될 수 있는 최선의 가능성을 갖게 될 것이다. 그리고 강한 유전 법칙에 따라, 그들은 비슷한 특성을 가진 후손들을 생산하는 경향이 있을 것이다. 이런 보존의 원리를, 나는 자연 선택이라고 불러왔다."

자연 선택은 그러므로 두 개의 구성 요소를 갖는다. 첫째는 개체들 사이에 존재하는 작은 차이들, 둘째는 이런 차이들을 세대를 거쳐 이전시키는 유전 법칙이다. 다윈은 비글 호 항해를 하며 어떻게 위상학적이고 지리적인 특징들이 이런 차이들을 확대시킬 수 있는지 깨달았다. 중대한 지리적 혹은 기상 현상, 즉 주어진 환경이 어떤 미미한 특징을 그 지역에서의 삶과 죽음의 차이로 만들 수 있다. 따라서 그런 특징을 갖지 못한 개체들은 멸종하게 될 것이다.

이렇듯 소위 종들 사이의 '본질적' 차이들은 다윈이 보여줬다시피 '변형에 의해 내려온' 것 이상이 아니다. 후손들은 시간과 환경에 의해 변형되어 "설계"처럼 보이는 것은 단지 유전된 특질들의 살아남음에 불과하다. 어떤 특질들이 살아남는가는 신적인 창조자에 의해 미리 운명지워진 것이 아니라 상황의 자연선택에 의한 것이다.

그러므로 다윈의 '종의 기원'은 '본질들의 기원'이라는 문제를 해결하는 것이며, "나는 종이라는 용어가 서로 긴밀하게 닮아 있는 일정한 개체의 집단에게 편리를 위해 임의로 부여된 것이며, 그것보다 덜 분별되고 더 변동이 있는 형태들에게 부여되는 다양성이라는 용어와 본질적으로 다르지 않다고 본다"고 말한다.

비평가들은 진화론이 반증될 수 없기 때문에 과학적으로 공허한 것이라고 말한다. 그것이 사실이라면 다윈의 생각은 이론이기보다는 맹목적 신앙일 것이다. 하지만 다윈 그 자신은 무엇이 그 이론을 오류로 입증할 수 있을지에 대해 언급했다. "만일 다수의 연속적이고 작은 변형들에 의해서 형성되지 않은 어떠한 복합적인 조직이 존재한다는 것이 증명될 수 있다면, 나의 이론은 절대적으로 붕괴할 것이다." 그러나 지금까지 그 어떤 대안적인 이론도 다윈의 진화론에 반하는 증명을 제공하지 못했다.

앙리 루이 베르그송

Henri Louis Bergson

(1859~1941)

베르그송은 앨프리드 노스 화이트헤드에게 영향을 끼친 프랑스 철학자이다. 그는 한때 "모든 이들이 그의 철학을 완벽히 이해하지 못하기 때문에" 인정받지 못하는 것으로 보인다고 묘사되기도 했다.

베르그송의 철학은 생명력의 다른 이름인 '생명의 도약(élan vital)'과 물질 사이의 근원적 구분으로부터 나아간다. 이것들은 실제로 우주의 두 가지 갈등하는 충동들이다. 하나는 계속해서 창조하고 다양화하려는 충동이며, 다른 하나는 모든 것을 동일하게 만들고 에너지를 흩어뜨리며 삶의 흐름에 저항하고자 하는 엔트로피적인 충동이다.

이런 두 개의 갈등하는 힘들이 베르그송의 지식 이론에 반영된다. 그에 따르면, '경험의 흐름'을 분절되고 반복이 가능한 관찰 대상들로 해석하는 지성은 물질의 방식을 대변한다. 그것의 가장 큰 성취는 기하학이다. 그것은 경험의 연속적인 흐름을 거부하며 경험을 반복가능하고 분절된 단위들과 동일시하고 분류함으로써 실재를 알고자 시도한다. 이와 대조되는 것은 '본능'인데, 이것은 창조적인 힘으로서 공간보다 시간에 더욱 관련된다. 연속성은 경험의 특징이기 때문에 창조력은 항상 '지속'의 성질이나 영속적으로 '생성되는' 특질을 띠고 있다.

이 복잡한 생각은 베르그송의 '지속' 개념에 의존하고 있다. 지성은 연속적인 경험의 흐름을 다루기 위해 시간을 분절된 '순간들'로 나눈다. 그러나 베르그송은 이런 분절이 인위적이라고 주장한다. 경험 안에는 과거와 현재의 계속적인 상호침투성이 존재하고 있다. 변화는 계속적이고 역동적이며, 분절적이고 정적이지 않다.

하지만 베르그송은 '생명의 도약'이 진보라거나, 어떤 목적을 위한 충족을 향해 앞으로 움직이는 것이라고 주장하는 함정에 빠지지 않기 위해 주의를 기울인다. 그의 관점에 의하면 '생명의 도약'은 목적이 없이 굽이치며, 항상 그것을 제한하고 억제하려는 물질을 만나 투쟁하고 적응하는 것이다. 베르그송은 진화에 대한 어떠한 종류의 '목적론적' 설명도 거부하는데, 만물이 미리 부여된 목적을 충족하기 위해 노력하고 있다는 아리스토텔레스의 생각을 대변한다. 이런 개념화를 베르그송은 '거꾸로 된 기계주의'라고 부르는데, 만물이 이전의 원인에 의해서가 아닌 미래의 잠재성에 의해 결정된다고 하는 생각이다. '생명의 도약'

은 자유 의지의 증거이다. 그것은 예측이 불가능한 변화의 힘으로, 아래로 향하는 물질의 압력 때문에 잠시 동안 조직화된 형상들로 정착했다가 다시금 움직이며 다양화한다. 그러므로 베르그송은 어떻게 물질이 생물과 무생물로 다양화하는지, 어떻게 생물이 식물과 동물로 다양화하는지, 어떻게 동물들이 인간이라는 다양화에 의해 한 발 더 나아간 지성과 직관 사이의 다양화를 생산하도록 되는가를 설명한다. '생명의 도약'은 예술과 문학 작품에서 보이는 것처럼 새로움의 추동력이다. 베르그송은 "그런 작품들은 항상 이전에 존재했던 영향력의 산물이며, 그 부분들의 합보다 훨씬 더 큰 어떤 것을 이룬다. 그것들은 예술가의 직관으로부터만 발생할 수 있는 통합된 생각을 구체화하고 있다"고 말한다.

후기작들에서 베르그송은 '생명의 도약'을 사랑과 신에 대한 개념들과 연결시킨다. 베르그송이 물질과 생명의 대립하는 실재, 즉 "스스로를 해체하는 실재 속에 스스로를 생성하는 실재"들이 빠져나올 수 없게 연결되어 있다고 말함에도 불구하고, 그가 '생명의 도약'이라고 부른 직관과 본능의 방식이 물질의 방식, 즉 지성과 이성의 방식보다 우월하고 더 존경받을 가치가 있다고 생각했다는 것은 명백하다. 그의 연구는 루소에 의해 시작돼 오늘날 데리다에 의해 계속되고 있는 프랑스 철학의 반지성주의(anti intellectualism) 경향을 대변한다고 할 수 있다.

앨프리드 노스 화이트헤드

Alfreid North Whitehead

(1861~1947)

"과학의 역사는 그것이 추구되는 문화적 환경에서 분리될 수 없다"

영국의 철학자이자 수학자. 기호논리학(수학적 논리학)의 대성자 중 한 사람이며, 러셀과 함께 〈수학 원리〉를 저술하였다. 화이트헤드는 유물론을 거부했으며, '생명, 유기체, 기능, 순간적 실재, 상호작용 등 자연의 질서에 관한 개념들'을 중심으로 이루어진 철학을 추종했다. 그는 유물론을 대신하여 '물질'보다는 '유기체'의 개념을, 시간과 공간의 척도 대신에 '사건'의 개념을 사용할 것을 제안한다. 그의 사상은 과학을 사회과학의 일부로 통합하는 것이었으며, 사회과학을 '대중의 이론' 즉 이론적 계발을 기다리고 있는 단순한 과학 이론들이라고 간주하는 현대적 경향을 뒤집는 것이었다. 그의 '유기체 철학'은 현대 철학에서 전통적인 문제들로부터 벗어나고자 한 최초의 체계적인 철학의 시도라고 평가된다. 저서로는 〈수학 원리〉, 〈과학과 근대 세계〉, 〈관념의 모험〉, 〈상징주의〉, 〈과정과 실제〉 등이 있다.

영국의 철학자 화이트헤드는 러셀과 함께 〈수학 원리 *Principia Mathematica*〉를 썼고, 〈유기체 철학*Philosophy of organism*〉으로 잘 알려져 있다. 그는 유물론을 거부하며 생명과 유기체, 기능, 순간적인 실재, 상호작용, 자연의 질서에 관한 개념들을 중심으로 이루어진 철학을 옹호한다. 화이트헤드는 유물론에 의해 만들어진 분리, 즉 목적과 가치, 의미의 개념들을 과학적 설명과 갈라놓는 간극을 메우고자 한다.

화이트헤드의 '유기체 철학'을 이해하기 위해서는 그의 유물론 비판으로부터 시작해야 한다. 그는 유물론을 "수학자들에 의해, 수학자들을 위해 만들어진 과학적 사고의 틀"이라고 부르는데, 이것은 원래 일련의 사회적·인식론적 목적들을 수행하기 위해 의도되었으며, 현재에도 이 목적들은 건재할 뿐 아니라 통제를 벗어난 정도에 이르렀다.

유물론적 사고틀의 주된 문제는 그것이 과학적 설명에서 가치나 의미, 목적 등의 개념을 위한 공간을 남겨두지 않았다는 것이다. 이런 개념들은 유물론자들에 의해 주관적이고 비물질적이며, 비사실적이라고 비판을 받는다. 그들은 가치 판단에 의해 방해받지 않는 과학, 가치중립적이며 객관적인 과학, 보편적으로 진리인 과학을 지지한다고 선언한다. 화이트헤트는 그런 관점이 위선적이며 일관성이 없다고 생각한다. 유물론자는 이런 방식으로 가치들을 거부하면서 특정한 가치 체계를 옹호하는데, 과학의 역사는 그것이 추구되는 문화적·사회적·정치적 환경에서 분리될 수 없다. 역사는 과학적 연구로부터 도출되어 정치적·사회적 결론들로 일반화된 것들이 광범하다는 것을 보여주며 사회의 가치들과 과학 연구의 결과는 유물론자들이 믿는 만큼 그렇게 명백하게 구분되어지는 것은 아니라는 것을 증명한다.

화이트헤드는 유물론을 대신하여 우리가 '물질'보다는 '유기체'의 개념을, 시간과 공간의 척도들 대신에 '사건'의 개념을 사용할 것을 제안한다. 화이트헤드의 사상은 과학을 사회과학의 일부로 통합하는 것이었으며, 사회과학을 '대중의 이론(folk theory)', 즉 이론적 계발을 기다리고 있는 순진한 과학 이론들이라고 간주하는 현대적 경향을 뒤집는 것이었다.

이 사상의 중심은 우리가 '자연'으로서 이해하는 것의 재해석이었다. 유물론은 항상 자연을 감각 경험의 배후에 놓여 있는 것, 감각 지각에 인과적인 책임이 있는 것이라고 개념화해 왔다. 이 관점은 로크에 의해 처음으로 명시된 1차 성질과 2차 성질들 간의 분리를 발생시키는데, 여기에서 2차적 성질이란 사물의 1차적 성질들에 의해 정신 속에 초래된 덧없는 효과들을 일컫는 것이었다. 화이트헤드는 그런 구분이 정당화될 수 없으며 바람직하지 않은 것이라고 보았는데, 만일 그렇다면 "시인들은 완전히 잘못 알고 있는 것"이 되기 때문이다. 장미의 향기와 나이팅게일에게 바치는 노래에 대해 "시인들은 그들의 시를 자신에게 바쳐야 할 것이며, 그것들을 인간 정신의 훌륭함에 대한 자축의 찬가로 바꾸어야 할 것이다." 화이트헤드에게 있어 자연은, 우리의 감각 경험의 근저에 위치한 인과적 실체가 아니라 지각에 의해 관찰되는 것과 같은 것이다. 과학은 감각적 사건들 사이의 관계들에 주의를 기울여야 할 것이며, 근원적이고 추상적인 '물질'을 탐구한다는 구식의 주장을 버려야 할 것이다.

화이트헤드는 시대를 앞선 철학자일지도 모른다. 당대에는 광범하게 수용되지 못한 그의 '유기체 철학'은, 현대 철학에서 전통적인 문제들로부터 벗어나고자 한 최초의 시도이자, 가장 체계적인 20세기 철학의 한 사조를 형성했다. 화이트헤드의 철학은, 그와 같이 유물론이 근본적으로 방향을 잘못 잡은 것이라고 보는 많은 수의 철학자들에게 지적 자극과 유용한 생각들의 원천으로서 중요한 역할을 하고 있다.

PHILOSOPHY
100

제17장

실용주의자

The Pragmatists

ESSENTIAL
THINKERS

에른스트 마흐

Ernst Mach

(1838~1916)

오스트리아의 과학자이자 과학철학자인 마흐는 빈 학파(Vienna Circle, 슐리크와 카르나프 편을 참고하라)에게 가장 직접적인 영향을 끼친 것으로 유명하며, 20세기의 논리 실증주의의 출현에 중대한 역할을 한 것으로 잘 알려져 있다.

마흐는 감각 경험 안에 근거를 갖지 못한 형이상학적 가정들에 대항하여 "우리는 직접적으로 과학적 사실들을 드러내는 단 하나의 원천만을 갖고 있는데, 그것은 우리의 감각들"이라고 말한다. 실재에 대하여 말해질 수 있는 모든 것은 감각 경험의 완전한 묘사 안에 주어져 있다는 것이다. 그 외의 다른 어떤 것도 증명되지 못하며 정당화될 수 없다.

마흐는 결론적으로 "과학이 감각 경험에서 주어진 사실들에 대한 설명으로 재구성되어야 한다"고 말한다.

그는 윌리엄 제임스의 생각과 유사하게 실용주의적 스타일로 "자연법칙들은 우리가 자연에 대해 편안함을 느끼고자 하는 심리적 필요의 산물이다. 모든 감각을 초월하는 개념들은, 우리가 우리의 환경을 이해하고 제어하며 예측하는 것을 돕는 것으로 정당화될 수 있으며, 다른 문화들과 다른 시대들에서는 이런 목적을 위해 다른 개념적 체계들이 동등한 정당성을 갖고 사용될 수 있을 것"이라고 주장한다.

또한 콰인의 과학철학의 등장에 앞서, 두 개의 실증적으로 동등한 개념적 틀이 존재할 때, 이론 선택은 임의적인 것이 아니라 단순성, 일관성, 깊이에 대한 고려하여 조건 지워져야 하는데, 단순성은 과학 이론들에 대해 일반적으로 칭송되는 미덕으로 '오캄의 면도날(오캄 편을 보라)'을 소환하는 것 외에 단순성을 선호해야 할 어떤 철학적인 이유도 거의 주어진 적이 없음에도 그러하다. 일관성과 깊이는 모순의 결여와 가능한 최대의 설명력을 주장하는 요구조건들이다.

과학 법칙들이 단순히 개념적 도구들에 불과하다는 마흐의 주장과 궤를 같이 하자면 과학에서 증명에 대해 말해서는 안 된다는 결론이 뒤따르게 된다. "이론을 증명"한다는 것은 그것이 어느 정도는 필연적으로 진리여야 한다는 것을 함축하며, 마흐의 과학에 대한 이해에 의하면 이론이 할 수 있는 최선은 우리가 가장 효과적으로 우리의 환경을 "제어하고 예측할 수 있도록 돕는 것"이기 때문이다.

스스로도 의식하고 있었던 마흐의 과학철학의 귀결 중 하나는, 당시 과학 이론들의 관찰 불가능한 '가정들(posits)'이나 원자, 전자, 장(場, field), 파동과 같은 것들은 어떠한 실체적인 존재도 부여받을 수 없다는 것이다. 마흐는 그런 개념들에 어떠한 물질적인 지위라도 부여하는 것은 "오래된 형이상학의 엉터리 생각들"을 불러오는 것과 같다고 말한다. 이런 생각은 콰인에 이르러 다시 등장하는데, 그는 우리 물리학 이론의 가정들이 "호메로스의 신들" 보다 더 나은 인식론적 근거를 갖고 있는 것은 아니라고 주장했다. 마흐는 그의 책 〈역학Science of Mechanics〉에서 절대적인 시간과 공간, 힘 또는 다른 어떠한 '초험적(transcendent)' 개념들을 상정하지 않고 뉴턴 역학의 내용을 산출해내기까지 한다.

마흐의 극단적인 경험주의는 반실재주의(anti-realism)이나, 관념론(idealism)을 발생시키는 것으로 보이는 논리성을 갖고 있다. 마흐는 지각 경험에 주어진 것에만 단지 의존함으로써 정신과는 독립적으로 존재하는 세계의 형이상학적 실재를 거부하거나, 우리가 그런 세계에 대한 어떠한 지식이라도 가질 수 있다는 가능성을 거부하고 있는 셈이 되며, 결국 칸트가 상정할 수밖에 없었던 것과 동일한 '물자체(物自體, noumenal)'의 영역으로 세계를 제한하는 결과를 낳는다. 확실하게도 그 자신의 시대에 마흐는 레닌에 의해 "유물론의 적"이라고 비판을 받았다.

찰스 샌더스 퍼스
Charles Sanders Peirce
(1839~1914)

          미국의 과학자인 퍼스의 철학에 대한 관심은 취미에서 시작되었으나, 그는 철학에서 최근에 가장 영향력 있는 조류 중 하나인 '프래그머티즘(Pragmatism, 실용주의)' 또는 —그가 후에 자신의 관점을 제임스 및 다른 철학자들과 구분하기 위해 다시 이름 붙였다시피— '프래그머티시즘(Pragmaticism)'을 창시해냈다.

    퍼스에 따른 실용주의 철학의 제1원칙은 "만일 우리가 어떤 개념의 긍정이나 거부가 함축할 수 있는 생각되어지는 모든 경험적 현상을 정확하게 정의내릴 수 있다면, 우리는 그 개념에 대한 완전한 정의를 가지게 될 것이다." 그렇다면 이 관점은 개념들과 믿음들의 의미를 설정하는 것에 관련된 것이며, 20세기의 '언어적 선회(linguistic turn)'에서 힘을 얻게 될 철학적 강조점을 형성하게 되었다.

퍼스의 실용주의의 즉각적인 효과 중 하나는, 말 그대로 '무의미한 (nonsense)' 형이상학적 명제들을 '과학적 형이상학'의 진실로 의미 있는 명제들로부터 구분하는 것이다. 전자는 실제적인 의미가 부여될 수 있으며 관찰가능하고 지각 가능한 효과를 갖는, 어떠한 생각도 표현하지 못한다는 점에 있어서 의미가 없는 명제들이다. 과학적 형이상학은 경험에서 제1의 가장 기본적인 요소들에 관련한 관찰에 입각한 학문으로서, 종종 너무나 근본적이어서 분별해내기 어려운 그런 요소들에 관한 것이다. 그러므로 과학적 형이상학과 과학은 —퍼스의 많은 철학적 후계자들이 후에 주장하다시피— 하나의 연속적인 학문분야의 부분들이 아니라, 근본적인 학문과 그에 뒤따르는 학문이라는 전통적인 위계를 유지하는 것이다.

퍼스의 근본적인 과학적 형이상학은 현상학으로 시작하며, 이것은 사물들이 경험 속에서 우리에게 제시되는 방식에 관한 것이다. 그는 특히나 믿음과 회의 사이의 차이에 관심을 갖는다. 그는 데카르트의 단순한 지적인 연습으로서 고려된 회의, 즉 "종이 위의 회의"를 거부함으로써 인식론적 회의주의의 문제 전체를 피해간다. 퍼스는 "진정한 회의는 사변에 의한 것이 아니라, 감당할 수 없는 경험이 우리의 믿음들을 동요하도록 할 때 발생하는 것"이라고 말하며, 그는 어떠한 명제에 동의하는 지적인 의향이 아니라, 행위에서 드러나는 행동 습관을 믿는다. 그리하여 진정한 회의가 발생하면, 그것은 우리의 평소 행동패턴을 붕괴시킨다. 반면 데카르트식의 회의는 우리가 행동하는 방식에 어떤 차이점도 만들어내지 않는다. 퍼스는 그의 저작에서 항상 과학적이고 실용적인 태도를 유지하며 "지식이란 믿음을 수정함으로써 파괴된 습관들을 변형하는 것"이라고 정의해, 그것이 '항상성 유지를 위한(homeostatic)' 과정이라고 제안한다. '항상성'은 생리학에서 빌려온 개념으로, 신체가 환경적 혼란들에 대항하여 정상적인 기능 상태로 돌아가기 위해 사용하는 반응 체계들을 일컫는다. 퍼스는 이와 유사하게 지식을 회의에 대항하여 우리의 습관적 행동을 안정화하기 위한 수단의 하나로 보았다.

퍼스의 실용주의 철학에서 특이한 점은, 진리란 우리 믿음 체계 내의 일관성도 아니며, 행위의 성공도 아니라고 그가 계속적으로 주장한다는 데에 있다. 퍼스는 진리가 어떤 면에 있어 실재에 대응하는 것이라는 점을 절대 부정하지 않았으며, 일반적이고 독립적인 자연의 법칙이 존재해야만 한다는 것도 부정하지 않는다. 비평가들은 이런 점이 퍼스의 저작에서 긴장을 발생시킨다고 보았지만, 사실 그것은 비타협적으로 정직한 관점이다. 퍼스는 모든 실용주의적 이론들이 기반하고 있는 가정, 즉 예측(prediction)이 가능하다는 생각이 경험의 규칙성을 논리적으로 요구한다는 것을 인식하고 있었다. 그런 규칙성들의 출현을 이해할 수 있는 유일한 과학적 가정은 실재가 법칙들에 의해 지배되는 현상으로 구성되어 있다는 것이다.

윌리엄 제임스

William James

(1842~1910)

"다른 곳에서 차이를 만들어내지 않는 차이란 어디에도 존재할 수 없다"

미국의 심리학자이자 철학자. 의학을 공부했지만 심리학과 철학 교수가 되었다. '의식의 흐름'이라는 용어를 처음 사용하였으며 근대 심리학의 창시자로 일컬어진다. 또한 유명한 소설가 '헨리 제임스'의 형이기도 한 그는 "다른 곳에서 차이를 만들어내지 않는 차이란 어디에도 존재할 수 없다"라는 명제와 '실용주의' 철학으로 가장 유명하다. 제임스는 종교적 믿음이 동시에 '강요된' 그리고 '중대한' 쟁점이라고 논하며, 그래도 종교적 믿음을 갖는 삶이 인격에 수양, 동기부여 및 힘을 가져다주는 긍정적인 효과를 갖고 있기 때문에 믿지 않는 것보다 우리의 삶을 개선하는 실용적인 효용을 갖는다고 주장한다. 저서로는 〈믿음에의 의지〉, 〈종교적 체험의 다양성〉, 〈심리학 원리〉, 〈프래그머티즘〉, 〈근본적 경험론〉 등이 있다.

<hr />

━━━━━ "다른 곳에서 차이를 만들어내지 않는 차이란 어디에도 존재할 수 없다"라는 명제와 '실용주의' 철학으로 유명한 윌리엄 제임스는 뉴욕에서 태어났으며, 소설가 헨리 제임스의 형이다. 그는 하버드 의대를 졸업했으나 후에 심리학과 철학 교수가 되었다.

제임스는 "경험주의는 경험의 구성요소들과 원천을 지나치게 강조해온 반면 어떻게 그런 요소들과 '감각 정보'들이 미래의 경험을 예측하는 데 관련되어 사용되는지는 중요하지 않다"고 말했다. 또한 모든 지식은 실용적이기 때문에 '어떤 것'은 그것이 세계에 대한 성공적인 적용 사례를 갖고 있는 한, 진실 혹은 옳은 것이 된다고 주장한다. 또한 어떤 철학적 질문에 대해 경쟁하듯 등장하는 해답들은, 둘 중 하나를 선택한 사람들의 삶에 나타나는 차이에 의해 해결될 수 있다고 말한다. 만일 두 개의 경쟁하는 이론들이 어떤 즉각적인 실제적 차이를 제공하지 않는다면, 그 중 어떤 것을 믿음으로써 어떤 효과들이 발생하는지, 한 이론에 대한 단순한 믿음이 성공적인 삶에 기여할 수 있는지를 고려해 봄으로써 최선의 이론을 발견해낼 수 있다. 이런 생각은 특히나 그의 가장 유명한 두 저작인 〈믿음에의 의지The Will to Believe〉와 〈종교적 체험의 다양성The Varieties of Religious Experience〉에서 발견되는 그의 종교에 대한 관점을 형성한다.

울타리에 걸터앉는 식의 태도는 그가 '강요된' 논점들이라고 부르는 것에 대해서 가능하지 않기 때문에 그는 때때로 우리가 입장을 분명히 하도록 요청한다. 강요된 논점이란 중립적 입장을 취하거나 선택을 거부할 여지가 없는 문제들이다. 그에 따르면, 강요된 논점이란 무언가를 진실 혹은 거짓이라고 부를 수 있는 선택을 갖는 것과는 달리, "이런 진실을 받아들일 것인가, 그것 없이 살 것인가?"라는 질문을 받는 것과 비슷하다. 어떤 중간 지점도 가능하지 않다. 제임스는 신을 믿을 것인지 아닌지라는 선택이 이런 종류의 '강요된' 논점이라고 생각한다. 이 경우에 불가지론(不可知論, agnosticism)이나 회의론(skepticism)을 지지하는 것은 다른 이들에게 "우리가 잘못 알고 있을 수 있다는 우리의 두려움에 양보하는 것이, 그것이 진실일 수도 있다는 우리의 희망에 양보하는 것보다 낫다"라고 말하는 셈이 된다. 그러나 그는 이것이 단순한 속임수에 불과하다고 주장한다. "희망에 의한 속임수가 두려움에 의한 속임수보다 훨씬 나쁘다는 증거가 무엇인가?" 여기에서 그의 요점은 불가지론적 태도는 믿음과 동일한 하나의 선택에 불과하다는 것이다.

제임스는 하나의 논점이 강요되었을 때, 그것이 '중대한' 것인지 아닌지를 물어야만 된다고 생각한다. 즉, 그것이 독특하고 삶을 변화시킬 기회인지 아닌지에 대한 의문을 가져야 한다는 것이다. 그것은 우리에게 단 한번 허락된 결정인가? 그리고 그런 결정이 행해졌을 때 어느 쪽이 크게 영향을 끼칠 귀결들을 갖게 될 것인가? 이때 제임스는 종교의 문제는 강요된, 그리고 중대한 논점이라고 주장한다.

그의 실용주의와 궤를 같이 하여 신의 존재에 대한 어떤 합리주의적 증명도 시도하지 않는다. 마찬가지로 이 문제를 어느 쪽으로건 해결할 수 있는 직접적인 경험적 증거가 없다는 것을 받아들인다. 하지만 '믿고자 하는 의지'를 정당화하는 경험적인 동시에 실용적인 이유들이 존재한다는 것을 인정했다.

제임스는 종교적 믿음이 '강요된' '중대한' 논점이라는 주장을 되풀이하는데, 만일 그것이 사실이라면 확실히 중대한 귀결들이 뒤따르기 때문이다. 이제 우리는 실용주의와 경험주의 정신에 의해서, 믿기로 선택하는 것이 믿지 않는 것에 비하여 우리 삶에 어떤 차이를 가져올지를 고려해야 한다. 종교적 믿음을 갖는 삶이 우리 인격에 수양, 동기부여 및 활력을 가져다주는 긍정적인 효과를 갖기 때문에, 제임스는 그것이 믿지 않는 것보다 우리의 삶을 개선하는 실용적인 효용을 갖는다고 간주한다.

제임스가 정통 프로테스탄트 신자였음에도 불구하고, 그는 스스로의 논증이 옳다면 그것이 그 자신의 믿음뿐 아니라 어떤 종류의 종교적 믿음에도 적용가능하다는 사실을 의식하지 못했을 것이다. 비평가들은 이 주장이 '종교'의 범위를 넓혀서 사람들이 그들의 삶을 조직하고 동기를 부여하는 어떠한 종류의 '과도한 믿음들(over beliefs)'도 포함하도록 할 수 있다는 사실을 알아차렸다. 이것들은 과학이나 스포츠, 공산주의, 자본주의, 쾌락주의, 또 전통적이고 근본주의적인 이념들과 같은 다양한 열정들을 포함할 수 있다. 삶을 교조적인 믿음에 일치하게 사는 것이, 그렇지 않았다면 우리에게 결여되었을 수 있는 어떤 좋은 성품들을 불어넣는다는 제임스의 주장이 옳건 그르건 간에, 이 논증은 종교적 삶에 의해 인간이 의무로 갖게 되는 모든 주장들을 정당화하기에는 너무나 미약해 보인다.

존 듀이
John Dewey
(1859~1952)

1946년, 버트런드 러셀이 철학 사상의 회고적 분석인 〈서양 철학사*The History of Western Philosphy*〉를 썼을 때, 그는 존 듀이가 "미국의 생존 철학자들 중 주도적인 존재로 일반적으로 받아들여지고 있다"고 선언하며 그의 저서를 마무리지었다. 듀이의 영향은 콰인의 저작에서도 찾을 수 있으며, 그는 2000년에 사망할 때까지 듀이의 뒤를 이어 주도적 철학자의 지위를 유지했다. 또한 러셀의 묘사는 미국 철학사에서 과거와 현재에 이르기까지 실용주의 사상의 영향력에 대한 한 증거이다.

듀이의 실용주의는 '실재에의 대응(correspondence to reality)'이라는 진리의 개념을 행동을 위한 성공적인 규칙들로서의 진리 개념으로 대체하는 것으로 구성되어 있다. 그는 논리학과 윤리학에서, '보장된 주장 가능성'의 개념이 '진리'의 개념과 동일한 작용을 형이상학적 짐 없이 해내는 도구주의 이론으로 그의 실용주의를 발달시킴으로써 선배 철학자들을 뛰어넘었다.

듀이는 퍼스의 뒤를 따라 행위에 있어 성공적이라고 증명된 행동 습관들로서의 믿음을 정착시키고자 하는 인간 유기체의 상태로서 '지식'을 정의내린다. 습관적 행동이 새롭거나 예상치 못한 경험들에 의해 혼란에 빠질 때, 유기체는 추론 혹은 '사고 작용(intellection)'에 관여해야 하는데, 듀이는 추론 과정의 다섯 단계를 다음과 같이 묘사한다.

첫째로 유기체의 습관적 행동 패턴들이 방해 받았을 때, 그것은 그럼에도 불구하고 상황을 해결하기 위하여 계속해서 행동할 것이다. 습관적 행동 패턴의 행동 원칙(믿음)이 성공적이지 못하다고 판명되었기 때문에, 그것은 '사고 작용'의 절차를 밟아야 한다. 두 번째 단계는 상황의 중요한 요소들을 추출하는 것인데, 그것을 문제 해결 연습으로 정식화하기 위해서이다. 세 번째 단계는 '가설 설립'에 관련되는 것으로, 가능한 답들을 제공하기 위하여 상상력을 창의적으로 사용하는 것이다. 네 번째 단계는 대안적인 가설들을 비교하고 구분하기 위한 이성의 사용인데, 이것은 각각의 가정들의 실제적 귀결이 될 여러 경험들을 계산하는 것이다. 마지막으로 '시험(testing)' 또는 실험은 가정들이 그것들이 경험의 재판정에서 시도됨으로써 제거되는 절차이다. 이것은 작동하는 새로운 가설의 채택과 함께 문제의 성공적인 해결로 귀결되었으며, 듀이의 유명한 언급인 "진리는 작동하는 것이다"로 이어지게 된다. 우리는 어떤 가정이 작동한다는 조건에서만 그것을 주장하도록 정당화된다. 진리가 '실재에 대응한다'는 가정도 우리가 그 가정에 대하여 이미 알고 있는 것이나 그것을 갖고 우리가 할 수 있는 것에 아무것도 더할 것이 없다는 '형이상학적 주장'이다.

듀이는 도구주의적 접근을 지식이론을 넘어 윤리학과 교육, 사회 이론으로 확장했다는 점에 있어서 대단히 명석했다. 개인들과 마찬가지로 사회들은 행동의 습관적 패턴들로 특징지어진다. 그런 패턴들이 붕괴할 때, 사회들 또한 위에 언급된 다섯 단계를 적용해 수정해야만 한다. 듀이에게 윤리적으로 '선한' 것이란 도덕적 갈등들로부터 발생하는 대립하는 긴장들과 충동들의 "행위에 있어 통합되고 질서 잡힌 배출"이다. 선은 진리와 마찬가지로 궁극적으로 '작동하는 것'이다.

듀이의 도구주의는 하이데거의 실존주의 저작과 일정한 연관을 맺고 있으며, 이런 연관은 현대 철학자인 리처드 로티(Richard Rorty)에 의해 깊이 있게 탐구되었다. 듀이와 하이데거는 주체를 외부세계 속의 고립된 관찰자로 보는 주도적인 철학적 경향을 거부했고, 그 대신 "주체는 조작하고 적응하고 통제해야 하는 환경 속에 자리잡은 존재"라는 생각을 옹호했다. 유기체는 "시공간에 위치한 물질적 시스템" 이상이 아니며, 그것의 특징들과 능력들(심리적, 사회적, 윤리적 등등)을, "발생시키고 발달시키고 소멸시키는 것"은 완전히 "그런 조직들을 변화에 의해 결정된다." 듀이의 작업은 근대의 과학적 패러다임 안에 위치하며, 그런 사고틀의 철학적 함축들을 도출하고자 하는 지속적인 시도를 대변한다.

PHILOSOPHY
100

제18장

유물론자
The Materialists

ESSENTIAL
THINKERS

카를 마르크스
Karl Marx
(1818~1883)

"경제는 삶의 우선적 조건 요소이다"

독일의 경제학자이자 사회주의자. 엥겔스와 함께 경제학 연구를 하였으며, 엥겔스와 그의 저서들은 러시아와 동유럽에서 20세기에 있었던 정치적 사건들에 많은 영향을 미쳤고, 1960년대까지 유럽과 미국의 지식인들에게 애호되었다. 마르크스는 헤겔의 철학에서 출발했고, 그의 사상에서 큰 영향을 받았지만 헤겔의 관념론 및 절대자를 향해 전개되는 진리에 대한 개념을 거부하고 무신론적인 '변증법적 유물론'을 주장했다. 마르크스는 한 사회의 물질적인 삶의 조건이 우리의 생각과 의식을 결정한다고 생각했다. 그는 물질적 삶의 조건의 변화가 역사에 결정적인 작용을 한다는 것을 증명하고자 하였다. 특히 마르크스는 한 사회의 경제적인 힘이 다른 모든 분야에 변화를 일으켜 역사를 발전시킨다고 강조했다. 저서로는 〈독일 이데올로기(엥겔스와 공저)〉, 〈공산당선언〉, 〈자본론〉, 〈경제학비판〉 등이 있다.

독일 트리에에서 태어난 마르크스는 인생의 후반부에 영국에서 살다가 런던의 하이게이트 공동묘지에 묻혔다. 그의 저서는 엥겔스의 저서와 함께 20세기에 러시아와 동유럽에 있었던 역사를 바꾼 정치적 사건들에 깊은 영향을 미쳤고, 1960년대까지 유럽과 미국의 지식인들의 지지를 받았다.

마르크스의 철학은 헤겔에게 많은 빚을 지고 있는데, 마르크스는 그로부터 '변증법(dialectic)'의 개념을 빌려왔다. 하지만 마르크스는 헤겔의 관념론 및 절대자를 향해 전개되는 진리에 대한 개념을 거부하고, 순수하게 무신론적인 '변증법적 유물론'을 주장했다.

마르크스에게 인간의 근본적 조건은 자연 세계의 천연 자원을 생존을 위해 필요한 상품으로 전환해야 할 필요이다. 따라서 생산, 다른 말로 경제학은 삶의 일차적인 조건 요소이다. 역사적 관점을 취하면서 마르크스는 "수공 작업장이 사회에 봉건 영주를 헌납했고, 증기 공장이 산업 자본주의자를 출현시켰다"고 주장한다. 변증법적 유물론에 따르면 경제적 계급들 사이에는 세 가지 측면의 갈등이 존재한다. 봉건주의에 의해 창조된 지주들은 중간 계급의 등장으로 대립에 직면하게 되었고 새로운 경제 계급이라는 '종합(synthesis)'을 강요받게 되었는데, 그것은 자본주의의 산업 고용주들이었다. 또한 자본주의라는 새로운 '정 명제(thesis)'는 프롤레타리아 혹은 노동자 계급의 반명제적(antithetical) 힘을 생성시킨다. 이런 갈등의 불가피한 변증법적 결과로서 마르크스가 예견하는 종합은 사회주의이다.

사회주의가 근대 경제 갈등의 필연적 결과물이라고 가정하는 그의 이유들은 —가끔은 그의 열정적인 혁명적 비난들로부터 그런 것처럼 보임에도 불구하고— 무엇이 가장 선하거나, 옳거나, 정의로운가 하는 윤리적 판단들을 전제하고 있는 것은 아니다. 마르크스는 그보다 사회주의가 인간들이 열망하는 것, 즉 생존을 위해 요구되는 상품들을 확보하는 필연적으로 가장 효율적인 수단이라고 주장한다. 사회주의가 생산성을 확보하는 가장 효율적인 방식이기 때문에 '변증법적 유물론'의 전진은 도덕적 감정들을 필요로 하지 않는다. 마르크스에 따르면 사회주의는 인간들에게 작용하는 경제 조건들의 자연스러운 결과물이다.

이 지점에서 마르크스 유물론의 순수하게 철학적인 면에 관련한 헤겔 관념론의 역전이 드러난다. 헤겔의 사상사가 개념들의 변증법적 진화, 즉 인간 지성의 발전이 사회적·정치적 변화에 연료를 공급한다고 주장하는 반면, 마르크스는 경제 분야에서의 변화가 사유의 새로운 방식들과 생각들의 발전을 발생시킨다고 주장한다. 이것은 마르크스의 인식론과 현상학에 대한 근본적인 관점을 반영한다.

마르크스에게 있어서 정신(mind)이란, 로크 이래로 지배적이었던 경험주의 전통에서 묘사되었던 것처럼 외부 세계 속의 수동적인 주체로서 존재하는 것이 아니었다. 마르크스는 칸트와 마찬가지로 정신이 지식의 대상들에게 능동적으로 관여한다는 관점을 공유했다. 그러나 칸트가 단지 우리의 심리적인 기제가 경험의 흐름에 어떤 구조들을 부여한다고 제안했던 것으로 그쳤던 반면, 마르크스는 경험의 주체와 대상이 적응(adaptation)의 계속적 과정 속에 존재한다고 주장했다. 우리는 우리의 경험을 실용적인 방식들로 조직해야만 하는데, 궁극적으로 그것을 우리의 생존에 유용한 것으로 만들기 위해서이다. 마르크스가 제안하고 있는 것은 현대적 용어로 도구주의나 실용주의의 한 형태라고도 할 수 있을 것이다. 그러나 그것은 듀이나 제임스의 경우처럼 과학적·인식론적 층위에서의 실용주의라기보다, 하이데거의 실존주의 현상학에서와 같이 더 기본적인 현상학적 층위에서 그렇다고 할 수 있다.

프리드리히 엥겔스
Friedrich Engels
(1820~1895)

마르크스의 친구이자 협력자인 엥겔스는 마르크스주의 체계 내에서 '변증법적 유물론'의 개념을 발전시키고 상세히 해설한 것으로 유명하다. 엥겔스는 마르크스와 함께 노동자 계급과 그들의 필요가 자본주의 경제를 그 필연적인 결과물인 사회주의로 몰고 갈 것이라고 주장한 최초의 사상가이다. 그의 저서인 〈영국 노동자 계급의 상태〉는 그가 1840년대에 맨체스터에 있는 동안 쓴 책으로, 사회적 관찰이자 중요한 역사적 기록으로 남아 있다. 레닌은 이 저작에 대해 묘사하기를 "자본주의와 부르주아지에 대한 끔찍한 고발로서 흡인력 있는 문체로 쓰여졌으며, 영국 프롤레타리아의 비참함에 대한 가장 진실하고도 충격적인 묘사로 가득하다."

엥겔스는 많은 동시대인들과는 달리 자본주의의 산물인 노동자 계급을 문제적 귀결로 보지 않았다. 산업 혁명에 의해 창조된 사회적 공포들에 반대했던 많은 이들은 노동자 계급을 발생시키지 않는 경제 운영 방식이 필요하다고 생각했다. 하지만 마르크스와 엥겔스는 이와 대립되는 관점을 취했는데, 더 많은 노동자가 존재할수록 혁명을 위한 추동력으로써 그들의 힘도 더욱 커진다는 의견이었다. 프롤레타리아의 증가는 사회주의의 도래를 촉진하며, 증가한 노동자 계급이 사회주의가 그들의 정치적 이상이어야 함을 깨닫기만 하면, 스스로의 계급적 상황 자체가 그들이 스스로를 구제하도록 추동하는 근거가 될 것이라고 말한다.

우주가 계속적인 변화와 발전의 과정을 겪고 있다는 헤겔의 생각을 '변증법적 유물론'의 교리로 발전시킨 이는 마르크스가 아닌 엥겔스였다는 것이 일반적인 견해이다. 엥겔스는 헤겔과 달리 유물론자였다. 정·반·합의 변증법적 과정을 겪는 것은 관념들이 아니라 물질이라는 것이 그의 생각이었다. 사회의 발전은 자연 현상의 근저에 물질적 원인들이 놓여 있는 것과 같이 —그가 물질적 생산의 힘들이라고 이해했던— 물질적인 힘들의 발달에 의해 좌우되며, 생산성은 상품의 생산이라는 결과를 낳기 위해 사람들이 도구로 구성되는 관계들에 의존한다는 사실이 법률과 희망, 이상들을 포함한 모든 사회 현상들을 설명할 수 있는 것으로 보였다.

노동자 계급의 사회적 조건들은 너무나 끔찍했기 때문에, 엥겔스에게는 변증법적 과정이 사회주의라는 유일한 귀결밖에는 대안이 없는 것으로 보였다. 그는 "런던에서 진실인 것은 맨체스터, 버밍엄, 리드 등 모든 대도시에서도 진실이다. 한편에서는 야만적인 무관심과 견고한 자기중심주의가, 다른 한편에서는 형언할 수 없는 비참함이 존재한다. 사회적 교전 상태는 도처에서 볼 수 있으며, 모든 사람의 집이 차압된 상태로 어디에서나 법의 보호 아래 약탈이 벌어지며, 모든 것이 너무나 몰염치하고 공공연하게 이루어지고 있기 때문에, 우리는 이런 여과없이 드러난 사회적 상태에 위축되어 이 광적인 구조가 여전히 지탱되고 있다는 것을 의아해 할 뿐이다"라고 말한다.

엥겔스는 굶주림이 실업자들에게 일반적인 현상이라고 기록한다. 그러나 고용된 이들마저 그 상황에 만족한 상태로 머물러서는 안 된다고 생각했다. "굶주리는 것은 단지 개인들일 뿐이라는 것은 사실이다. 그러나 내일 자기 차례가 오지 않는다는 확실한 보장을 어떤 노동자들이 갖고 있는가? 누가 그에게 고용을 보장할 것인가? 만일 어떠한 이유에서건 고용자가 당장 내일 그를 해고한다면, 다른 누군가가 그에게 "빵을 주게" 될 때까지 그가 부양하는 가족들과 함께 고난을 겪어야만 하는데 누가 그에게 고용을 보장할 수 있을까? 기꺼이 일하고자 하는 의지만으로 직장을 구하는 데 충분하다고 누가 보증하겠는가? 부르주아지가 부르짖는 정직성과 근면성, 근검절약과 그 외의 미덕들이 진정으로 행복에 이르는 길이라고 그 누가 보증하는가? 아무도 없다. 노동자는 오늘 무언가 갖고 있는 것을 내일도 여전히 가질 수 있는지는 그 자신에게 달려 있지 않다는 사실을 알고 있다."

마르크스와 엥겔스는 그런 박식한 철학적 논쟁으로 세계의 절반에 걸쳐 벌어졌던 공산주의 혁명의 철학적 아버지들이 되었다. 그런 이유만으로도 마르크스와 엥겔스는 모든 시대에 있어 가장 영향력 있는 철학자들로 정당하게 간주될 수 있을 것이다. 그러나 그들의 철학에 대한 반응으로서 실현된 공화국들은 실업의 두려움을 끝낼 수 있었지만, 국가가 시민들의 물질적 또는 비물질적인 필요들을 얼마 만큼 충족시킬 수 있었는지는 기록된 역사에 의해서만 판단될 수 있을 것이다.

블라디미르 일리치 레닌

Vladimir Illych Lenin

(1870~1924)

"'비판의 자유'란 사회주의 안에 부르주아 사상을 도입할 자유를 의미한다"

러시아의 혁명가이자 정치가. 볼셰비키 정당을 창당했으며, 러시아 11월 혁명(볼셰비키 혁명, 구력 10월)의 중심 인물이고, 소비에트 정부의 최초 수반이었다. 그는 혁명은 '선봉', 즉 프롤레타리아의 지도집단이 될 지식인들과 정치의식이 있는 선동가들의 엘리트집단에 의해 주도된다고 주장했다. 그러나 트로츠키는 엘리트에게로의 권력 집중에 반대했는데, 실제 역사에서 스탈린주의 하에 벌어지게 될 끔찍한 결과들을 미리 예견한 것이었다. 그로 인해 철학과 과학의 정치화는 러시아의 모든 영역으로 확장되었으며, 공산주의 역사에서 '마르크스-레닌주의'라는 별개의 명칭을 획득하게 되었다. 저서로는 〈인민의 벗이란 무엇인가〉, 〈가난한 농민에게 바람〉, 〈민주주의 혁명에서의 사회민주주의당의 두 가지 전술〉 등이 있다.

━━━━━━ 레닌은 마르크스와 엥겔스 사상의 가장 영향력 있는 대변자로, 볼셰비키 정당의 설립자이자 10월 혁명의 지도자였으며 1922년 건강악화로 인해 은퇴할 때까지 소비에트 정부를 이끌었다. 변호사 교육을 받은 그는 마르크스와 레닌의 이론적 사상들을 소비에트 공화국을 형성함으로써 실제적 행동들로 전환했다. 그의 두터운 에세이들은 아마도 그의 혁명 동원 메시지인 '무엇을 해야 하는가?'에 가장 잘 요약되어 있을 것이다.

차르 통치 하에서 레닌은 그의 아내와 함께 두 번 추방당했는데, 도합 십 년의 망명 기간 동안 유럽, 특히 영국과 스위스, 프랑스에서 머물렀다. 레닌은 유럽에서의 정치적 사건들을 관망한 후에, 러시아에서의 혁명은 다른 방법을 취해야 한다는 결론에 이르렀다. 그는 러시아 인민들이 민주주의 전통을 갖고 있지 못하므로 혁명은 '선봉(vanguard)', 즉 프롤레타리아의 지도 집단이 될 지식인들과 정치의식이 있는 선동가들의 엘리트 간부단을 필요로 한다고 주장했다. 프롤레타리아는 전통적인 마르크스주의 사상들과 긴밀한 연관 하에 절대적인 규율의 기반을 형성해야만 하고, 그들의 민주적 목소리는 선봉에 의해서 표현될 수 있어야 했다. 그는 오직 선봉만이 필요한 능력과 기량을 갖고 국가를 이끌 수 있는 비전과 사상을 갖추고 있을 것이라 보았다.

잘 알려져 있다시피 트로츠키는 엘리트들에게 쏠리는 권력 집중에 반대했는데, 실제 역사에서 스탈린주의 하에 벌어지게 될 끔찍한 결과들을 미리 예견한 것이었다. 하지만 레닌은 러시아 소작농들에게 남겨진 사회주의 국가 운영에 관련된 이론적·조직적 문제들은 결코 해결될 수 없을 것이라고 느꼈다. 비평가들은 레닌이 유럽 여행에서 혁명 운동 진영 내의 끝없는 논란들과 편협한 논쟁들을 보고 분노했기 때문에, 민주적 절차의 비효율성을 확신하게끔 되었다고 제안했다.

레닌은 〈무엇을 할 것인가?〉의 서문에서 좌익 마르크스주의자들이 주장하는 '비판의 자유'에 대한 계속적 요구를 공격하는 것으로 시작하고 있다. 레닌은 "자유란 위대한 단어이다. 하지만 산업의 자유라는 명분 아래 가장 약탈적인 전쟁들이 벌어졌고, 노동의 자유라는 명분 아래 노동자들이 강탈당했다. '비판의 자유'라는 용어의 현대적 용법은 똑같은 내재적 오류를 포함하고 있다"고 선언했다. 같은 서문에서 "사회주의 내에서 새로운 '비판적' 경향은 기회주의의 새로운 변종 이상도 이하도 아니다…'비판의 자유'란 사회주의 내에 부르주아의 생각들과 부르주아적 요소들을 도입할 자유를 의미한다"고 비판하였는데, 이런 선포와 함께 소비에트 정치에서 자유의 개념이 끝났다고 정당하게 논해질 수 있을 것이다.

레닌은 공격적인 문체로는 아무도 정치적으로 공정할 수는 없다고 주장하며 소작농을 계급 의식화하고 혁명적으로 만들고자 하는 결의에 찬 추동력이 필요하다고 보았다. "철학은 정치적으로 비편파적이어야 한다"는 생각은 프롤레타리아를 제자리에 유지하기 위하여 부르주아지들이 부르짖는 사상이다. 마흐와 같은 실증주의 철학자들에 의해 옹호되는 소위 분석적 '객관성'은 제국주의 열강들이 부르주아 계급의 이해를 방어하고 지배 계급의 정책들을 정당화하는 수단에 불과하다. 레닌이 이런 결론에 이르렀던 방편은 애석하게도 당대의 과학적 발견들에 대한 완전히 잘못된 해석에 의존하고 있다는 것이 역사적으로 증명되었다.

그럼에도 불구하고 레닌은 철학이 그것이 위치해 있는 사회적 갈등으로부터 떨어져서 존재할 수는 없다고 주장한다. 사회는 상호적으로 적대적인 계급들로 구성되어 있기 때문에 어떠한 사고 체계도 —그것이 과학적이건 철학적이건 간에— 그런 계급들의 이해로부터 발생하고 그것들을 반영한다. 레닌은 "임금 노예제 사회에서 과학이 불편부당하기를 기대하는 것은, 자본의 이윤을 감소시킴으로써 노동자들의 임금을 증가시켜서는 안 되는지에 관한 질문에 대해 제조업자들의 불편부당성을 기대하는 것만큼이나 어리석도록 순진하다" 라고 말한다.

철학과 과학의 정치화는 러시아의 삶에 모든 영역으로 확장되었다. 그것이 독재적 엘리트에 기반해 있었던 레닌의 마르크스주의가 지닌 힘과 활기였으며, 공산주의의 역사에서 '마르크스-레닌주의'라는 별개의 명칭을 획득하게 된 핵심 요인이었다.

지그문트 프로이트

Sigmund Freud

(1856~1939)

프로이트는 오스트리아의 철학자이자 '정신분석학'의 창시자로, 서양 사상과 철학에 기념비적인 영향을 끼쳤다. 프로이트는 철학이 아닌 의학을 전공했음에도 불구하고 "젊었을 때 내가 갈망했던 유일한 것은 철학적 지식이었으며, 지금 의학에서 심리학으로 이동하면서 나는 그것을 획득하는 과정 중에 있다"고 언급 했다.

프로이트의 작업을 이해하는 데 있어 핵심은 양면적이다. 한편으로 정신분석학은 특정한 유년시절의 경험들이 자아에 의해 무의식에 억압된다는 관점에 기반하고 있으며, 이것들은 전형적으로 아이들이 부모에게 반감을 느끼게 될 것으로 여겨지는 경험들인데, 프로이트는 이것을 핵심적으로 부모 한 쪽이나 양 쪽에 연관된 아이의 섹슈얼리티에 관련된 경험으로 보았다. 프로이트 이론의 또 다른 한편은 별도의 경험적 주장과 관련되는데, 억압된 기억들이 심리적 붕괴, 특히 신경중의 원인이 된다는 것이다. 그렇기 때문에 프로이트는 정신분석을 이러한 관점을 기반으로하여 "의학적 환자의 치료를 위한 과정"이라고 정의한다.

하지만 한 비평가가 지적했다시피 그것은 의사와 환자 사이에 대화 외에는 아무것도 오가지 않는다는 점에 있어서 완전히 특수한 종류의 의학적 치료라 볼 수 있다. 의사의 '치료'는 문진에 의한 해석으로 이루어지며 환자로부터 억압된 기억들을 끌어내는 것으로 구성된다. 이것은 비평가들, 특히 포퍼로 하여금 프로이트의 절차의 과학적 지위를 의문시하게끔 했다. 일반적인 과학적 의미에서 의사의 해석은 객관적이지도 중명 가능하지도 않는 데다가, 그것이 의사와 환자 사이의 비밀 유지라는 윤리에 의해 검토로부터 보호되기 때문에 정신분석 치료의 결과를 측정할 수 있는 객관적인 방법이 전혀 없다는 것이다.

그런 철학적 의문에도 불구하고 정신분석 치료의 인기는 명백하며, 그 지지자들은 그런 인기가 그것의 성공에 대한 중명임에 틀림없다고 주장할 것이다. 하지만 몇몇 논리적으로 독립적인 주장들을 구분하는 것이 중요하다. 어린 시절의 경험에 의거한 해석에 의해 사람의 성격을 이해할 수 있다는 주장과, 그런 설명에서 주어진 해석이 환자에 대한 어떤 객관적인 진실을 나타낸다는 것은 별개의 주장이다. 그리고 이런 '대화와 해석'의 과정이 신경중을 효과적으로 치료할 수 있다는 것은 또 다른 주장이 될 것이다. 정신분석의 인기는 이런 주장들 중 어떤 것에라도 기인할 수 있을 것이다.

순수하게 이론적인 측면에서 무의식의 충동을 억압하는 공적 책임이 있는 자아라는 구분법 또한 비판을 불러올 수 있다. 특히 그것은 갈등하는 의도적·목적적 주체성을 정신의 분리된 영역들 탓으로 돌린다. 사르트르는 프로이트의 심리학을 비판하며, 의식적 검열을 담당하는 자아가 무의식적 욕망들을 억제한다고 제안한 것의 비논리성을 지적했다. 만일 자아가 무의식적 생각들이나 욕망들을 의식하지 못한다면, 어떻게 그것들이 억압되어야만 한다는 것을 알 수 있는 위치에 있을 수 있는가?

이런 비판에도 불구하고 일반적인 철학 분야는 프로이트의 이론적 원칙들에 긍정적인 반응들을 보였다. 프로이트는 스스로 그의 심리학이 새로운 '코페르니쿠스 혁명'을 대변한다고 언급했는데, 코페르니쿠스가 지구가 우주의 중심이 아님을 설파하고, 다윈이 인간이 동물 왕국의 주인이자 지배자가 아니라 단지 그것의 연장에 불과함을 증명했듯이, 프로이트도 모든 이성주의 및 데카르트주의 철학이 주장하듯 의식적 정신 혹은 자아가 '마음의 주인'이 아니라는 것을 증명했다는 것이다.

칼 구스타프 융

Carl Gustav Jung

(1875~1961)

"궁극적인 자아는
죽기 직전에 완전히 실현된다"

스위스의 정신의학자이자 심리학자. 분석심리학의 개척자이다. 프로이트의 제자였지만 프로이트의 유물론적 정신분석과는 다른 이론을 창안했는데, 정신을 분석함에 있어 자아와 개인적 무의식, 집단적 무의식이라는 세 가지 영역을 상정했다. 그는 '콤플렉스'라는 단어를 사용해 자극어에 대한 단어연상 연구와 관련된 학설의 기초를 마련하였다. 또한 많은 수의 서로 다른 성격 유형들을 구분하며, 두 가지 가장 기본적인 성격을 묘사하기 위하여 '내향적'과 '외향적'이라는 용어를 발명하기도 했다. 융의 심리학은 마이어스-브릭스 유형지표(MBTI)와 같은 정확한 성격진단을 위한 심리 측정검사의 발달에 공헌했다. 저서로는 〈인간과 상징〉, 〈기억, 꿈, 성찰들〉, 〈인격과 전이〉, 〈원형과 무의식〉, 〈정신요법의 기본문제〉 등이 있다.

스위스의 심리학자이자 치료사인 융은 한동안 프로이트의 제자였지만, 프로이트의 유물론적 정신분석학과는 매우 다른 이론을 창안하게 되었다.

융은 정신을 분석함에 있어 프로이트와 달리, 자아와 개인적 무의식, 집단적 무의식이라는 세 가지 영역을 상정했다. 그는 프로이트에 대한 연구를 통해 신화학과 종교, 철학의 개념들을 혼합해 꿈과 신비주의, 종교를 통해 상징적 형태로 드러나는 보편적 무의식의 존재를 상정했다.

융의 집단적 무의식 개념을 이해하는 핵심은 '원형(archetype)'의 개념이다. 융에 따르면 집단적 무의식은 우리의 경험들이 특정한 조직 원리들, 즉 원형들에 따라 이해되도록 결정하며, 얼마든지 많은 수의 원형들이 있을 수 있는데, 이를 완전히 분류하기에는 너무나 많다고 융은 주장했다. 하지만 그는 우리의 삶에 형태를 부여하고 우리의 행동을 설명하는 가장 강력한 원형들 중 일부를 서술했다.

그런 원형들 중 하나는 '어머니' 원형이다. 어머니는 생물학적으로 맺어진 관계임에도 불구하고, 융의 어머니 원형은 우리가 다른 인간 존재와 갖게 되는 일반적인 관계 이상의 것을 지칭한다. 어머니 원형은 심리학적 욕구를 반영한다. 어머니 원형에서 중요한 것은 "우리들은 스트레스를 받을 때 우리를 양육하고 안정을 제공해주는 역할을 하는 무언가, 혹은 누군가를 기대한다"는 것이다. 이것은 진화론적 욕구로, 우리는 세상에 나올 때 이미 어머니를 원하고, 추구하며, 어머니를 알아보고 응대할 준비가 되어 있다. 일반적으로 우리는 이런 욕구를 생물학적 어머니에게 투사한다. 융의 이론이 심리 치료에 활용되는 지점은, 생물학적 어머니가 이런 원형적 역할을 충족시키지 못했을 때 사람들이 나타내는 행동 패턴이다. 예를 들면 생물학적 어머니가 원형적 역할을 수행하지 못한 누군가는 '어머니 대체물'에 이끌리게 되는데, 교회나 군대, 애국주의 등이 그것이다.

융은 계속해서 많은 수의 서로 다른 성격 유형들을 구분하며, 두 가지 가장 기본적인 성격을 묘사하기 위하여 '내향적'과 '외향적'이라는 용어를 발명했다. 이 용어들은 수줍음을 타는 것 또는 과시적인 것과 동의어로 쓰이게 되었지만, 사실 이 개념들에 대한 융의 설명은 훨씬 더 정교하였으며, 어느 쪽이 더 나은가 하는 가치판단이 들어가지 않은 것이었다. 융에 따른 내향적 인격이란 '자아'가 내적이고 무의식적인 것에 더 향하고 있는 성격인 반면, 외향적 인격이란 외부의 현실과 외적 활동을 더욱 지향하는 것을 말한다.

이 구분은 융의 자아 개념에 중요한 역할을 한다. 자아는 주인 원형이며, 스스로의 삶 전체를 구성하는 원칙이다. 융은 자아가 계속적인 발달 과정에 있으며, 우리 인격의 모든 측면들이 동등하게 표현되었을 때 완전히 실현된다고 생각했다. 그러므로 과도하게 내향적이거나 과도하게 외향적인 것은 발달상의 미성숙을 나타낸다. 우리가 정상적으로 발달한다면 나이가 들면서 우리는 인격의 여러 다른 측면들 사이에 균형을 이루게 되며, 궁극적인 자아는 죽기 직전에 완전히 실현된다.

비평가들은 융의 심리학이 지나치게 신비주의적이며, 프로이트의 이론과 마찬가지로 반증 불가능한 것으로 보이는 주관적 해석을 강조하고 있는 부분에서 비과학적이라고 생각했다. 하지만 그의 이론은 대단한 인기를 얻었으며 실용적인 성과를 거두었다. 융의 심리학은 마이어스-브릭스 유형 지표(MBTI: Myers-Briggs Type Indicator)와 같은 대단히 정확한 성격 분석의 발달로 이끌어졌으며, 현재 여러 기업체의 인사부서에서 지원자의 고용 적합성을 평가하는 데 광범하게 사용되고 있는 심리측정 검사의 발달에 공헌했다.

프로이트 심리학과 신비주의를 종합한 융의 이론은 동양 철학의 원리들을 현대 서양 사상의 영역에 가져오려는 최초의 성공적인 시도였다. 이처럼 그의 이론은 피타고라스 이래로 고대 그리스 철학자들에게

발견된 이후로 유물론과 이성주의에 밀려 간과되어 온 신비주의로의
귀환을 대변하는 것이었다.

존 케인스

John Maynard Keynes

(1883~1946)

케인스는 수학자로서 교육을 받았으며 러셀과 화이트헤드의 사상에 영향을 받았지만, 경제학에 대한 자신의 생각을 추구하기 위해 확률 이론에 대한 작업을 포기했다. 그는 케인스 경제학이라는 사유 학파를 설립했는데, 경제학 분과에서 창시자의 이름을 달고 있는 유일한 학파이다. 그의 유명한 저서로는 1차 세계 대전 후 독일에서 징수된 높은 배상금이 정치적 불안정을 낳을 것이라고 예측한 〈평화의 경제적 귀결〉과 사회와 정치, 사상적 측면에 막대한 영향을 끼친 〈고용과 이자, 돈에 관한 일반 이론〉이 있다.

케인스는 1930년대의 경제 공황기에 쓴 〈일반 이론〉에서 그는 경제

불황은 수요 결핍으로부터 발생한 단기적 문제라고 낙관적인 전망을 내놓았다. 케인스는 단순하고도 급진적인 해결책으로 정부가 공적 지출을 통해서 단기 수요를 촉진해야 한다고 말한다. 이에 따르면 일단 경제가 부양기로 돌아서면 정부는 세금을 증가시키고 공공 지출을 감소시킴으로써 예산 부족을 메울 수 있다.

근본적인 원칙은 정부 지출이 민간 경기와 반비례해야 한다는 것으로 매우 직선적이다. 경기가 좋을 때 정부는 소비를 줄여야 하며, 경제가 침체할 때 공공 지출은 늘려야 한다. 이런 제안은 정부가 수요를 통제하기 위해 경제에 개입해야 한다는 일반 원칙이었다. 이런 생각은 '수요 관리 정책'이라는 이름으로 알려지게 되었다.

케인스의 이론은 당시에는 자본주의의 번영과 쇠락이 필연적으로 사회주의로 나아갈 것이라는 마르크스의 예측에 답하는 것으로 보였다. 케인스는 어떻게 정부의 개입이 안정적 자유 시장으로 이끌 수 있는지를 보여주었다. 하지만 비판자들은 경기 순환 내에 정부가 개입한다는 생각을 비난했다. 그것은 사회 문제들이 정부에 의해 해결되어야 하며, 정부는 그런 문제를 풀 방법을 보여줄 학자들을 찾아보아야 한다는 반자유주의적 생각을 격려했는데, 아담 스미스와 존 스튜어트 밀의 고전적 자유방임' 경제학 지지자들에게 이보다 더 비위에 거슬리는 생각은 없었다. 고전주의적 관점에서 볼 때 경제는 정부로부터의 간섭이 없을 시에 가장 잘 기능한다. 스미스와 밀은 자연 경제 질서가 정부의 간섭에 방해받지 않는 한, 개인과 사회가 모두 최대 행복으로 향할 것이라고 믿었다. 이런 논란은 정치와 경제, 철학 분야에 있어 오늘날에도 여전히 분분하다.

케인스의 이론들은 그 후 1970년대까지 논쟁적인 결과들과 함께 영국에서 추종되었다. 지지자들이 그의 이론의 실용적 해석이 합의된 적이 거의 없음을 재빨리 인정했음에도 불구하고, 비판자들은 전후 세계 경제의 두 강대국인 독일과 일본이 둘 다 케인스주의 정책들을 채택하지 않았다는 점을 지적했다. 세계화에 관련된 윤리적 문제들 또한 케인스주의적 차원을 갖는다는 것을 반세계화 지지자들은 인지해야만 할 것이다. 세계 경제의 윤리적 천민으로 취급되는 국제 통화 기금(International Monetary Fund)과 세계은행(World Bank)은 케인스주의의 발명품이다.

최종적으로 경제학 사상 분야는 케인스 이후로 다른 사조들로의 변화를 겪었지만, 그의 이론은 다른 모든 이론들에 대한 척도로 남아 있다. 그의 이론이 러셀과 화이트헤드에 대한 응답으로서의 확률 이론으로부터 시작됐음에도 불구하고 우리가 사는 세계에 대해 극적인 효과를 가져왔다.

PHILOSOPHY
100

제19장

실존주의자

The Existentialists

ESSENTIAL
THINKERS

쇠렌 키르케고르

Søren Kierkegaard

(1813~1855)

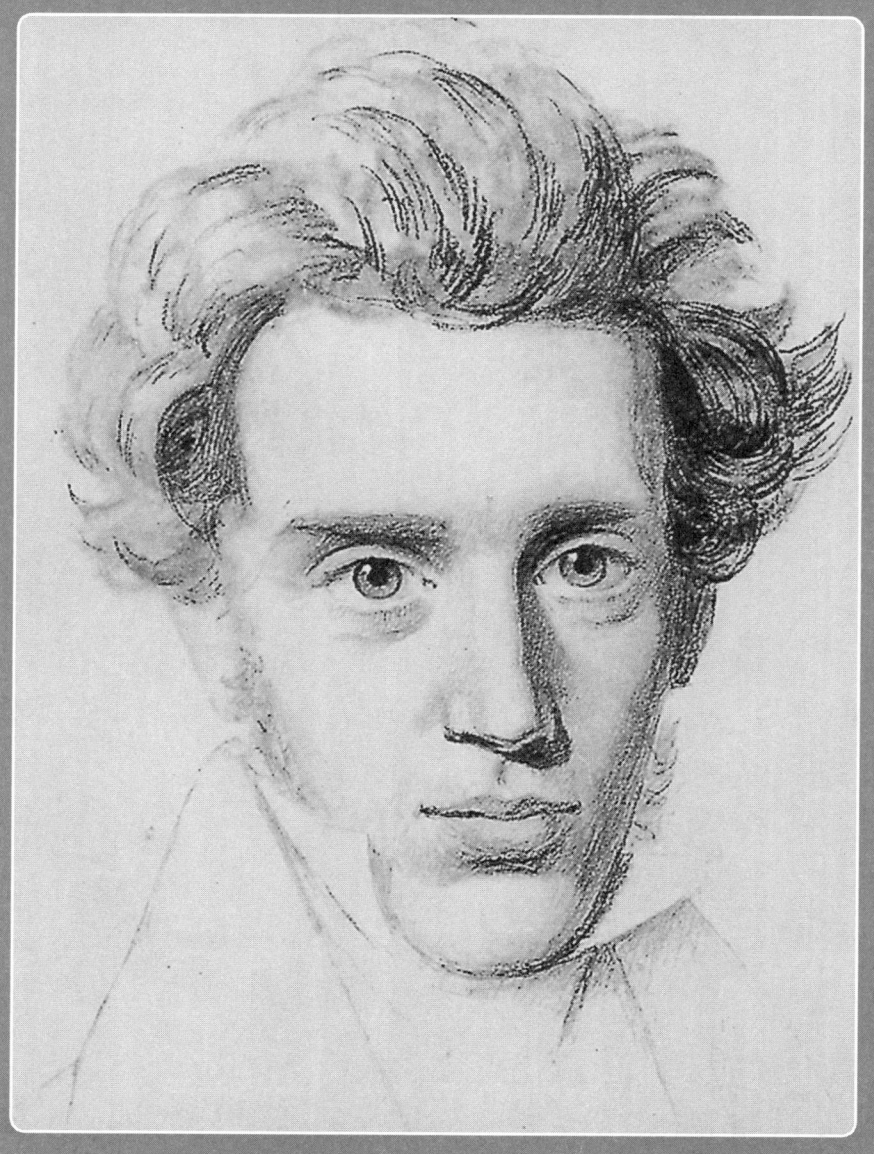

"열정의 결론들만이 믿을 만한 결론이며,
우리의 시대가 결핍하고 있는 것은
성찰이 아니라 열정이다"

덴마크의 철학자이자 신학자. 실존주의의 아버지로 불린다. 키르케고르는 헤겔의 관념론과
당시 덴마크 루터교회의 무의미한 형식주의에 반대하였다. 그의 작품 중 많은 수가 신앙의
본질, 기독교 교회의 제도, 기독교 윤리와 신학, 삶에서 결정을 내려야 할 순간에 개인이 직
면하게 되는 감정과 감각 같은 종교적 문제를 다루고 있다. 이 때문에 키르케고르는 무신론
적 실존주의자에 속하는 사르트르나 니체와 달리 '기독교 실존주의자'로 평가되기도 한다.
그는 이성은 신앙을 저해할 수 있을 뿐이며, 그것을 정당화하지 못한다고 말했다. 신을 열정
적으로, 그리고 개인적으로 믿기로 선택하여야 하며 그것은 내면으로부터 얻어진다고 주장
했다. 저서로는 〈죽음에 이르는 병〉, 〈이것이냐, 저것이냐〉, 〈불안의 개념〉, 〈그리스도교의 수
련〉, 〈아이러니의 개념〉 등이 있다.

코펜하겐에서 태어난 덴마크 철학자 키르케고르는 종종
실존주의(사르트르편 참고)의 아버지로 불린다. 그는 일곱 명의 아이들 중
막내로, 그가 스물 한살이 될 때까지 어머니를 비롯한 형제 중 다섯 명
이 사망했다. 그 또한 42세까지밖에 살지 못했다. 그의 초기작인 〈아이
러니의 개념〉은 헤겔 철학에 대한 훌륭한 비판으로 증명되었으며, 그
후에도 국가 교회에 대한 계속적 비판을 내놓았는데, 그는 국가 교회가
자신의 그리스도교 신앙과 부합되지 않는다고 느꼈다.

키르케고르의 작업은 인류나 전체에 대하여 데카르트적 개인에게 다
시 한 번 존재론적 우월성을 돌려주었다. 스피노자와 헤겔, 마르크스에

게 있어 개인이란 다소간에 부적절한 것으로 치부되었다. 키르케고르는 이런 개념화를 "각 시대는 그에 특징적인 타락상을 갖고 있다. 우리의 것은 아마도 쾌락이나 방탕, 음란이라기보다는, 개체적 인간에 대한 막무가내의 범신론적 경멸이다"라고 맹렬하게 비판한다. 그러나 다른 모든 면에 있어서 키르케고르는 데카르트주의와 동떨어져 있다. 그의 작업은 아마도 그 자신의 유명한 명제인 "열정의 결론들만이 믿을만한 결론이다", "우리의 시대가 결핍하고 있는 것은 성찰이 아니라 열정이다"라는 언급에서 가장 잘 요약될 수 있을 것이다.

키르케고르는 사상의 역사 전체를 잘못된 사고들로 점철되어 있는 것으로 보았다. 그리스인들 이래로, 철학은 형이상학적 체계에 집중해왔으며, 세계를 이해하고 의미를 부여하기 위해 이성 혹은 경험을 추앙해왔지만, 이런 체계들 중 어떤 것도 근본적인 인간 조건을 고려하지 않았다.

우리는 모든 전환점에서 결정을 내려야 하는 필요에 마주한다. 선택은 그 시발점이자 계속적인 동반자이며 가장 무거운 부담이다. 그는 '일기'에서 "내가 진정으로 결핍하고 있는 것은 무엇을 해야 할지에 대하여 내 정신 안에서 명백해지는 것이지, 내가 무엇을 알아야 할지가 아니다…중요한 것은 나에게 진정한 진리를 찾아내는 일이며, 그것을 위해 살고 죽을 수 있는 생각을 찾아내는 일이다"라며 토로한다. 이것은 모든 실존주의 사상에서 반복적으로 등장하는 주제이며, 비록 키르케고르 자신이 '실존주의'라는 명칭을 알지 못했음에도 불구하고 그를 '최초의 실존주의자'로서 정당하게 정의내릴 수 있는 근거가 된다.

키르케고르는 종교적 신앙이 이성의 문제가 아니라 열정의 문제라고 주장한다. 이성은 신앙을 저해할 수 있을 뿐, 절대로 그것을 정당화하지 못한다. 안셀무스나 아퀴나스의 경우와 같이, 우리가 신의 존재에 대한 이성주의적 증명에 몰두할 수 있을지라도 이런 증명들은 신에 대한 믿음과는 전혀 아무런 관련이 없다. 우리는 신을 열정적이지만 개인적인 믿음으로 선택해야만 하며, 그것은 단순한 지적인 연습으로서가 아니다. 진정한 믿음은 내면으로부터 그 힘을 획득하며, 우리가 행하는 것이 '옳은지' 혹은 '맞는지'를 확인시켜주는 이성의 판단 없이 '신앙의 도약'을 요구한다. 키르케고르는 지적인 확인은 결국에는 신앙의 필요를 제거한다고 했는데, 신의 존재가 단순히 상식이나 이성적 성찰의 문제라면 믿음은 필요하지 않기 때문이라고 주장한다.

키르케고르의 후기작들은 종종 그리스도교 교회의 체제를 공격하며 그런 제도들이 그리스도교의 정확한 반명제라고 주장한다. 기독교적 삶의 움직임들을 경험하는 것, 즉 교회에 출석하고 명령된 윤리적 강령들을 따르며, 성경을 낭독하는 등의 행동을 하는 것은, 그것이 신성과의 개인적이고 직접적인 조우와 관련되지 않는 한, 종교적 삶과 아무런 관련이 없다.

인생의 끝 무렵 키르케고르의 명성은 교회와의 갈등과 언론과의 오랜 동안 지속된 분쟁으로 상당히 훼손되었다. 그럼에도 불구하고 오늘날에 이르러 그는 영향력 있는 실존주의 운동의 선구자로서 뿐만 아니라 대단히 설득력있는 문체를 구사하는 숙련된 문필가로서의 명성을 구가하고 있다.

프리드리히 니체
Friedrich Nietzsche
(1844~1900)

"신은 죽었다!"

독일의 시인이자 철학자. 24세에 바젤대학의 교수에 임명되었다. 쇼펜하우어의 영향을 받았고 실존주의의 선구자로 지칭된다. 니체는 주인과 노예의 도덕성을 구분하였는데, 전자는 강자로서 인생의 축복에서 기원되었으며 후자는 약자로서 주인에 대한 원한에서 비롯되었다는 것이다. 또 그는 기독교 사상이 인간의 자유의지를 억압한다고 보았는데, 근대를 형성해온 기독교는 개성을 억압하고 인간의 자유를 억압, 파괴하며 이는 삶을 파괴하는 타락의 원인이라 보고, 내세관에 대해서도 부정적인 시각을 피력하였다. 따라서 자연스러움과 긍정을 통한 새로운 가치를 창설해야 한다고 했다. 1889년 정신병의 발병으로 어둡고 괴로운 말년을 보내면서, 인간의 삶에 대한 순수한 사랑으로 저작에만 몰두하였다. 특히 〈즐거운 지식〉에서는 '신의 죽음'을 선언하였다. 저서로는 〈권력에의 의지〉, 〈반시대적 고찰〉, 〈차라투스트라는 이렇게 말하였다〉 등이 있다.

니체는 서양 사상사 전체에서 가장 심오하고도 이해하기 어려워 논란의 대상이 되는 철학자 중 한 명이다. 그의 사상은 다양한 방식으로 전유되고 비방되었으며, 추앙받거나 오해받았다. 니체의 철학은 여동생인 엘리자베스와 독일의 국가 사회주의자들과의 관계로 인해 나치즘을 옹호하는 것이라는 잘못된 평판을 얻었다. 그러나 그의 '초인(Ubermensch)' 개념은 사실상 우상화된 아리아족의 영웅보다는 아리스토텔레스의 미덕을 갖춘 인간에 더 가까운 것이었다. 니체의 사후에 엘리자베스가 편집하고 개작하여 출판한 니체 저작 선집 〈권력에의 의지〉는 20세기에 이르러 니체 사상에 왜곡된 해석을 초래했으며, 학문 집단들의 폭넓은 재평가에도 불구하고, 니체의 철학이 그 자체의 천재성에 대해 광범하게 이해되는 데는 백 년이 더 걸리게 되었다. 프로이트는 니체에 대해 "그는 지금까지 살았던, 그리고 살았었을 그 누구보다도 더 그 자신에 대한 통찰력 있는 지식을 갖고 있었다"고 표현했다.

프로테스탄트 목사의 아들인 니체는 스물 네 살의 젊은 나이에 바젤 대학에서 교수에 임명됐다. 십 년 후, 악화된 건강으로 대학에서 은퇴하고 유럽을 가로질러 여행하며 고독한 방황을 시작했다. 그는 그 시간을 글을 쓰고 건강을 회복하는 데 바쳤다. 전 세계적으로 명성을 얻은 시기는 그 마지막 십여 년 동안이었다. 그는 아마도 이런 사실을 알지 못했을 것이다. 왜냐하면 니체는 1889년부터 회복하기 힘든 신경쇠약을 겪었으며, 이로 인해 사망할 때까지 실성한 상태로 머물렀기 때문이다.

니체는 윤리학과 종교, 형이상학과 인식론에 이르기까지 여러 주제들을 다룬 저작들을 남겼지만, 불행하게도 〈권력에의 의지〉라는 개념으로 가장 잘 알려져 있다. 니체는 쇼펜하우어에 영향을 받아 개인의 근원적인 추동력이 외부의 힘들을 지배하고 통제하려는 욕구로서 표현되는 것이며, 개인은 후대의 실존주의자들이 개인에 부여하는 것, 즉 자신의 운명의 주인이 될 힘을 필요로 한다고 보았다. (특히 사르트르 편을 참고하라.)

니체는 외부의 힘에 의한 욕구의 좌절이 다양한 도덕 체계와 종교 제도가 존재하는 원인이라고 보았다. 이 모든 제도들은 그런 의지를 묶어

두고 복종시키려고 시도한다. 그는 (아마도) 그의 아버지의 영향으로 기독교에 특히 공격적이었으며 그것을 "노예 도덕"이라고 불렀다. 그 안에서 니체는 약자들의 강자에 대한 원한을 보았다. 스스로의 열정을 지배할 용기를 갖지 못한 자들, 궁극적으로 인격의 내면적 힘을 결여한 이들은 그들 자신보다 강한 이들에 대한 복수를 추구하는데, 현세가 아닌 허구적인 '다른' 세계에서 '다른' 어떤 힘, 즉 신이 그들의 편에서 복수를 가해줄 것을 기대하는 믿음이라고 비판했다.

니체는 쇼펜하우어와는 달리 '권력에의 의지'가 저항해야 할 것이 아닌, 추구되고 긍정되어야 할 것으로 보았다. 니체는 "그것은 봄의 충만함이며, 삶의 긍정이고 '그렇다!'라고 말할 수 있는 것"이라고 말한다. 하지만 니체는 강한 자들의 약자들에 대한 지배를 옹호하지 않았으며, 권력에의 의지를 지배하는 것이 출신 성분에 의해 결정된 특별한 엘리트층에 속하는 것이라고 제안하지도 않았다. 그는 강한 자들의 지배가 역사적으로 어떻게 현재 인간의 '진화론적 과정'이라고 불리는 결과를 가져왔는지를 묘사한다. 니체가 이해하는 강함이란, 신체적인 것이라기보다는 정신적인 것이다. 강한 자들은 인간으로서 더욱 온전한 자들이며, 그들의 열정을 승화하고 제어하는 것, 즉 권력에의 의지를 창의적인 힘으로 모으는 법을 배운 사람들이다.

니체는 일반적인 오해와 다르게 '주인 도덕(귀족제에 특정한 도덕 체계)'을 지지하지 않았다. 그가 '주인 도덕'이 기독교에서 전형화된 '노예 도덕'보다는 더 삶을 긍정하는 것이라고 보았던 것은 사실이지만, 강한 자들이 불우한 이들에 대한 책임과 의무를 갖고 있다고 주장했다. "덕이 있는 인간은 불우한 이들을 돕지만, 그것은 절대로 동정심에서가 아니라 힘의 과잉에서 생겨난 충동에 의해 고무되어 일어나는 것이다."

에드문트 후설

Edmund Husserl

(1858~1938)

후설은 독일의 철학자로서, 모든 실존주의 철학들의 핵심
에 놓여 있는 주관적 과정들과 사건들의 묘사적 분석인 '현상학'의 창시
자이다. 그는 철학이 과학처럼 진보해야 한다고 주장했는데, 즉 단지
다른 철학자들의 작품들에 대한 학습으로부터 뿐만 아니라, 실제적인
문제들과 논점들로부터 나아가야 한다는 것이다. 그럼에도 불구하고,
후설은 또한 그의 '과학적' 기획을 비경험적인 것으로 이해했다. 그보다
는, 그것은 지각, 믿음, 판단과 다른 정신적 과정들의 개념적 탐험이었
다. 데카르트와 마찬가지로, 후설은 철학이 본질적으로 주체 자신의 주
관성에 대한 자기 확신으로부터 시작하는 이성적 기획이라고 믿었다.

이런 관점은 후에, 후설의 추종자이자 지적인 상속자인 하이데거에게 거부당한 것으로 잘 알려져 있다.

후설의 현상학은 브렌타노에 의해 개념화된 '대상성(intentionality)'의 개념으로 시작한다. 브렌타노에 따르면, 모든 의식 현상들은 어떤 내용을 지시하는데, 그 내용물이 실제로 존재하든 그렇지 않든 간에, 추상적이건 구체적이건 간에 어떠한 내용물이 있어야만 한다. 유령을 두려워하는 누군가를 예로 들어 보자. 그 사람의 두려움은 무언가를 향해 있는데, 이 사실은 그가 유령의 존재를 믿건 믿지 않건 간에 성립한다. 비슷하게, 만일 우리가 내일 비가 올 것이라고 믿는다면, 우리의 믿음은 현실성이라기보다는 가능성인 내일을 향하고 있다.

후설은 브렌타노와 마찬가지로, 정신의 대상성은 우리가 의식의 상태(예를 들면, 두려움)를 그 대상(말하자면, 유령)으로부터 존재론적으로 분리할 수 없다는 의미를 갖고 있다고 제안했다. 그것들은 단지, 대상적 행위라는 유일한 현상의 두 가지 측면으로서 함께 존재할 수 있을 뿐이다. 이런 사실은 후설로 하여금 의식은 단지 "대상에 대한 지향성"이라고 주장하도록 했다. 정신적 상태와 그 상태의 대상은 의식 안에서 함께 존재하는데, 그런 부름에 부응하는 어떠한 '물질적' 대상이 존재한다는 것을 전제하지는 않는다. 이런 생각을 따라, 후설은 철학에 중심적인 것은 이런 '지향성'이나 대상성이 스스로를 드러내는 다양한 방식들을 모두 이해하는 것이라고 생각했다.

이런 생각이 후설의 '비경험적 과학', 즉 정신적 과정들의 요소들에 대한 순수한 탐구를 이루고 있다. 후설은 의식 경험에서 모든 '우연적인' 또는 불필요한 측면들을 제거하는 것이 그런 탐구를 수행하는 일이라고 믿었다. 결과적으로, 그런 탐구는 현상들의 배후에 무엇이 놓여 있는지 —그런 것이 존재하기는 한다면— 고려할 필요가 없다. 현상을 넘어서 존재하는 무언가에 관한 사변들은 의심과 회의의 대상이 되는데, 후설은 자기 자신이 선배인 데카르트와 마찬가지로, 확실성을 발견하는 임무를 띤 근원적 탐구에 관여하고 있다고 보았다. 모든 '사물들에 관한 지식'이 의식의 지향적 대상들을 통해 획득되기 때문에, 어떠한 지식의 과학도 의식의 대상물, 즉 의심의 여지없이 알려질 수 있는 것에서부터 시작해야만 한다. 칸트의 구절을 빌리자면, 단지 '경험의 필수적인 선결조건들'을 형성하는 현상들만이 그런 탐구를 충족시킬 수 있다.

의식 경험의 요소들에 대한 탐구를 넘어서, 후설은 그가 데카르트의 '코기토("나는 생각한다, 고로 존재한다"고 일반적으로 번역되는 결론)'와 같은 장애물에 부딪혔다는 것을 깨닫는다. 즉, '외부 세계'에 대하여 무언가 대단히 확실한 것을 말하는 것이 불가능하다는 문제가 그것이었다. 하지만, 후설은 '사물들에 대한 지식'에 관한 회의보다는 '자아에 대한 지식'에 관한 회의에 대해 더 염려했다. 후설은 의식을 지향적 행위와 동일시했는데, 자아는 행위가 아니라 행위의 관찰 주체이기 때문이다. 그러나 이 주체는 절대로 경험 안에서 주어지지 않으며, 후설의 용어법에 의하면, 절대로 지향적 행위의 대상이 아니다. 따라서, 후설은 칸트의 것과 유사한 관점을 지지하는데, 그것은 경험의 주체는 시공간과 인과적 질서의 바깥에 존재하는 초월적인(transcendental) 것이라는 주장이었다.

352

이런 결론은 하이데거에 의해 거부되었지만, 사르트르의 '존재와 무'에서 다시금 등장했다. 이 책에서 의식은, 거부와 상상을 통해 실재하는 것을 부정할 수 있는 독특한 현상으로 묘사된다. 결론적으로 그것은 후설과 데카르트, 그 밖의 '이원론(dualist)' 철학자들이 오랫동안 동의해 왔다시피, 일반적인 인과적 질서 바깥에 존재해야만 한다.

마르틴 하이데거
Martin Heidegger
(1889~1976)

하이데거는 바덴의 메스키르히에서 태어난 독일의 실존주의 철학자이다. 신학과 철학을 공부한 후에, 하이데거는 프라이부르크 대학에서 후설의 지도 하에 계속 공부를 했고, 그에게 자신의 주 저작인 '존재와 시간'을 헌정했다. 그는 실존주의 현상학을 창시했는데, 니체와 키르케고르 저작의 영향 하에서였다. 하이데거는 1930년대의 연설에서 히틀러를 찬양한 것으로 악명을 얻게 되었는데, 이런 행위로 그는 광범하게 비판을 받았으며 그의 경력에 지속적인 손상을 입게 되었다. 그는 국가 사회주의에 대하여, 공개적 지지자가 아니었다면 적어도 심정적 동조자였다고 일반적으로 간주되고 있다. 전후에 그는 언급하기를, 나치즘이 급격하게 잘못된 방향으로 나아간 거대한 사회적 실험이었다고 말했다.

그의 철학에 대한 공헌은, 다행히 정치성을 띠고 있지 않으며, 좋든 싫든 대단히 큰 영향력을 끼쳤다. 하이데거는 철학의 역사가 잘못된 종류의 질문들을 하고 있다고 보았다. 하이데거는 비판하기를, 플라톤 이래로, 철학자들은 무엇이 존재하는지, 그리고 그들이 존재하는 것에 대해 무엇을 알 수 있는지에 대해 물어왔다. 하이데거에게는, 이런 질문들은 너무 많은 것을 상정하고 있는 것이었다. 그것들은 여러 개의 이원론을 상정하고 있는데, 특히나 데카르트의 주체와 외부 세계에 관한 이분법이 대표적이다. 니체와 마찬가지로, 하이데거는 그런 구분을 거부하며, 세계가 어떤 의식하는 관찰자에게 외부적으로 존재하는 것이라는 생각을 거부한다.

그런 이원론 대신에, 하이데거는 '존재란 무엇인가?'라는 질문에 집중하는데, 여기에서 그는 우리가 대상들이 어떤 종류의 속성들을 갖고 있다고 답할 수 있는가를 묻기 전에, 우리는 우선 선험적으로, 무언가가 '존재한다'는 것은 무엇을 의미하는지를 살펴보아야 한다는 것이다. 이 질문은 철학의 가장 기본적인 문제, 즉 "왜 아무 것도 없지 않고 무언가가 있는가?"라는 질문으로부터 발생하는 것으로 보인다. 이런 질문을 제기했던 철학자나 철학은 거의 없었지만, 하이데거는 이 문제에 대한 답이 다른 철학적 문제들에 관여하기에 앞서 필수적인 것이라고 보았다.

하이데거에게는, '존재란 무엇인가?'라는 질문은 일반적으로, 어떠한 유형으로 존재하는 것이 자신으로서 존재하는 것인가를 숙고하는 문제로 집약된다. 그는 '존재'에, '다자인(Dasein)', 즉 '거기 있음'이라는 의도적으로 모호한 명칭을 부여한다. '거기 있음'은 우리가 일반적으로 인간 주체라고 부르는 것을 의미하는데, 그러나 물론 하이데거는 주체와 대상의 구분을 거부한다. 그에게 '거기 있음'이란 하나의 관점(perspective)인데, 시간을 통해 연장된 행동이 발생하는 장소라고 할 수 있다. 요약하자면, 다자인은 행동이 그로부터 발생하는 하나의 관점이다.

하이데거의 현상학에서, 다자인의 대상들에 대한 최초의 이해는, 규정되고 독립적인 물질적 사물들로서 측정되고 분석되고 분류되어야 할 것이 아니라, '도구들'로서이다. 그것들이 유용한가 그렇지 않은가, 그것들에 무언가가 행해질 수 있는가, 만약 그렇다면 행해질 수 있는 일이 무엇인가? 다자인의 스스로에 대한 이해는 어떤가? 하이데거는 시간적이고 자의식적인 현상으로서 다자인의 특성은, 그것이 스스로의 운명을 알고 있다는 점이라고 주장한다. 이것이 그가 분노, 혹은 두려움이라고 부르는 것을 발생시킨다. 그러나 하이데거는 "우리 자신이 죽을 수밖에 없음을 완전히 의식할 때에만, 삶은 어떤 목적의식적 의미를 띨 수 있다"고 말한다. 자의식은 두려움을 마주함에 있어 자기 자신의 의도적인 목적들에만 의거하여, '무(無)'로부터 창조된 삶의 '진정성'으로 이끌어진다는 것이다.

따라서 "왜 아무것도 존재하지 않는가" 보다는 "무엇이 존재하는가"라는 질문은 '거기 있는 것'의 선택으로 돌아온다. 다자인은 무(無)로부터 무언가를 만들어내기로 선택하며, 다자인이 없이는 아무것도 존재하지 않을 것이다. 하이데거가 사용하는 모호한 언어와 종종 정의되지 않은 개념들로 인해서, 그가 주장하는 명제가 실제로 단지 자의식이 없이는 무언가의 존재를 의식하는 이가 아무도 없을 것이라는 의미인지는 명확하지 않다. 그것은 하이데거가 취해야 할 입장이 아닌데, 그가 이전에 거부했던 '정신-세계'의 구분이 상정되고 있었다는 것을 보여주기 때문이다. 그럼에도 불구하고, 하이데거의 제안을 우리가 어떻게 다른 방식으로 이해할 수 있을지는 명확하지 않다.

장 폴 사르트르

J e a n - P a u l   S a r t r e

(1905~1980)

"최선의 삶이라고 생각하는 것을 선택하는 것은 개인에게 달려 있다"

프랑스의 작가이자 실존주의 사상가. 시몬 드 보부아르와 평생을 반려했다. 전후 프랑스의 실존주의 운동에 가장 영향을 끼친 인물이다. 그는 노벨 문학상 수상을 거부하기도 하였다. 사르트르는 모든 실존주의 철학의 중심 주제는 "존재가 본질을 앞선다"고 주장하며 목적이나 규정됨 없이 인간이 우선 존재하며, 세계 속에 존재함을 스스로 발견해야 삶의 의미를 규정지을 수 있다고 논했다. 그에 따르면 신에 대한 믿음 조차도 개인적인 선택이며, 선택된 하나의 삶이자 목적이라고 논했다. 그는 노벨 문학상 수상을 거부하기도 하였다. 저서로는 〈존재와 무〉, 〈자아의 극복〉, 〈상상력〉, 〈구토〉, 〈자유의 길〉, 〈시튀아시옹〉 등이 있다.

사르트르는 전후 프랑스의 실존주의 운동에 가장 영향을 끼친 인물이었다. 그의 가장 중요한 저작인 〈존재와 무〉는 키르케고르와 마르틴 하이데거를 비롯한 선배 철학자들에게 많은 빚을 지고 있다. 그럼에도 불구하고 사르트르의 철학은 그의 두 선배들이나 카뮈, 메를로-퐁티, 시몬느 드 보부아르를 비롯한 동시대의 실존주의자들보다 훨씬 더 강력한 방식으로 그의 시대를 사로잡았던 명징성과 힘을 갖고 있다.

모든 실존주의 철학의 중심 주제는 "존재가 본질을 앞선다"라는 주장이다. 사르트르는 이 주장을 통해 목적이나 규정됨 없이 인간이 우선 존재하며, 그가 세계 속에 존재함을 스스로 발견하며, 단지 그런 후에야 경험에 대한 반응으로서 그의 삶의 의미를 규정한다는 관점을 전달하고자 한다.

그것은 아리스토텔레스가 자신의 윤리학에서 제시했던 것을 뒤집은 논변인데, 인간이 어떤 목적이나 목표를 충족하기 위하여 창조되었으며, 삶의 충족은 그런 목적을 향해 노력하는 것으로 이루어진다는 주장이 그것이다. 이와는 반대로, 사르트르는 인간에게 목적을 부여한 신이나 설계자가 없기 때문에, 최선이라고 생각하는 삶의 방식을 선택하는 것은 개인에게 달려 있다는 것이다.

하지만 사르트르의 정교한 논증은 실존적 전제를 증명하기 위하여 그의 무신론에 의존하지는 않는다. 사르트르에 따르면, 심지어 신에 대한 믿음조차도 개인적인 선택이다. 그것은 선택된 하나의 삶이며 목적이다. 신성에 대한 믿음은 절대로 개인에게 강요될 수 없다. 심지어 누군가가 아브라함과 같이 기적적인 환영을 보았다고 하더라도, 그런 환영들을 해석하는 것은 개인에게 달려 있다. 신의 목소리인가 정신병적 환각인가? 신이 아니라 단지 그 개인만이 그런 해석을 할 수 있다.

사르트르 철학의 더 폭넓은 교리는, 인간이 절대로 강요받을 수 없다는 것이다. 즉, 사람은 모든 곳에서 선택에 마주한다. 심지어 감옥에 갇혀 있거나 총으로 위협받고 있다고 하더라도, 순응할 것이냐 저항할 것이냐 하는 선택의 기로에 서게 되며, 그 선택의 결과들은 그를 면제해 주지는 못한다.

사르트르는 이런 근본적인 자유가 무거운 귀결들을 갖고 있음을 깨달았다. 우리는 우리가 행하는 모든 것에 대해 책임이 있다. 사르트르의 실존주의에 있어서는, 우리는 신적인 존재, 혹은 인간 본성의 탓으로 핑계를 대거나 책임을 전가할 수 없다. 그렇게 하는 것은 자기기만, 혹은 '나쁜 믿음(bad faith)'에 불과하다. 이런 관점은 개인에게 부과된 세 개의 연관된 부담으로 이어진다. 첫째로, 우리 각자가 지고 있는 책임의 무게에 대한 자각에서 오는 '괴로움'이다. 우리가 행하는 모든 것이 스스로에게 영향을 끼칠 뿐 아니라, 우리가 내린 선택과 행동들로서 인류의 나머지 부분에 대하여 모범을 보이게 된다. 사르트르는 그런 책임은 우리가 스스로의 삶의 의미를 정의내리게 한다고 결론을 내린다. 우리가 선택을 할 때, 그것은 단지 개인적인 선호에 의해서가 아닌, 세계에 대하여 삶은 이런 방식으로 이끌어져야 한다고 주장하는 것과 같다.

두 번째 부담은 '버려짐'이다. 실존주의자는 신이 존재하지 않는다는 것이 '극도로 당황스럽다'고 느끼는데, 왜냐하면 우리가 도덕적 문제들에 있어서 도움이나 안내 없이 홀로 남겨져 있다는 결론이 뒤따르기 때문이다. 말 그대로, 우리는 삶을 살면서 그것을 만들어 나가야만 한다. 셋째로, '절망'이 있다. 이 말로써 사르트르는 우리가 희망 없이 행동해야 한다는, 즉 사태가 최선으로 진행될 것이라고 믿고 싶은 본능을 포기해야 한다는 것을 의미한다. 신의 은총은 없다. 우리는 각자 우리 자신의 의지와 행동으로 영향을 끼칠 수 있는 것에 의존해야만 한다.

사르트르 실존주의의 결론들은 명백하게 부담스럽지만 피할 수 없다. 우리는 "자유를 선고받았다." 그의 반대자들은 사르트르의 철학이 비관주의를 발생시킨다고 주장했지만, 사르트르에 따르면 실존주의적 부담은 어떠한 종류라도 비관주의의 원인이 되어서는 안 된다. 실존주의는 "심각한 낙관주의"라고 사르트르는 말한다. "인간의 운명은 그 자신 안에 놓여 있다"는 것이다.

알베르 카뮈
Albert Camus
(1913~1960)

유명한 프랑스계 알제리인 소설가이자 극작가, 철학자인 카뮈는, 파리에서 사르트르와 친교를 맺었으며 그곳에서 함께 급진적 좌익 신문인 '전투'를 위해 일했다. 하지만 그들은 1951년에 사이가 멀어졌고 다시는 서로에게 말을 하지 않았다. 의심의 여지없이 실존주의 철학에 대한 그의 가장 중요한 공헌은 〈시지푸스의 신화〉를 집필한 것이다.

〈시지푸스의 신화〉에서, 카뮈는 '부조리'라는 실존주의적 중심 주제를 발전시킨다. 카뮈의 주장에 따르면 인간 존재는 부조리하다. 부조리는 무의미한 세계에 의미를 부여하려는 우리의 시도에서 발생한다. 카뮈는 우리에게 말하기를, "부조리는 인간적 필요와 세계의 비합리적인 침묵 사이의 투쟁에서 태어난다." 카뮈에게 '부조리함'이란, 숭고한 것과 우스운 것의 비교에서 발생하는 희극적인 뉘앙스를 띠고 있는 것인데, 즉 한 사람이 단지 장검을 들고 기관총 소대를 공격한다든지, 혹은 신들에 의해 선고를 받아 바위를 언덕 꼭대기로 올려놓아야 하지만 꼭대기에 이르자마자 돌은 다시 굴러 떨어지고 마는 형벌을 받은 시지푸스의 운명과 같은 것이다.

카뮈는 시지푸스의 운명이 노동의 무용함과 희망이 없음을 예시한다고 말한다. 우리는 시지푸스와 마찬가지로 아무것도 성취하지 못하면서 우리의 삶을 살아간다. 러셀의 시적인 구절에서와 같이 "모든 시대의 노동, 모든 헌신, 모든 영감, 모든 인간 천재성의 활약은, 태양계의 거대한 죽음 속에서 멸종하도록 되어 있으며, 인간 업적의 사원 전체는 불가피하게 우주의 폐허 아래에 묻히게 될 것이다."

그렇듯 의미 없는 존재의 조건 하에서, 그리고 비타협적으로 불합리한 우주 안에서, 카뮈는 "왜 내가 자살을 하지 말아야 하는가?"를 물어야만 했다. 그것은 실존주의의 피할 수 없는 결론인데, 카뮈는 다른 실존주의 작가들, 즉 후설, 키르케고르, 칼 야스퍼스와 사르트르 등이 모두 그것을 피해가고자 했다고 의심한다. 그들은 실존주의 철학의 대전제에 대해 일관성을 유지하지 못했는데, 그 전제란 부조리가 합리적 인간 존재와 비합리적 세계 사이의 조우에서 발생하는 논리적 귀결이라는 것이다. 카뮈는 주장하기를, 우리는 실존주의 철학자들이 했던 것처럼 그런 갈등을 해소하려고 시도해서는 안 된다. 그것은 애초에 해소

불가능한데, 왜냐하면 그것이 인간 실존의 조건이기 때문이다. 그런 갈등을 해소하는 것은 우리가 거기서부터 시작했던 바로 그 현상을 거부하는 것이다. 자살은 단지, 부조리를 해소하고자 하는 또 다른 시도이다.

의심의 여지없이, 카뮈는 그 자신과 독자들을 막다른 골목으로 몰아넣는다. 부조리를 받아들이는 것은 죽음을 받아들이는 것이다. 죽음을 거부하는 것은 절벽 위의 삶을 받아들이는 것인데, 그 절벽 위에서 우리는 평안을 위해 뛰어내릴 수는 없고, 단지 "현기증이 나는 산등성이, 즉 진실성과 나머지 속임수들" 위에서 살 수 있을 뿐이다. 그가 묘사하는 "현기증이 나는 산등성이"는, (시지푸스의 사상과 같은 맥락에서) 삶 속에서 노역의 무의미성과 죽음을 마주함으로써 살아 있음에 대한 완전한 의식을 획득하는 경험을 말한다.

그는 어느 정도 비유적으로 말하기를, 부조리와 대면하여 우리는 '저항'해야 한다. '저항'은 파괴적인 운명에 대한 각성이며, 그러나 그런 각성에 동반되는 자포자기를 결여한 것이다. 그러므로 시지푸스는, 영원한 반복의 운명을 선고받았고 그것을 완전히 자각하고 있지만, "그의 고문의 일부를 구성하게 되어있는 그의 명석함이, 동시에 그에게 승리를 부여한다." 카뮈는 유명한 구절에서 말하기를, 우리는 시지푸스가 행복하다고 상상해야만 하는데, "자신의 삶을 자각하는 것은, 그리고 최대한 그렇게 하는 것은 살아가는 것이며, 또한 최대한 그렇게 하는 것이다."

카뮈는 그러므로 자살이라는 선택사항을 거부한다. 우리는 부조리의 문제를 그것의 존재를 부정하는 것으로 해결할 수는 없다. 그것은 인간과 세계의 마주침에서 발생하는 필연적 조건이다. 부조리의 해결 방안으로서의 자살이란 인간 실존의 조건에 대한 거부이며 패배로 간주되어야 할 것이다.

시몬 드 보부아르
Simone de Beauvoir
(1908~1986)

"여성은 태어나는 것이 아니라
만들어지는 것이다"

프랑스의 실존주의 소설가이자 사상가. 사르트르와의 관계로 유명하다. 현대의 페미니스트 운동을 개시했으며, 사르트르의 후기 사상에 많은 영향을 끼쳤다. 드 보부아르의 사상은 사르트르에게서 발견되는 실존주의적 주제들을 발전시킨 것이다. 특히 그녀의 가장 유명한 "여성은 태어나는 것이 아니라, 만들어 지는 것이다"라는 명제는 사르트르의 '나쁜 믿음' 개념에 비추어서만 이해될 수 있다. 사르트르의 사고 체계 안에서 그녀는 개인이 '본질' 없이 자유롭게 태어났다는 것을 받아들인다. 그러나 여성의 경우에는 생물학적 성별의 구분이 그녀의 인간성을 규정한다고 논한다. 저서로는 〈제2의 성〉, 〈초대받은 여자〉, 〈피뤼스와 시네아〉, 〈타인의 피〉, 〈사람은 모두 죽는다〉, 〈레 망다랭〉, 〈처녀시대〉, 〈어떤 전후〉 등이 있다.

프랑스의 소설가이자 철학자인 드 보부아르는 현대의 페미니스트 운동을 창시했으며, 사르트르 후기의 관점들에 많은 영향을 끼쳤다. 드 보부아르는 의도했건 아니건 간에, 전 세계 여성운동가들의 영웅이 되었다. 그녀의 가장 중요한 철학 저작들은 〈모호성의 윤리학〉과 페미니즘의 성서인 〈제2의 성〉이다. 이 둘은 모두 탁월한 저작임에도 불구하고 그 철학적 중요성이 종종 간과되었는데, 드 보부아르를 페미니스트 운동 내에 주변화하려는 경향 때문이었다. 1953년 〈뉴요커〉지의 브렌든 길은 "'제2의 성'은 예술작품이다. 무모함이라는 소금을 곁들인 톡톡 튀는 예술작품" 이라고 언급했다.

드 보부아르의 사상은 사르트르에게서 발견되는 실존주의적 주제들을 발전시킨 것이다. 특히 그녀가 남긴 "여성은 태어나는 것이 아니라, 만들어지는 것이다"라는 표현은 사르트르의 "나쁜 믿음(bad faith)"의 개념에 비추어서만 이해될 수 있다.

사르트르는 선택의 자유를 인간의 삶에 항시적으로 존재하는 조건이라고 보았지만, 우리는 선택이 함축하는 거대한 책임의 무게 때문에 핑계를 만들거나 선택할 자유를 거부하는 경향이 있다. 그런 핑계들은 우리가 어떤 종류의 사람인지를 인간 본성 탓으로 돌리는 것과 무관하지 않다. 그러나 사르트르는 비겁자들과 영웅들은 태어나는 것이 아니라, 행동에 의해 정의되며, 우리가 어떤 사람인지는 우리가 행하는 바와 같다. 그러므로 누구든 영웅적으로 행동하는 이는 영웅이며, 비겁하게 행동하는 이는 비겁자이다. 그러나 우리는 항상 '다음'이라는 선택을 갖고 있다. 우리가 어떻게 행동해야만 하는가를 규정하는 '본성'과 같은 것은 없다. 이런 근본적 자유에 대한 거부는 일종의 자기기만인데, 사르트르는 이를 "나쁜 믿음"이라 부른다.

드 보부아르는 사르트르의 사고 체계 안에서 개인이 '본질' 없이 자유롭게 태어났다는 것을 받아들인다. 그러나 여성의 경우, 생물학적 성별의 구분이 그녀의 인간성을 규정한다. 여성은 문화와 사회에 의해 그 의미가 규정되는데, 1950년대의 '가정의 여신'인 어머니와 아내일 수도 있고, 1990년대의 '수퍼맘'일 수도 있다. 심지어 월경과 같은 생물학적 사실들도 항상 문화적으로 해석된다고 드 보부아르는 말한다. 그것은 사회의 개념화에 따라 "수치스러운 저주, 혹은 신체의 건강한 기능에

371

대한 성적인 재확인"으로 경험될 수 있다. 결과적으로 여성의 의미는 사회가 적절하다고 규정하는 역할을 수용하고 살아가면서 여자가 된다. 하지만 사르트르가 말한 것처럼 자동적으로 '나쁜 믿음'이 되는 것은 아니며, 어떻게 드 보부아르가 이 개념을 확장하고 발전시키는지를 이해하는 것이 중요하다.

드 보부아르는 나쁜 믿음에 의거하여 행동하는 것은 그 사람이 자신의 상황 속에 존재하는 자유의 가능성을 의식하고 있다는 것을 상정한다고 주장한다. 그는 그런 가능성을 무시하기로 선택한 것뿐이다. 그러나 이런 의식의 존재는 주어져 있는 것이 아니다. 예를 들자면 아이들은 나쁜 믿음에 의해서 행동할 수 없다. 왜냐하면 그들은 부모나 보호자의 세계 속에 살고 있으므로 다른 사람들이 그들의 존재를 규정하기 때문이다. 단지 그들이 '깨어남의 시기(청소년기)'에 도달해서야 실존주의적 불안이 작용하기 시작한다. 같은 맥락에서 여자들은 역사적으로 사회경제적 상황들을 통해 그들의 존재를 규정받아 왔다. 결과적으로 그들은 상황 내에 존재하는 자유의 가능성에 대해 무지했으며, 그러므로 '나쁜 믿음'에 근거해서 행동해온 것이 아니다.

드 보부아르의 생각들, 즉 여자들이 스스로의 자유를 인식해야만 하며, 그들 자신의 존재에 정의를 내려야 하고, 남성들에 의해 규정된 규칙과 가치로 이루어진 사회의 예속으로부터 스스로를 해방시켜야 한다는 주장이 여성 해방 운동의 구호로 쓰이게 된 것은 놀라운 일이 아니다.

PHILOSOPHY
100

제20장

언어적 선회

The Linguistic Turn

ESSENTIAL
THINKERS

고틀로프 프레게

Gottlob Frege

(1848~1925)

"용어의 의미는
문장의 맥락 안에서만 주어질 수 있다"

독일의 논리학자이자 수학자, 철학자. 논리학을 기초로 하여 수학의 구성과 도출을 시도했으며 논리주의를 처음으로 주창하였다. 철학이 소위 "언어적 선회", 즉 존재론적·형이상학적 성찰에 앞서, 그런 전념이 어떻게 언어로부터 발생하는지를 분석함으로 시작하는 입장을 취했던 것은 프레게의 영향이 크다. 그의 '양화' 논리는 아리스토텔레스 이후로 논리학 분야에서 가장 큰 발전이며, 대학 강의에서 아리스토텔레스의 '삼단 논법'을 완전히 대체하게 되었다. 주요 저서로는 〈산술의 기초〉, 〈산술의 원리〉 등이 있다.

프레게는 생전에는 자신의 작업을 인정받지 못했지만, 논리학과 수학 철학에서의 업적으로 인해 20세기 철학에서 가장 큰 영향력을 행사하게 되었다. 철학이 소위 "언어적 선회(linguistic turn), 즉 존재론적·형이상학적 성찰에 앞서, 그런 전념이 어떻게 언어로부터 발생하는지를 분석함으로 시작하는 입장을 취했던 것은, 프레게의 영향이 크다. 그의 '양화(quantificational)' 논리는 아리스토텔레스 이후로 논리학 분야에서 가장 큰 발전이며, 대학 강단에서 아리스토텔레스의 '삼단 논법'을 완전히 대체하게 되었다.

현대 철학과 논리학에 대한 프레게의 공헌은, 아리스토텔레스식의 문장 분석이 근본적으로 주어/술어 형식으로 되어 있다는 이유를 거부함으로써 시작한다. 고전적 분석에 따르면, "소크라테스는 현명하다."와 같은 문장은 두 개의 별도의 부분들로 분석될 수 있다. 첫째로, 문장의 주어인 "소크라테스"와 둘째로, 그 주어에 부여되는 속성인 "현명함"이 그것들이다. 이것은 2천 년이 넘는 동안 지혜로 받아들여졌으며, 실체의 개념이나 보편자와 개별자의 존재론적 지위에 관련된 문제 등 몇몇 어렵기로 악명 높은 철학적 수수께끼들을 만들어냈다.

프레게는 수학적인 함수와 변수 모델을 사용하여 그 모든 문제들을 제거했다. 그의 관점에서 "소크라테스는 현명하다"는 문장은 "( )는 현명하다"는 함수를 포함하고 있으며, "소크라테스"가 그 함수의 변수 자리를 차지하는데, 즉 불완전한 함수 표현인 "( )는 현명하다"의 빈 칸을 채우고 있다는 것이다. 이런 관점은 수학에서 직접적으로 차용된 것인데, 즉 수학에서 '2+3'과 같은 문장이 '( )+( )'이라는 함수가 '2'와 '3'이라는 변수로 채워진 것으로 분석하는 데에서 비롯된 것이다.

이런 관점은 프레게가 언어 철학에서 심오한 발전을 이루도록 했다. 함수 또는 독립 변수는 개별적으로 아무것도 주장하지 않지만, 그것들이 완전한 형태로 결합할 때 표현 전체의 의미를 추론(연역)하는 데 기여하고, 용어의 의미는 문장의 문맥(맥락) 안에서만 이해(프레게의 '맥락 원칙context principle')할 수 있게 된다.

프레게는 의미는 우선적으로 문장의 속성이며, 용어들로부터는 단지 파생적으로 발생할 뿐이라는 점을 증명한 후에 의미(sense)와 지시체(reference) 사이의 구분을 적용할 수 있었다. '의미'란 문장이 표현하는 생각이며, '지시체'란 문장이 그에 관해 말하고자 하는 대상, 즉 문장에 의해 지시되는 물체이다. 예를 들면, '군 최고 사령관'과 '대통령'이 하나의 동일한 인물을 지시하고 있다는 것은 명백하다. 하지만, 마찬가지로 명백한 것은, 두 개의 표현이 서로 다른 생각들을 표현하고 있다는 것이다. 군 최고 사령관임은 대통령임과 동일한 것은 아니다.

이런 의미/지시체 사이의 구분은 많은 현대 의미 이론들의 초석이 되었다. 그것은 어떻게 언어가 현실과 연결되는가를 보이려고 시도하는 철학적 기획들의 중심에 놓여 있다. 프레게에 따르면 한 표현의 의미는 그것이 지시하는 것을 규정하기 때문에, 어떤 철학자들은 우리가 말하는 것과 존재하는 것 사이에 본질적인 연관이 있어야만 한다고 보았다. 이런 관점은 버트런드 러셀과 젊은 루드비히 비트겐슈타인(후기의 비트겐슈타인은 이 관점을 거부했다)의 논리적 원자론에 영향을 미쳤으며, 다수의 중요한 현대 철학 사상들에 계속해서 등장한다.

버트런드 러셀
Bertrand Russell
(1872~1970)

"A가 거짓이라고 해서
B가 진실이 되는 것은 아니다"

영국의 논리학자이자 철학자, 수학자, 사회사상가. 영국이 낳은 최고의 현대 철학자로 평가된다. 러셀은 19세기 전반에 비롯된 기호논리학의 전사(前史)를 집대성하였다. 러셀의 한정적 기술의 이론은, 존재하지 않는 것들에 관해 유의미하게 말하는 것이 어떻게 가능한가를 보임에 있어 논리 분석의 표준적 도구가 되었다. 이 이론은 오래된 철학적 수수께끼, 즉 한 문장이 무언가를 지시하지 못할 때 그것을 진실, 혹은 거짓이라고 판단할 것인가를 풀어낸 기념비적인 이론으로 평가되고 있다. 저서로는 〈서양 철학사〉, 〈수리철학 서설〉, 〈정신의 분석〉, 〈물질의 분석〉, 〈의미와 진실의 탐구〉 등이 있다.

러셀은 영국의 가장 유명한 현대 철학자이자, 그의 권위 있는 〈서양 철학사〉는 여전히 철학사서의 고전이다. 러셀이 최초로 유명세를 얻은 것은 어떻게 수학이 논리학에 기반하고 있는가를 보이려는 시도에 의해서였는데, 이런 시도는 단지 부분적으로 성공적이었다. 결국 그런 프로젝트를 포기했음에도 불구하고, 그는 논리적 분석에 대한 연구에 의해 철학 분야에서 유명해졌으며, 인생의 후반기에는 인도주의적 사회철학으로 인해 사회에서 명성을 얻었다. 흥미롭게도 러셀은 자신의 사상이 이 두 가닥들의 사이에 어떤 필연적 연관도 없다고 보았으며, 그의 사회철학적 관점에 대하여 말하기를, "이 문제들에 관하여 나는 철학자로서의 역량에 근거해서 쓰지 않았다. 나는 세계의 상황으로부터 고통을 겪은 한 인간으로서, 그것을 개선할 수 있는 어떤 방법을 찾기를 희망하면서, 같은 느낌들을 갖고 있는 타인들에게 평범한 언어로 말을 건네고자 갈망하면서 그것들을 썼다." 비평가들은 이것이 확실히 철학의 과업이며, 논리적 분석을 위한 형식적 작업보다도 훨씬 더 그러하다고 불평할 테지만, 그것은 러셀이 공유할 관점은 아니다.

러셀 저작의 범위는 철학의 모든 전통적 영역들을 아우르며, 20세기 전반에 생성되었던 많은 새로운 생각들을 포함하고 있다. 그의 생각은 그의 삶 전체에 걸쳐 계속해서 변화하고 발전했다. 하지만, 그의 가장 중요한 공헌들은 20세기의 첫 십 년여 안에 나타났었다는 것이 일반적인 견해이다.

의미와 지시체에 대한 의미론적 문제들에 관심을 가졌던 러셀은, 유명한 '한정적 기술에 대한 이론(theory of definite descriptions)'으로 오래된 철학적 수수께끼를 풀었다. 이 수수께끼는 한 문장이 무언가를 지시하지 못할 때 그것을 진실 혹은 거짓이라고 판단할 것인가에 관한 것이다. 예를 들어, A-"현재 프랑스 왕은 대머리이다"라는 명제를 고려해보자. "현재 프랑스 왕"에 해당하는 사람이 존재하지 않기 때문에, 이런 종류의 문장들은 거짓이거나 무의미하다고 보아야 하는가? 그러나 양쪽 관점은 모두 문제를 초래한다. 그것이 무의미하다고 말하는 것은, 우리가 그 문장이 주장하려고 하는 바를 이해할 수 있다는 단순한 사실에 반대된다. 그러나 그것이 거짓이라고 말하는 것은, A의 반대인 B-

"현재 프랑스 왕은 대머리가 아니다."라는 명제가 진실이라는 것을 함축하고 있는 것으로 보인다. 그러나 B는 A 만큼이나 진실이 아니다. 그렇다면 우리는 이렇듯 지시에 실패하는 문장들의 분석을 어떻게 해결할 수 있을까? 러셀의 대답은 기발했다. 그는 그런 문장들이 사실은 별개의 주장들의 결합으로 구성되어 있는 기술들이라고 제안했다. 즉, 첫째로 프랑스의 왕이라는 인물이 존재한다는 주장과, 둘째로 프랑스의 왕인 단 하나의 인물이 존재한다는 주장, 셋째로 프랑스의 왕인 사람은 누구라도 대머리라는 주장이 그것들이다. 이제 이 명제들은 형식적으로 규정될 수 있다. 그것들은 첫 번째 명제(프랑스의 왕이 있다)가 거짓인 결합 명제를 이루고 있다. 논리적으로, 여러 개의 명제들의 결합으로 이루어진 어떤 명제의 경우, 만일 그 결합물들 중 어느 하나라도 거짓이라면, 전체 명제는 거짓이 된다. 따라서 이 결합 명제는, 다른 결합물들이 진실이거나 거짓으로 취급되는지에 상관없이, 거짓으로 판명된다.

한정적 기술의 이론은, 존재하지 않는 것들에 관해 의미 있게 말하는 것이 어떻게 가능한가를 보임에 있어 논리 분석의 표준적 도구가 되었다. 언어 철학 분야에서 작업하는 누구라도, 단어들의 의미와 세계 속의 사물들을 필연적으로 연결하는 것을 추구하는 의미 이론을 먼저 다루는 것이 필수적이다. 만일 그것이 의미의 근원적인 기반이라면, 비존재들에 대한 주장들은, 러셀의 분석이 없이는 확실히 문제가 있는 것으로 보인다.

루드비히 비트겐슈타인
Ludwig Wittgenstein
(1889~1951)

"의미는 언어 사용자들의 활동과
행동으로부터 분리될 수 없다"

오스트리아 출생의 언어철학과 분석철학의 발판을 놓은 철학자. 논리 실증주의자들이 명료하고 논리적인 이상언어를 추구한 것과는 달리 이상언어를 비판했다. 32세에 모든 철학의 문제를 해결했다고 선언했던 그의 명저 〈논리 철학의 논고〉가 현대 철학에 끼친 영향력은, 아무리 크게 평가하더라도 과하지 않다. '논고'의 중심 주제는 언어와 생각, 현실 사이의 관계이다. 언어는 생각의 지각 가능한 형태이며, 보편적인 논리적 형식, 혹은 구조에 의해 현실에 연관된다. 따라서 그는 언어적 표현들의 의미는 모호함과 불확실성으로 물들게 될 것이기 때문에 세계의 본질에 의해 규정되어야 한다고 주장했다. 그의 사상은 오스틴에게 직접적인 영향을 끼쳤으며, 일상 언어(옥스퍼드)학파에게, 또 현대의 언어-행동 이론가들에게도 큰 영향을 주었다. 저서로는 〈논리 철학의 논고〉, 〈철학탐구〉, 〈확실성에 대하여〉 등이 있다.

오스트리아 빈의 명성 있는 가문에서 태어난 루드비히 비트겐슈타인은, 독일과 영국에서 공학을 공부했지만 수학에 관심을 가지게 되었고, 러셀과 프레게와 함께 철학을 공부하다가 제1차 세계 대전 동안 오스트리아군에 입대했다. 그가 군인으로서 소장했던 공책들은 그의 〈논리 철학 논고〉(1922)의 기초가 되었는데, 이 논문으로 그는 캠브리지에서 박사 학위를 받았으며 비엔나 서클의 철학자들에게 지속적인 영향력을 끼치게 되었다. 〈논리 철학 논고〉가 출간되었을 때 그의 나이는 겨우 서른두 살밖에 되지 않았음에도 불구하고, 그는 자신이 모든 철학의 문제들을 해결했다고 선언했으며, 즉시 학자로서의 삶으로부터 은퇴했다.

'논고'의 중심 주제는 언어와 생각, 현실 사이의 관계이다. 비트겐슈타인은 주장하기를, 언어는 생각의 지각 가능한 형태이며, 보편적인 논리적 형식 혹은 구조에 의해 현실에 연관된다. 프레게의 뒤를 따라서, 비트겐슈타인은 언어적 표현들의 의미는 세계의 본질에 의해 규정되어야 한다고 주장했는데, 만일 그렇지 않다면 어떤 표현의 의미는 모호함과 불확실성으로 물들게 될 것이기 때문이다. 러셀로부터 그는 언어와 세계 양쪽이 그들의 구성 요소 혹은 원자적 부분들이라는 측면에서 이해되어야 한다는 생각을 빌려왔다. 하지만, 비트겐슈타인은 문장들의 근본적인 논리적 구조가, 세계의 본질적 구조를 정확히 반영하거나 묘사해야 한다고 주장함으로써 그의 스승들과 의견을 달리했다. 이것은 의미에 대한 '그림 이론'이라고 알려지게 되었는데, 문장들은 사건들의 가능한 상태들에 대한 표현들, 말 그대로 '그림'들이다. 의미를 갖기 위해서는 논리적 질서가 필수적이므로, 비트겐슈타인은 "일상 언어는 러셀과 프레게가 생각했던 것처럼 논리적으로 불완전할 수는 없다"고 주장했다. 반대로 언어는 있는 그대로 질서를 유지하고 있으며, 말해질 수 있는 것은 어떤 것이라도 명확하게 말해질 수 있고, 명확히 말해질 수 없는 것은 침묵 속에 묻혀야 마땅하다.

비트겐슈타인은 〈논리 철학 논고〉가 출판된 이후에 일종의 망명을 떠나 상속받은 유산을 포기하고 오스트리아에서 선생님으로, 나중에는 정원사가 되어 일을 하며 지냈다. 하지만 그는 1929년 즈음, 자신의 초기 사유에 만족하지 못하게 되어 캠브리지로 돌아왔다. 그의 부재 기간 동안 〈논리 철학 논고〉는 비평적 환호를 얻었고 유럽의 사유 학파들에게 큰 영향을 끼치기 시작했다. 비트겐슈타인은 자신의 초기 사유에 대한 가장 맹렬한 비판가로서의 독특한 위치에 처하게 되었다. 그는 다음 20년 동안 죽을 때까지, 그의 초기 사유를 구성했던 철학적 혼란들을 명확히 하고 떨쳐 버리려고 노력했다. 그의 후기 저작들의 전집은 그의 사후에 〈철학적 탐구〉(1952)라는 이름으로 출판되었다.

'탐구'에서 비트겐슈타인은 언어와 생각, 현실의 본질에 계속적인 관심을 보인다. 하지만 이제는, 그는 의미가 현실에 의존한다는 주장과 언어가 본질적으로 표상과 관련된다는 주장을 거부한다. 사물들은 말 그대로의 이름들의 의미들이 아니라, 그것들은 의미에 대한 설명으로서 작용한다. 즉, 탁자를 가리키는 것은 '탁자'라는 단어가 무엇을 의미하는지 설명하는 것을 돕는다. 마찬가지로, 비트겐슈타인은 언어는 많은 기능을 갖고 있다는 사실을 깨닫는다. 단어들은 우리가 여러 맥락들에서 많은 다른 목적들을 위해서 사용하는 도구들과 같다. 언어는 단지 표현하거나 묘사하기 위해서만 사용되는 것이 아니라, 또한 질문을 제기하고, 게임을 하고, 명령을 내리고, 모욕을 하는 등의 목적을 위해 사용될 수 있다. 한 단어가 의미하는 것은, 그것이 사용되는 목적과 적용되는 맥락에 의존한다. 이런 관점은 비트겐슈타인의 유명한 '언어 게임'이라는 개념을 발생시킨다. 다시 말해 특정한 상황 하에서 사용된 한 표현의 의미를 설명하는 것은 맥락이라는 것이다. 비트겐슈타인의 후기 사유의 핵심은, 의미가 현실의 본질과 필연적으로 연결되어 있다고 생각하는 것은 잘못이라는 것이다. 의미는 언어 사용자들의 활동들과 행동으로부터 분리될 수 없는데, 그것들이 둘 다 우리 언어들의 의미를 반영하고 설명하기 때문이다.

현대 철학에 대한 비트겐슈타인의 영향력은 아무리 과장해서 평가해도 지나치지 않는다. 그의 후기 작업은 오스틴(J. L. Austin)에게 직접적인 영향을 끼쳤으며, 옥스포드의 '일상 언어' 학파에게, 또한 현대의 언어 행동 이론가들에게도 큰 영향을 주었다. 한편 그의 초기작에서 제시되고 발전되었던 가정들은, 콰인(Quine), 도널드 데이빗슨(Davidson), 마이클 더밋(Dummett)을 비롯한 많은 철학자들에 의해 제시된 현대의 철학적 사상 속에서 여전히 소중히 보존되고 있다.

페르디낭드 소쉬르

Ferdinand de Saussure

(1857~1913)

"언어는 개인의 창조물일 수 없으며, 본질적으로 사회적이다"

스위스의 언어학자로 근대 구조주의 언어학의 시조로 불린다. 제네바대학교 교수를 역임했다. 소쉬르는 언어학에서 사용되는 중요 개념 중 공시 언어학과 통시 언어학을 처음 도입하기도 했다. 그는 언어학의 임무가 문법, 문헌학 혹은 어원학과 어떠한 관련이라도 있다는 생각을 거부했다. 그보다는 언어학 연구의 적합한 대상은 인간들에 의해 사용되는 상징들의 체계라고 정의를 내리는데, 그 상징들의 관계들은 추상적인 것들 안에서 "통시적으로"라기보다는 "공시적으로" 연구될 수 있다고 주장했다, 이는 그 언어의 어떠한 특정한 역사적 적용에 대한 언급 없이 연구될 수 있다는 것을 의미한다. 〈인도유럽어 원시 모음체계에 관한 논문〉을 썼으며, 저서로는 〈일반언어학 강의〉가 있다.

스위스의 언어학자 소쉬르의 저작은 첫째로 언어학에, 둘째로 '언어적 선회(linguistic turn)'의 강림으로 철학 분야에 막대한 영향을 미쳤다.

소쉬르가 남긴 저작들은 그가 일생동안 가졌던 폭넓은 관심사들 중 극히 일부에 불과하다. 그는 인생 말기에 제네바의 대학에서 일반 언어학을 가르쳤는데, 매 강의가 끝날 때마다 강의 노트를 폐기했다고 전해진다. 자신의 연구를 글로서 남기지 않았기 때문에 그의 사망과 함께 사상도 따라 묻히게 되었다. 그러나 다행히도 그의 강의는 너무나 비범했기 때문에, 제자들이 그가 가르쳤던 3년 여 동안 정리했던 자신들의 노트를 수집해, 1916년에 〈일반 언어학 강의〉라는 제목으로 출판하였는데, 이것은 종종 〈강의cours〉로 지칭된다.

소쉬르의 〈강의〉는 언어학의 임무가 문법과 문헌학, 어원학과 어떠한 관련이라도 있다는 생각을 거부한다. 언어학 연구의 적합한 대상은 인간들에 의해 사용되는 상징들의 체계라고 정의를 내리는데, 그 상징들의 관계들은 추상적인 것들 안에서, 또는 그가 말하듯이 "통시적으로(通時的, diachronically)"라기보다 "공시적으로(共時的, synchronically)" 연구될 수 있다. 이는 그 언어의 어떠한 특정한 역사적 적용에 대한 언급 없이 연구될 수 있다는 것이다. 소쉬르는 언어학 연구의 적합한 대상이 어떤 주어진 개인의 언어적인 산물이 아니라 언어 사용자들의 공동체에 의해 공유된 지식이라고 말한다.

> "우리는 이런 산물에 대한 매우 정확한 관념을 떠올릴 수 있다. 그러므로 같은 하나의 공동체에 속하는 개인들의 머리속에 잠재적으로 존재하는 것에 집중함으로써, 언어를 물질적으로 우리 앞에 가져다 놓을 수 있는데, 심지어 그 개인들이 잠들어 있을 때라도 가능하다. 우리는 개개인의 머리속에 우리가 언어라고 부르는 전체 산물이 존재한다고 말할 수 있다. … 결과적으로 언어는, 개인에 대해 상당히 독립적이다. 그것은 개인의 창조물일 수 없으며, 본질적으로 사회적이다. 그것은 집단성을 상정한다."

소쉬르는 언어를 '상징의 체계'로 개념화하는데, 그러나 이것은 필연적으로 '상징'을 정의내릴 것을 요청한다. 소쉬르는 단어와 개념과의 접합이라고 그것을 정의한다. 발화 상황에서 상징이 적용되었을 때, 그것은 이중의 효과를 갖는다. 한편으로 발화(vocalisation)에 의해 생성되고 뇌 혹은 정신에 의해 받아들여지는 물리적인 음향 패턴, 즉 기표(記標, the signifier)가 있으며, 다른 한편으로 그 상징이 의미하는 개념 혹은 생각, 즉 기의(記意, the signified)가 존재한다. 양자는 하나의 동일한 발화 사건의 효과들로서 "정신 속에 부착된다." 기표와 기의는 분리불가능하게 연결되어 있는데, 그것들은 "한 장의 종이의 앞뒷면과 같다." 이런 개념화의 요점은 기표와 기의가 발화된 단어와 완전히 구분될 수 있다는 것이다. 한 마디로 기의는 심리적인 사건인 다른 둘의 원인이 된다.

소쉬르는 추상적인 음향 패턴과 의미된 개념 사이의 관계는 완전히 임의적이라고 주장한다. 그러나 어떤 언어 안에서 음향 패턴들 사이의 관계는 추상화되고 도식화될 수 있다. 소쉬르는 그런 도식을 '랑그(langue)'라고 부르는데, 이것은 발화를 위해 사용되며 사회적으로 공유되는 상징들의 체계이다. '랑그'는 '파롤(parole)'과 구분되는데, 후자는 발화 행위의 의도적(intentional) 생산이다. 소쉬르는 랑그와 파롤의 차이점은 어떤 곡의 악보와, 그것에 대한 특정한 연주 사이의 차이와 같다고 언급했다.

소쉬르는 또한 우리가 단지 상징들 사이의 내적인 관계들에 주의를 기울임으로써, 즉 '랑그'를 분석함으로써 언어를 분석할 수 있다고도 생각했다. '랑그'에서 한 상징의 역할은 그것의 내용이나 적극적인 기여를 간주함으로써 규정되는 것이 아니라, 그 체계 안에서 다른 상징들과 그것의 차이에 의해서 정의될 수 있다. 예를 들자면 'Mary'나 'marry', 'merry'라는 기표들의 모음들은 상호적으로 대조함으로써만 정의될 수 있다. 이와 유사하게 '남성'이라는 기의에 의해 표현된 관념은 '여성'에 반대되어야 한다. 즉, 우리는 이 두 개의 술어를 동시에 같은 주어에 대하여 적용할 수 없다.

이런 폐쇄된 네트워크 내의 부정적 상호 정의라는 생각은 '구조주의' 운동을 발생시켰다. 구조주의 운동은 소쉬르의 영향으로 사회적 실천들의 근저에 위치한 구조들에 집중함으로써 다양한 사회 과학들의 연구를 수행하고자 했다. 그런 구조들은 전형적으로, 어휘 사용보다 문법이나 구문, 문체보다 서술 규칙들을 연구하는 것으로, 다시 말해 사용되는 체계의 특정한 표현들이 아닌 상징체계들과 그것의 규칙들을 연구하는 것이다.

20세기에 들어서 푸코(Foucault)나 데리다(Derrida) 등의 철학자들과 함께 '탈구조주의(poststructuralist)'라는 흐름이 등장하게 되었는데, 푸코는 한 요소의 모든 가능한 관계들을 규정할 수 있다는 소쉬르의 가정을 거부했으며, 단지 언어 사용에 있어서 역사적으로 발생한 여러 조합들을 검토할 수 있을 뿐이라고 주장했다. 그의 주장과 같이 추상적 언어 구조들을 정의내리려는 구조주의의 이론은 아직까지 성공적으로 수행되지 못했다.

조지 에드워드 무어
George Edward Moore
(1873~1958)

"무언가가 좋은가 아닌가의 문제는
항상 '열려 있는' 문제이다"

영국의 실재론(實在論)을 대표하는 철학자. 러셀과 비트겐슈타인과는 동시대 사람이었으며 현대 분석 철학의 기초를 만들었다. 무어는 철학적 방법론의 하나로 상식을 강조했다. 그는 초기에 관념론과 그것의 경쟁상대인 경험론을 모두 거부함으로써, 회의주의적이며 기상천외한 철학자들의 관점들에 대항하여 우리의 일반적인 지식에 대한 주장을 정당화하고자 하는 실재론을 옹호하였다. 그는 윤리학을 주된 중심 문제로 여겼으며, 어떤 개념들도 두 가지 방식 중 하나로 분석될 수 있다고 했다. 또한 새로운 문제를 발견해가는 이른바 분석적 방법을 계발하여 현대 서구 철학에 결정적인 영향을 주었다. 저서로는 〈관념론 논박〉, 〈상식의 옹호〉, 〈윤리학 원론〉, 〈윤리학〉, 〈철학의 주요 문제〉, 〈철학 연구〉 등이 있다.

무어는 영국의 철학자이며 러셀과 비트겐슈타인의 동시대인이었다. 그는 언어의 분석을 소위 '상식(common-sense)' 철학의 시발점으로 삼았다. 무어의 초기 사유는 관념론과 그것의 경쟁상대인 경험론을 둘 다 거부함으로써, 회의주의적이며 기상천외한 철학자들의 관점들에 대항하여, 우리의 일반적인 지식에 대한 주장을 정당화하고자 하는 실재론(實在論, realism)을 옹호하고자 하는 것이었다. 무어의 언어학적 방법은 또한 그의 윤리학 사상의 기저에 놓여 있는데, 1903년 출판된 그의 〈윤리학 원론*Prinicipia Ethica*〉에서 가장 주목할 만하게 제기되었다.

무어의 관점에 있어서 우리는 사물들이 어떤가에 대한 우리의 일반적인 이해들을 유지할 자격이 있다. 우리가 스스로 말하는 것을 어떻게 사용하고 이해할지 알고 있는 한, 의미와 진리에 관한 의문들은 일상적인 언어 사용에서는 거의 발생하지 않는다. 유일하게 중요한 의문들은 무어가 '의미들의 분석'이라고 부르는 것으로, 개념들과 다른 정의들 사이의 연관에 대한 더 깊은 수준의 성찰을 지칭하고자 한다. 그런 지식은 일상적인 사용을 위해서 필요한 것은 아니지만, 철학적 분석의 필수적인 방법이다. 무어는 생각하기를, 특히나 더 기상천외한 철학적 주장들일수록, 일단 제대로 분석되고 나면, 거의 아무런 의미도 갖고 있지 못하다는 것이 드러나게 된다. 이런 관점은 비트겐슈타인의 후기 사상의 발전에 막대한 영향을 끼치게 되었으며, 〈확실성에 대하여On Certainty〉라는 제목으로 출판된 비트겐슈타인의 저작은 무어의 '상식'이라는 방식에 대한 직접적 반응이자 그것을 발전시킨 것이라고 간주될 수 있다.

무어에 따르면, 어떤 개념들도 다음과 같은 두 가지 방식 중 하나로 분석될 수 있다. 그것은 그것을 구성하고 있는 부분들, 즉 더 기초적인 개념들로 나누어지거나, 또는 다른 개념들과의 관계들이나 그것들과의 구별에 의해 부정적으로 정의될 수 있다. (이 후자의 관점은 구조주의자들의 생각과 비슷하다. 소쉬르를 참고하라.)

무어는 계속해서 '무엇이 좋은가?(what is good?)'에 대한 논의에서 이 방법을 사용하는데, 이 문제는 그가 윤리학의 중심 문제로 여기는 것이다. 그것은 '노란yellow'이라는 개념과 유사하다. 무어는 "'좋은'이라는 개념은 단순한 개념인데, 마치 '노란'이라는 개념이 단순한 개념인 것과 마찬가지로 그러하다. 우리가 어떤 수단에 의거해서도 이미 그것이 무엇인지를 알고 있지 못한 누군가에게 노랗다는 것이 무엇인지를 설명할 수 없는 것과 마찬가지로, 당신은 무엇이 좋은지를 설명할 수 없다"고 말한다. 계속해서 무어는 "좋은 모든 것들이 즐거운 것이라고 할지라도 우리가 어떤 자연적 속성, 예를 들면 즐거움과 같은 것에 대해 그것이 좋은 것이라고 말할 수 있음에도 불구하고, 항상 '왜 그것이 좋은가?'라는 의미 있는 의문이 그런 주장의 뒤에 따를 수 있다고 보았다. 무어는 이에 대해 "어떤 것이 좋은가 혹은 그렇지 않은가 하는 문제는 언제나 '열려 있는' 문제이다"라고 말했다. 이와 반대로 가정하는 것은 '자연주의적 오류'를 범하는 것인데, 즉 무엇이 자연적인가에 대한 관념을 무엇이 좋은가에 대한 관념과 혼동하는 경험주의 철학자들의 경향을 일컫는다.

'윤리학 원론'에서 무어의 관점은, '좋은'이라는 개념이 어떤 단순하고 비자연적인 (즉, 플라톤적 의미에서 추상적인) 속성을 갖고 있으며, 우리가 이 속성을 직관적으로 알고 있다는 것이다. 그는 윤리학이 이성과 관련된다는 칸트의 입장과 어떤 자연적 속성은 '좋은 것'과 동일시될 수 있다는 공리주의적 관점(밀 편을 참고)을 모두 거부하였으며, 어떤 일상적인 사실 문제 만큼이나 명백히 구분되며 정신에 대하여 독립적인 위상을 갖는 가치 판단들을 전제하는 윤리학을 지지했다. 가치는 절대로 비가치 평가적 용어들로는 정의될 수 없으며, 그런 이유로 자연주의적 오류는 거부되어야 한다.

그러나 무어는 후기 저작들에서 이런 가치에 대한 플라톤주의적 개념화를 포기했으며 가치판단들이 사실은 허용이나 감정의 표현들이라는 관점을 지지했다. 이런 관점은 후에 헤어(R. M. Hare)의 '규범주의(prescriptivist)' 이론에서 자세하게 발전되었다.

또한 의미의 철학적 분석에 관한 무어의 작업은 오스틴의 생각들을 선취한 것이었다. 비트겐슈타인이 '무어의 역설'이라고 명명했던 것은, 비록 무의미하게 보일지라도 "비가 내리고 있다. 그러나 나는 그것을 믿지 않는다"라는 식의 주장이 의미를 갖게 되는 맥락들이 존재한다는 것이다. 이처럼 우리가 한 명제가 사실임을 주장하면서 그것을 믿지 않는다고 선언할 때, 이렇듯 모순으로 보이는 것에 대한 무어의 설명은, 주장하는 것과 함축된 것 사이를 구분하는 것이다. 비가 오고 있다고 주장하는 것은, 진실이거나 혹은 거짓을 주장하는 것이다. 누구든 이런 주장을 하는 이는, 그들이 그것을 믿고 있다는 것을 함축한다. 그들이 "그러나 나는 그것을 믿지 않는다"라고 주장한다면, 그들은 원래의 주장에 반론을 제기하는 것이 아니라, 원래의 함축에 반대되는 말을 하는 것이다.

그럼에도 불구하고 무어는, 그 표현이 무의미한 것으로 보이도록 만드는 것은 그렇듯 주장과 함축 사이의 모순이라는 점을 알아차린다. 이렇듯 의미에 있어서의 정교한 구분들은 언어 분석을 중심적으로 간주함으로 인해서만 명백해질 수 있었는데, 이런 점에 있어서 무어는 많은 현대 철학들에 대하여 선구자이며, 그의 정교한 구분들이 오래 동안 지속되어왔던 몇몇 철학적 수수께끼들을 풀도록 할 수 있었다.

모리츠 슐리크

Moritz Schlick

(1882~1936)

> "하나의 진술은, 그것이 정의상으로 진실이거나,
> 혹은 원칙적으로 경험에 의해 검증이 가능할 때 의미를 갖는다"

독일의 철학자이자 논리 실증주의 운동인 '빈 학파'의 창시자. 독일 빈대학의 교수를 역임했다. 슐리크는 비트겐슈타인의 '논리 철학 논고'에 큰 영향을 받았으며 그 결과 언어와 의미에 우선적으로 관심을 가지고 '검증주의' 이론을 계발했다. 그는 하나의 진술은 그것이 정의에 의해 진리이거나 원칙적으로 경험에 의해 검증 가능해야 한다. 그러므로 큘리크에게는 과학적 진술들은, 원칙적으로 검증될 수 있는 어떤 방법이 있는 하에 있어서만 의미 있는 주장이 되는 것이다. 또 '원칙적으로'라는 전제는 거짓 진술들 또한 진실인 명제들과 같이 의미가 있다는 것을 허용하기 위해 필요하다는 것이다. 저서로는 〈현대 물리학의 공간과 시간〉, 〈일반 인식론〉, 〈윤리의 여러 문제〉, 〈자연철학〉, 〈자연과 문화〉 등이 있다.

슐리크는 유명한 논리 실증주의(Positivist) 운동인 '빈 학파(Vienna Circle)'의 창시자로서, 젊은 비트겐슈타인의 〈논리 철학 논고〉에 대단히 큰 영향을 받았다. 슐리크의 우선적 관심사는 언어와 의미였으며, 의미의 '검증주의(verificationist)' 이론을 계발했다.

슐리크는 "하나의 진술은 그것이 정의된 진리이거나('모든 총각들은 결혼하지 않은 남자이다'와 같이) 또는 원칙적으로 경험에 의해 검증 가능해야 한다"고 주장했다. 과학적 진술들은 원칙적으로 검증될 수 있는 어떤 방법이 있는 한에 있어서만 의미 있는 주장이 된다는 것이다. '원칙적으로'라는 전제는 거짓 진술들 또한 진실인 명제들과 마찬가지로 의미가 없다는 것을 허용하기 위하여 필요하다.

거짓된 진술들은 진실일 수도 있었으나 사실상 그렇지 않은 것들이고, 무의미한 진술들이란 원칙적으로 어떠한 경험으로도 확증될 수 없는 것이다. 슐리크는 그런 진술들의 전형적인 사례들이 형이상학적 철학의 역사 전반에 퍼져 있다고 주장하며, '영혼이 사후에도 살아남는다', '신은 전지전능하며 선하다', '모든 것은 하나이다'라는 식의 주장은 진실도 거짓도 아니며, 단순히 무의미하다고 보았다.

검증주의 원칙은 20세기 중반 동안 거대한 영향력을 가지게 되었다. 이 원칙상 단지 과학적 진술들과 정의상 진실인 진술들만이 의미가 있기 때문에 윤리학과 미학의 명제들과 다른 비명제적 진술들에 관한 어떤 설명이 있어야만 했다. 슐리크에게 있어서 그런 종류의 언급들은 문자 그대로의 의미는 갖고 있지 않으며, 단지 화자의 태도 혹은 감탄을 표현할 뿐이었다. 이런 생각의 영향은 이 기간 동안 윤리학과 미학 분야에서 등장했던 많은 '정의주의(emotivism)' 이론들에서 찾아 볼 수 있다.(G. E. 무어 편 참고) 수학과 논리학 분야의 명제들은 정의상으로 진실인 명제들과 같은 범주에 해당한다. 슐리크에 따르면 그것들은 말 그대로 동어반복이다.

철학자들이 수학 명제들은 단지 정의상으로 진실이라고 주장했던 것이 처음이 아니었음에도 불구하고 그것을 동어반복과 동일시하는 것은 경솔한 주장으로 보인다. 동어반복이란 이미 언급된 무언가를 단지 반복하거나 내포하고 있는 것을 뜻한다. 하지만 수학은 과학만큼이나 발견의 학문이다. 피타고라스부터 칸토어, 힐버트, 카오스 이론과 멘델브로의 프랙탈 생성 등의 현대 수학까지 수학의 발전사를 돌아보기만 하더라도 이런 사실은 명백하다. 게다가 순수 수학에서의 발견들이 종종 물리학 이론들에서 행해지는 예측들을 기반하고 구성하기 때문에, 특히 아인슈타인의 상대성 이론과 슈뢰딩거의 양자 역학이 등장한 이래로 순수 수학의 명제들과 순수 물리학의 명제들은 경계가 모호하다. 다른 각도에서이긴 하지만 유사한 비판이 콰인의 유명한 논문인〈경험주의의 두 도그마*Two Dogmas of Empiricism*〉에서 행해졌는데, 여기에서 콰인은 '분석적(analytic)', '종합적(synthetic)' 혹은 '경험적(empirical)'인 진술들 사이의 구분선이 있을 수 없다고 주장한다.

검증주의 원칙의 문제들은 콰인과 현대 수학 이전에도 명백했다. 검증주의에 대한 주요한 비판은 그것이 스스로의 유의미성에 대한 기준을 충족하지 못하는 것으로 보인다는 점이었다. 하나의 진술이 그것의 검증을 위한 수단으로서만 의미를 갖는다는 주장은 분석적이지도, 경험적으로 시험 가능하지도 않다. 그러므로 그 원칙은 스스로를 무의미하다고 규정하고 있는 것으로 보인다. 슐리크와 몇몇 이들은 이러한 결론에 도달한 검증주의를 구제하고자 그 원칙을 약화시키거나 변형하려는 시도를 했지만, 그런 시도들 중 그 어떤 것도 설득력 있게 증명되지는 못했다. 마침내 그 원칙은 콰인에 의해서 의미의 형식적 기준으로서 포기되어졌다.

슐리크와 다른 비엔나 서클의 철학자들은 검증에 대한 그들의 성찰을 통해 중요한 방법론적 원칙을 강조했다. 그들의 작업 이전에는 명제들의 진실성 혹은 허구성에 관한 의문을 제기하기 전에 명제의 정확한 의미를 규정하는 것에 대해서 어느 정도 느슨한 편이었다. 더 이상의 철학적 문제들을 해결하기에 앞서, 슐리크를 비롯한 그들의 작업은 점점 커져가고 있던 언어에 대한 강조와 의미 이론의 필요성을 진척시키는 데 일조했다.

레프 세메노비치 비고츠키

Lev Semenovich Vygotsky

(1896~1934)

━━━━━━ 비고츠키의 1930년대 언어와 사고에 대한 작업은 그의 모국에서 탄압을 받았고, 1958년까지는 서구에 알려지지 않았지만 후에 심리 철학과 언어 철학 분야에서 큰 영향을 미쳤으며, 특히 비트겐슈타인의 후기작과 연관이 큰 것으로 유명하다. 비고츠키는 그의 사후에 출간된 가장 유명한 저서 〈사고와 언어〉를 완성하기 전, 언어학과 심리학, 철학, 예술 분야의 연구를 했다.

그의 주된 관심사는 사고와 언어의 관계로, 그는 심리학이 이 주제를 체계적으로 자세히 탐구한 적이 없다고 생각했다. 아우구스티누스에 의해 언급된 전통적인 관점에서 볼 때, 말이란 사고라는 내적인 과정의 외부적 표현이었다. 이 관점에서 언어와 사고는 논리적으로 구별되지만 우발적으로 연결되어 있으며, 우리는 '발화(vocalisation)'를 우리의 정신 속에 독립적으로 발생하는 생각들을 표현하기 위한 편리한 수단으로 사용하게 되었다는 것이다. 이런 구상은 직관적이며 설득력이 있어 보이지만, 비고츠키는 비트겐슈타인과 마찬가지로 개념적으로 결함이 있는 주장이라고 생각했다.

비고츠키는 "말의 구조는 사고의 구조의 단순한 반영은 아니다. 그러므로 그것은 옷걸이에서 꺼낸 옷처럼 생각에 바로 적용될 수는 없다. 말은 단순히 전개된 생각의 표현으로서의 역할만 하는 것은 아니다. 사고는 말로 변형되면서 재구성된다. 그것은 단어 속에서 표현되는 것이 아니라 완성된다. 따라서 말의 내적인 측면과 외적인 측면의 전개는 정확히 운동의 대조되는 방향들 때문에 진정한 통일성을 형성한다"고 말했다.

여기서 비고츠키가 묘사하는 과정은 언어 사용이 의식적 활동과 결합하여 하나의 통일체를 형성하는 것이다. 품어진 생각과 형성된 단어 사이에는 설명되어야 할 인과적 관계가 없으며, 유의미한 표현들은 언어적 매개에 작동하는 의식 작용들의 결과이다. 양자는 개념적으로 의존적인데, 이런 생각은 비트겐슈타인의 유명한 '사적 언어 논증'에서 열정적으로 주장되는 것이며, 유년시절의 언어 습득에 관한 비고츠키의 설명에서 유사하게 표현되고 있는 것이다.

영아(infant)는 의존적인 개인으로서 고립되어 존재할 수 없다. "그는 사적 관계의 한 항으로서 보편적 삶을 산다." 따라서 사회적 자극에 노출됨으로써 최초의 학습을 하며, 나중에는 그런 자극을 내면화하게 된다. 비고츠키는 "어린 아이의 문화적 발달의 모든 기능은 두 번 등장한다. 첫째로 사람들 사이에서(상호심리적), 둘째로 아이의 내면에서(심리 내적)"라고 말한다.

비고츠키의 작업은 '사피어 워프(Sapir Whorf)' 가설, 또는 '언어적 결정'으로 알려져 있는 유명한 철학적 가정과 연관된다. 단순히 말해서 그것은 우리가 갖고 있는 개념적 체계가 우리가 세계에 대해 생각하고 지각하는 방식에 직접적으로 영향을 끼친다는 것이다. 다른 언어들을 가진 다른 문화들은 말 그대로 세계를 다른 방식으로 지각한다. 영어에는 눈을 가리키는 하나의 단어 밖에 없는 데 반해, 이누이트족의 언어에는 그것을 지칭하는 많은 단어가 존재한다. 워프는 따라서 이누이트족이 영어 화자들보다 눈에 대하여 더욱 세분화된 구분을 하기 때문에, 그들은 말 그대로 눈을 다른 방식으로 "본다"는 것이다. 그들은 다른 나라 사람들이 보지 못하는 눈의 세세한 차이들을 본다.

비고츠키는 아이가 특정한 언어로 구조화된 관계 속에서 성장하면서, "세계를 자신의 눈으로서만이 아니라 언어를 통해서 지각하게 된다. 그리고 나중에는 보는 것 뿐 아니라 행동하는 것 또한 단어들에 의해 영향을 받게 된다"고 결론지을 수밖에 없었다.

루돌프 카르나프
Rudolph Carnap
(1891~1970)

카르나프는 독일의 실증주의 철학자이자 '빈 학파(Vienna Circle)'의 주도적 멤버였으며, 전후 미국 철학의 발전에 있어 중심적 인물이었다. 예나 대학에서 프레게의 학생이었던 그는 비엔나로 건너가 러셀과 비트겐슈타인의 사상에 대단히 큰 영향을 받았다. 그 후 국가 사회주의의 등장과 함께 유럽을 떠나 미국으로 향했고, 남은 여생을 그곳에서 머물렀다. 그가 남긴 20여 권의 책과 80여 개의 논문은 논리학과 의미론, 과학철학에 커다란 공헌을 했다.

카르나프는 슐리크, 헴펠과 함께 검증 원칙의 절대 지지자였다. 그는 이 원칙에서 인간 지식에 대한 기여로 간주될 수 있는 어떤 것이라도 관찰과 경험에 의해서 정당화되거나, 형식적으로나마 동어 반복적 명제들로 표현될 수 있어야 한다고 보았다. 그는 이런 형식적이고 동어반복적인 명제들을 세심하게 분석했는데, 이것을 "과학 언어의 논리적 구문"이라고 기술했다.

카르나프에 따르면, 논리적 구문은 어떠한 유의미한 명제의 가능한 형태들을 설정하는 관습적 규칙들을 제공한다. 과거의 철학자들은 그런 규칙들을 실체적인 철학적 주장들과 혼동했지만, 그것들에 대한 적절한 이해는 후에 비트겐슈타인이 '표상의 규범들norms of representation'이라고 불렀던 것으로서 드러난다. 예를 들면 "시간은 양쪽 방향으로 무한히 펼쳐진다"는 주장은 어떤 '양의 실수' 혹은 '음의 실수'라도 시간 좌표를 표상하기 위해 사용될 수 있다는 '구문론적' 명제인 것으로 볼 수 있다. 그런 명제는 어떠한 경험적·인지적인 내용도 갖고 있지 않으며, 그보다는 기호들의 사용에 대한 규칙을 표현하는 것으로 이해해야 할 것이다.

카르나프는 명제의 모든 가능한 형태들, 즉 한 언어의 모든 기호들 사이의 구조적 관계들에 대한 철저한 탐구에 의해 과학의 논리적 구문이 완전히 드러날 수 있다고 생각했으며, 철학을 순수하게 언어적 분석 작업으로 만드는 것이 철학의 임무라고 그는 주장했다. 이 지점에서 카르나프는 기호들과 논리적 구문의 가능한 조합에 대한 구문론적 탐구는, 그런 기호들이 실제로 표상하고 있는 것과는 아무런 연관을 가질 수 없다고 확신했다. 다시 말해 논리적 구문과 경험적 내용은 별개이며, 서로 관련되지 않은 연구들이었다. 카르나프는 전자는 철학에 속하며, 후자는 과학의 다양한 부문들에 속한다고 보았다.

그러나 카르나프는 괴델과 타르스키의 영향으로 이런 입장을 수정할 수밖에 없었다. 어떤 철학적으로 중요한 언어의 속성들은 구문론적 구조들로 환원될 수 없다는 것이 명백해졌는데, 특히나 진리성(property of truth)은 의미론적 분석을 요청하는 것이었다. 그는 타르스키가 대상 언어를 지시하는 메타–언어를 사용하여 의미론의 형식적 이론을 발전시키는 것이 가능하다는 것을 선보인 후, 진리성의 이론을 수립하기 위해 의미론적 규칙들을 정의하는 작업을 시작했다. 카르나프는 이런 논리적 분석에서 중대한 기여를 했으며, 그 연구는 그의 제자 콰인에게 큰 영향을 끼쳤다.

알프레드 줄스 에이어
Alfred Jules Ayer
(1910~1989)

에이어는 방송인으로서도 유명한 옥스퍼드 철학자였으며, 어떤 이들의 관점에서는 정치적 급진주의자였다. 타임지의 문학 부록은 독자들에게 경고하기를, 그의 작업이 "붉은 깃발을 옥스퍼드 대학의 성벽 안으로 운반하는 데 성공했다"고 언급했다. 하지만 그는 '논리 실증주의' 작업과 '감각 정보'에 근거한 탄탄한 경험주의, 즉 '현상론(phenomenalism)'이라는 입장에 대한 신념으로 가장 잘 알려져 있다. 그의 유명한 저서로는 〈언어, 진리, 논리Language, Truth and Logic〉와 '지식의 문제들The Problems of Knowledge〉이 있으며, 이 외에도 자유와 도덕성, 프래그머티즘, 러셀, 흄, 볼테르 등에 관한 저작들을 남겼다.

'언어적 현상론(linguistic phenomenalism)'이라고 그가 명명한 이론은 그의 초기 작업의 기반이 되며, 회의주의, 지각, 기억과 개인의 정체성에 대한 그의 관점을 구성하고 있다. 현상주의적 관점에 있어서 물질적 사물들에 대해 말하는 것은 적합하지만, 만일 그 사물들이 우리들의 감각에 나타나는 것의 '배후에' 혹은 '너머에' 존재한다고 간주된다면 잘못 이해된 것이다. 이 관점의 표준적 견해에 따르면, 물질적 사물들은 '우리의 감각 정보들의 논리적 구성물'로 보아야 하는데, 에이어의 '언어적' 현상론은 이런 현상주의의 표준적 견해를 옹호하지는 않는다. 그는 물질적 사물들에 관한 진술들은 '감각 정보'에 관한 진술들로 환원될 수 있다고 보았으며, "감각 정보가 발생하는 방식은, 그 자체로는 관찰 가능하지 않은 실체들과 관련하여 설명될 수 있다. (현상주의자는) 하지만 그런 관찰 불가능한 실체들에 관해 말하는 것이 종국에는 감각 정보에 관해 말하는 것이라는 점을 덧붙일 것이다"라고 의미를 부여했다.

  이에 따르면 어떠한 진술 S도 K라는 진술들의 집합으로 환원될 수 있는데 "K가 S보다 더 낮은 인식론적 층위에 존재하는 한, 즉 K진술들이 '더 확고한' 정보를 지칭하는 한" 그러하다. '확고한 정보(harder data)'라는 말로 에이어가 의미하는 바는, 감각적 입력의 1차적 증거이다.

  여기서 에이어에게 제기되는 문제는, 언어적 현상주의의 입장에서 더 근본적인 현상주의 입장을 거부하면서 그가 그 자신의 이론에서 설명력의 기반을 제거했다는 점이다. 만일 관찰 불가능한 것들을 상정하는 것이 감각 정보상의 패턴이나 규칙성의 발생을 설명해야 한다면, 또 그런 설명들이 단지 감각 정보의 발생들로 환원될 수 있다면 감각 정보는 단지 스스로를 설명하기 위하여 소환되고 있는 것처럼 보일 것이다. 에이어는 이런 문제를 의식하고 있었으며 이를 가정적 조건문의 역할로 넘겼다. 그에 의하면 감각 정보상의 규칙성들은 특정한 조건들에서 어떤 감각 정보가 받아들여질 수 있는지에 관한 가정적 진술들로 설명된다. 예컨데 정원에 나무가 존재한다는 사실은, 누구든 정원에 들어가는 사람은 나무 형태의 자연으로부터 감각 인상을 받게 될 것이라는 가정적 주장에 의거하여 설명된다. 우리는 그 나무가 그런 감각 인상들의 원인으로서 존재한다는 것을 가정할 수 있지만, 이 진술의 의미는 특정한 시공간적 영역(즉, 정원) 안에 있는 것은 나무 형태의 인상을 발생시킬 것이라는 주장일 뿐이다.

당연하게도 그런 관점에 대한 우려는 존재했다. 특히 그의 '확고한 경험적 이론'은, 그것이 대체하려고 했던 우리의 상식적 이해보다 덜한 설명력을 가지며, 더욱 의심을 불러일으키는 것으로 보인다. 에이어는 확실히 현상론이 직면한 문제들을 알고 있었으며, 따라서 그는 비판적 시각에 비추어 계속적인 개량을 시도했지만, 종국에는 에이어가 자신의 입장을 약화하여 스스로의 주장이 모든 타당성을 잃었다고 시인하기까지 이르게 되었다. 하지만 그러한 그의 일련의 작업 과정을 통해 20세기 철학에 중심적인 논점들의 발전에 많은 기여를 했다는 점에 있어서는 무시할 수 없다.

알프레드 타르스키
Alfred Tarski
(1902~1983)

"진리는 문장들의 속성이지,
세계나 사건들의 상태의 속성이 아니다"

폴란드 출생의 폴란드 학파의 일원으로서 20세기의 가장 위대한 논리학자로 평가된다. 타르스키의 논리학 연구는 많은 현대 언어철학과 철학적 논리학에 근본적으로 이바지했다. 그의 경력 초기에는 수학의 기초에 관한 연구로 명성을 얻었지만 의미론과 형식 언어에서 진리의 정의에 대한 연구에 의해 가장 큰 영향력을 발휘했다. 그는 진리는 문장들의 속성이며, 세계나 사건들의 상태의 속성이 아니기 때문에, 어떤 문장이 세계에서 사물들이 어떻게 존재하는가를 언급하는 한, 어떠한 진리의 정의라도 진리라는 속성을 문장에 부여해야만 한다고 주장했다. 저서로는 〈형식언어에서의 진리개념〉, 〈수학적 논리학 서설〉, 〈논리학 및 연역과학 방법론 서설〉, 〈논리학·의미론·대수론〉 등이 있다.

타르스키는 20세기의 가장 위대한 논리학자이며, 그의 사상은 많은 현대 언어철학과 철학적 논리학에 근본적으로 이바지했다. 그는 바르샤바 대학에서 수학과 생물학, 철학, 언어학을 공부했다. 경력 초기에 그는 수학의 기초에 관한 연구로 명성을 얻었지만, 의미론과 형식 언어에서 진리의 정의에 대한 작업에서 가장 큰 영향력을 발휘했다.

철학은 진리의 개념에 대한 적합한 설명을 찾아내기 위해 오랫동안 분투해왔다. 한 문장이 진실이라는 것은 무엇을 뜻하는가? 아리스토텔레스 이래로 이에 대한 가장 인기있는 대답은, 한 문장은 그것이 어떻게든 사실들에 대응할 때 진실이라고 생각하는 것이었다. 하지만 '대응'의 개념을 정의함에 있어 진리 개념에 의거하지 않고 설명하려는 시도는 대단히 어려운 것이었다. 타르스키는 형식 언어로 이 문제를 해결한다. 그는 자신의 해결책을 영어나 불어와 같은 자연어에 적용하는 것에 대해 비관적이었다. 그럼에도 불구하고 이것은 철학자들이 그런 기획을 완수하기 위해 노력하는 것을 막지는 못했다.

타르스키에 따르면, 어떤 제안된 진리의 정의도 다음과 같은 형태와 동등한 것들을 논리적 귀결로서 함축해야 한다.

(1) L이라는 언어에 있어서 S라는 문장은 P가 진실인 한에 있어서 진실이다.

여기서 P는 S의 2차 언어, 혹은 상위(meta) 언어로의 번역이다.

타르스키가 'T 관습(convention)'이라고 명명한 이 조건은 구체적으로 적용될 수 있는데,

(2) 눈이 흰 색이라면, "Schnee ist weiss'는 독일어에서 진실이다.

또한 마찬가지로,

(3) 눈이 흰 색이라면, "눈은 흰 색이다"는 한국어에서 진실이다,

이 예들은 어떤 제안된 진리의 정의에 있어서 중요한 것은, '대상 언어'와 '상위 언어' 사이의 구분이라는 점을 조명한다. (1), (2), (3)은 모두 상위 언어를 쓰고 있는데, 그것들은 다른 문장의 무언가를 언급하고 주장하기 위해 사용되었다. (3)번 문장의 경우에는 상위 언어와 대상 언어가 둘 다 한국어임이 명백하다. 한국어나 독일어와 같은 자연 언어들은 사실 그들 자신의 상위 언어이며, 이것은 그 언어들이 스스로의 문

장들을 사용하고 언급하는 것을 둘 다 가능하게 허용하는 특이한 성질이다. 타르스키는 그런 언어들을 '의미론적으로 닫혀 있다'고 일컫는다. 논리학과 수학, 컴퓨터 프로그래밍에서 사용되는 형식 언어들은 '의미론적으로 열려' 있을 수 있는데, 같은 언어에서 다른 문장을 언급하는 문장이 제대로 형성된 공식으로서 간주할 수 있는 한 그러하다.

'의미론적으로 열린' 혹은 '의미론적으로 닫힌' 언어 사이의 구분은 타르스키에게 중요하다. 첫째로 그는 단지 의미론적으로 열린 언어들만이 진리의 정의를 가질 수 있다고 주장한다. 둘째로 자연언어에서 그렇듯 대상 언어와 상위 언어가 동일할 때, 진리 여부를 결정할 수 없는 '거짓말쟁이 역설'과 같은 역설들이 발생할 수 있기 때문이다. 다음 문장을 고려해 보라.

(4) 이 문장은 거짓이다.

(4)는 진리 여부를 결정할 수 없는데, 왜냐하면 스스로를 지칭하면서 만일 그것이 진실이라면 그것은 거짓이 되고, 그것이 거짓이라면 진실이 되기 때문이다. 따라서 타르스키는 진리가 단지 '열린' 언어들, 즉 고려되는 언어의 '외부'(즉, 상위 언어)로부터 진리성이 부여되는 언어들에 있어서만 완전히 정의될 수 있다고 주장한다. 이것은 그로 하여금 자연언어들에 대해 진리의 정의를 제공할 수 있는 가능성에 대해 비관적이 되도록 만들었는데, 이런 비관주의는 그의 철학적 후계자들이 항상 공유했던 것은 아니다.

타르스키에 따르면 진리는 문장들의 속성이며, 세계나 사건들의 상태에 대한 속성이 아니기 때문에, 어떤 문장이 세계에서 사물들이 어떻게 존재하는가를 언급하는 한, 어떤 진리의 정의라도 진리라는 속성을 문장에 부여해야만 한다. 이 관계는 정확히 T 관습이 표상하고 있는 것이다. 결론적으로 타르스키의 진리에 대한 관점은 언어와 세계 사이의 대응이라는 '고전적' 이해와 궤를 같이 하고 있다. 타르스키의 설명이 자연 언어, 혹은 '닫힌' 언어들 내에서 진리를 정의하는 문제를 해결하고자 한 많은 작업들을 자극했음에도 불구하고, 많은 철학자들은 이런 측면에서 그의 비관주의가 적합한 것이었다고 수긍했다.

존 랭쇼 오스틴
John Langshaw Austin
(1911~1960)

오스틴은 옥스포드의 도덕 철학 교수이자 '일상 언어 (ordinary language)' 학파의 주도적 인물이다. 그의 대표작은 〈지각과 지각되는 것Sense and Sensibilia〉과 〈말을 이용하는 방법How to Do Things With Words〉이다.

오스틴의 연구는 우리가 언어를 통해 수행하는 여러 종류의 일들에 대한 분석으로 시작한다. 철학자들은 오래 전부터 언어가 세계의 상태를 표현하기 위해, 또한 무엇이 진리이고 아닌지를 말하기 위해 사용된다는 사실에 깊은 인상을 받아 왔으며, 진리의 개념은 언어 철학에 있어 핵심적인 개념으로 다루어져 왔다. 오스틴은 후기 비트겐슈타인과 마찬가지로 우리가 언어를 갖고 행하는 많은 다른 것들을 지적함에 있어서 통찰력을 발휘했다. 우리는 언어의 사용을 통하여 사물들이 어떤가를 표현할 뿐만 아니라, 질문을 하고, 명령을 내리고, 농담을 하고, 약속을 하며, 제안을 하고, 충고를 하고, 모욕하기도 하고, 설득시키거나 위협하기도 한다.

　이런 사실이 오스틴으로 하여금 언어 행위의 서로 다른 측면들에 대한 세 가지 구분을 도출해내도록 했다. 첫째로 단어들은 뚜렷한 관습적인 의미를 갖고 있다. "고양이가 양탄자 위에 앉았다(the cat sat on the mat)"라는 표현은 고양이와 양탄자, 그리고 전자가 후자 위에 앉아 있다는 관계를 지칭한다. 이런 의미는 일반적으로 어떤 특정한 언어 행위에 의해 '말해지는 것'이며, 오스틴은 그것에 '담화 행위(locutionary act)'라는 기술적인 명칭을 부여한다. 둘째로 특정한 말을 하면서 우리는 사실상 어떤 행위를 한다. 예를 들어 결혼식에서 '네'라고 말함으로써 약속을 하고, '그렇게 할 것입니까?'라고 말함으로써 질문을 하며, '그렇게 하십시오!'라고 말함으로써 명령을 내리기도 한다. 오스틴은 그것을 '비담화적 행위(illocutionary act)'라 부른다. 마지막으로 무언가를 말함으로써 우리는 종종 어떤 작용을 수행하는데, '네'라고 말함으로써 결혼을 하고, '길 아래에 있는 가게보다 저렴하게 드리겠습니다'라는 식의 말을 함으로써 구매자를 설득할 수도 있다. 그런 행위를 오스틴은 '담화 매개적 행위(perlocutionary act)'라고 부른다.

　이런 언어의 서로 다른 기능들은 필연적으로 상호배타적인 것은 아니다. 오스틴은 많은 언급들이 세 가지 모두와 관련될 수 있음을 알고 있었다. 누군가가 '날씨가 춥다'고 말한다고 간주해 보자. 그것은 그가 어떻게 느끼는가를 묘사하는 담화 행위가 될 것이다. 또한 그것은 열려 있는 창문을 닫아 달라고 요청하는 비담화적 행위로 간주될 수도 있다. 청자가 창문을 닫음으로써 반응한다면, 그 하나의 언급은 비담화적 행위를 수행한 셈이 될 것이다.

이런 구분들은 언어가 기능하는 방식에 대한 우리의 이해를 상당히 심화시키며, 의미 이론에 대하여 요청되는 바에 깊은 영향을 미친다. 특히 어떠한 담화 행위와 비담화 행위들이 수행되는지는 관습, 즉 우리가 하는 말이 어떤 규칙에 의해 이해되는가에 달려 있다는 점은 매우 흥미롭다. 하지만 담화 매개적 행위들은 인과적으로 어떤 사건을 발생시키는 원인이 된다.

그의 다른 주요 저서이자, 또 한 명의 유명한 오스틴(Jane Austen)의 책 제목(〈이성과 감성*Sense and Sensibility*〉)을 비틀어 이름붙인 〈지각과 지각되는 것*(ense and Sensibilia)*〉에서 그는 에이어가 주창한 감각 정보 이론을 공격한다. 오스틴의 방법은 길버트 라일의 것과 유사한데, '범주 착오'라는 개념을 정식으로 도입하지는 않지만 일상적인 언어 사용에 대한 분석을 사용하여, 어떻게 그것이 철학적 맥락들을 전제하며 그에 의존하고 있는지를 보여준다.

오스틴의 작업에 의해 시작된 '일상 언어' 철학 학파는, 두 가지 주요한 업적에 대해 기억될 수 있다. 첫째로 철학과 철학자들로 하여금 그들이 이론을 묘사하고 설명하는 방식, 즉 그들이 다른 맥락으로부터 어떤 개념들을 빌려왔는지, 그런 차용에 일관성이 있는지 등에 더 많은 주의를 기울이도록 했다. 둘째로 화용론(pragmatics) 또는 발화 행위 이론(speech act theory)을 형성하는 데 일조했는데, 이 이론은 그 자체로 언어학과 철학 분야 양쪽에서 주요 사유 학파로 간주되고 있다.

길버트 라일

Gilbert Ryle

(1900~1976)

라일은 옥스포드 출신 철학자로서, 비트겐슈타인의 뒤를 이어 언어적 분석의 중요성을 주장했다. 그는 한동안 철학의 임무는 형이상학적 문제들을 해소하는 것이며, 그 문제들의 형성에 사용된 개념들이 어떻게 잘못 이해되었는지를 보임으로써 그런 임무를 수행할 수 있다고 생각했다. 그런 문제들은 주로 논리적으로 별도의 범주들을 혼동하고 있으며, 이런 생각이 그의 '범주 착오(category mistake)'에 관한 논의로 이어졌다.

라일은 그의 가장 잘 알려진 저서 〈정신의 개념_The Concept of Mind_〉에서 데카르트의 심신 이원론에 의해 발생한 문제들에 관심을 기울인다.

심신 이원론은 신체와 정신이 별개의 실체들이라고 주장하는데, 전자는 물질적이며, 후자는 비물질적이다. 따라서 정신적인 속성들은 단지 정신에만 부여될 수 있으며 물리적 속성들은 신체에만 부여될 수 있다. 이것은 수많은 문제들을 발생시키는데, 정신과 신체의 인과적 상호작용의 문제, 개인의 정체성과 '정신들'의 개체화 문제 등이 대표적이다.

라일은 이렇듯 별개의 비물질적인 정신이 물질적인 신체에 거주하고 있다는 명백한 간극을 '기계 속의 유령' 신화라고 명명하며, 이것이 '범주 착오'에 기반하고 있다고 주장한다. 범주 착오들은 철학적 담론뿐 아니라 일상적인 맥락에서도 나타날 수 있다. 예를 들어 한 대학생이 부모님에게 자신의 학교를 안내하고 있다고 상상해 보라. 그는 그들에게 도서관과 학과 건물, 학생 조합, 운동 시설 등을 보여주며 전체 캠퍼스를 돌아볼 것이다. 이제 부모가 다음과 같이 묻는다고 가정해 보자. '그래, 아주 좋은 건물들이구나. 그런데 언제 대학교를 보러 갈거니?' 명백하게도 부모들은 '대학교'의 개념을 잘못 이해하고 있다. 라일이 말하는 그들의 오류는 "대학교"라는 개념이 "그들이 이미 본 모든 것들이 조직된 방식"이 아니라, "다른 단위들을 구성 요소로 가지는 한 부류의 추가적 구성물"을 의미한다고 생각한 것이라고 말한다.

따라서 구분되는 비물질적인 속성들을 가진 별개의 비물질적인 실체로서의 정신의 개념은 단지 '범주 착오'에 불과하다고 생각했다. 이 경우, 정신이나 정신적 속성들이 비물질적인 용어들로 이해될 수 있다고 가정한 것이 범주 착오를 불러일으킨다. 비물리적인 것으로서의 정신의 개념은 항상 부정적인 물리적 용어들, 즉 비공간적이고 관찰 불가능하며, 운동 상태는 정지 상태가 아닌 것 등의 용어들로 정의되는데, 라일은 정신을 —조롱하다시피— "태엽 조각들이 아니라…단지 태엽 조각이 아닌 것"으로 규정한다.

라일은 계속해서 자신이 고안한 정신에 대한 이론을 묘사하기 위하해, 정신적 속성들이 일상 언어에서 정확히 어떻게 설명되는지를 탐구한다. 그는 정신적 속성들이 어떤 신비하고 관찰 불가능한 사적인 작용의 지배에 따라 주어지는 것이 아니라, 특정한 방식들로 행동하는 성향들에 근거하여 부여된다고 생각했다. 누군가가 화났다고 말하는 것은 그의 내면적 상태를 묘사하는 것이 아니라, 특정한 방식의 행동, 즉 소리를 지르고 물건들을 집어던지고 생각에 잠기거나 노발대발하는 등의 행동을 묘사하는 것이다. 이런 생각은 20세기의 사유 학파인 '논리적 행동주의(카르나프 편을 보라)'와 옥스포드의 '일상 언어 학파(오스틴 편을 보라)'에 막대한 영향을 끼쳤다.

라일은 최종적으로 '범주' 개념이 정확히 정식화될 수 없다는 비판에 비추어 '범주 착오'의 개념을 수정했다. 아리스토텔레스와 칸트는 논리적 범주들을 정의하려는 체계적 시도를 했었는데, 그들 중 누구도 완전한 성공을 거두지 못했다.

노엄 촘스키
Noam Chomsky
(1928~)

촘스키는 펜실베이니아의 필라델피아에서 유명한 히브리어 학자의 아들로 태어났으며, 우리 시대의 가장 많이 알려진 철학자들 중 한 명이다. 그의 사상은 20세기 언어학의 발전에서 핵심적이었다. 하지만 이 분야에서 촘스키의 작업은 독특하고 대단히 논쟁적이며, 매우 오래된 유산을 이어받고 있는 철학적 관점이라는 점을 인식하는 것은 중요하다. 또한 그는 사회적·정치적 논평들로도 잘 알려져 있는데, 이 분야의 관점들 또한 어느 정도는 같은 철학적 가정들에 의해 형성된 것이다. 대학 공부를 중단하려고 했다가 유명한 언어학 교수인 젤릭 해리스(Zellig Harris)의 만류로 학업을 계속했던 촘스키는, 1957년에 출판된 〈구문 구조*Syntactic Structure*〉라는 그의 첫 저작에서 20세기의 언어학 분야를 정의했다. 그는 이후의 수많은 저작들에서 그의 관점을 발전시키고 변화시켰으며, 특히 그의 〈구문, 언어, 정신 이론의 문제들 *Aspects of the Theory of Syntax*〉과 최근작인 〈최소주의 이론*The Minimalist Program*〉에서 그런 변화를 엿볼 수 있다. 그의 많은 정치 관련 저작들 중 가장 영향력 있는 책은 〈미국 정권과 신관료주의*American Power and the New Mandarins*〉과 〈인권과 미국 대외 정책*Human Rights and American Foreign Policy*〉, 〈운명적 삼각관계: 미국, 이스라엘과 팔레스타인〉 등이 있다. 촘스키는 현재에도 언어학과 정치학 분야에서 활발한 저작 활동을 하고 있다.

언어학 분야에서의 촘스키의 작업은 정신에 대한 이성 주의적 이론에 기반하고 있는데, 이런 전통은 촘스키의 작업 이전에 우세했던 로크를 시조로 하는 경험주의 전통에 반발하여, 태어날 때 정신이 빈 서판 혹은 '타불라 라사(tabula rasa)'와는 매우 거리가 멀고, 그 작동 방식들이 특정한 선천적 구조들에 의해 속박된다는 것을 가정하고 있었다. 물론 촘스키의 관심사는 언어 학습 및 서로 다른 언어들의 기반에 자리하고 있는 '구문론적 구조들'이었다. 촘스키의 관점에서 모든 언어들은 근본적인 층위에 있어서 보편적 구조 혹은 문법을 공유하고 있으며, 이 보편적 문법은 교육과 경험을 통해서 학습된 것이 아니라, 우리의 뇌 속에 '내장되어' 있는 것이다.

보편 문법의 개념은 비교적 단순하다. 지구상에는 5,000여 개의 인간 언어가 존재한다고 알려져 있는데, 촘스키는 그 언어들의 많은 표면적 차이들에도 불구하고 그것들 모두가 인간 정신의 특유한 선천적 요인들과 원칙들에 의해 속박을 받는다고 생각했다. 이런 결론은 몇몇 이들이 '생산성(Productivity)' 논증이라고 불렀던 이론에 의존하고 있다. 실험 심리학자들은 종종 2~3세 무렵의 아이들이 문법적 능력을 발달시키는 놀라운 속도를 입증해주는데, 이런 능력은 그 시기의 아이들이 접했던 적은 양의 언어 입력 정보를 훨씬 넘어서는 것으로, 아이가 출발상의 이점(head-start)을 가졌다고 믿는 것이 그럴 법한 설명이 될 것이다. 따라서 문법적인 규칙들은 학습될 필요가 없으며 정신 속에 내장되어 있는 것이다. 어린 나이에 언어를 접하는 것은 단지 아이가 언어적 능력을 가속화된 속도로 발달시키는 계기로 작용할 뿐이다.

이런 선천적 구조는 다른 인지 능력들과 마찬가지로 인간 본성의 한 측면이며, 촘스키는 이것이 긍정적인 정치적 함축을 갖고 있다고 보았다. 로크의 경험주의가 주장하듯, 우리의 본성은 우리가 관용할 수 있는 단지 몇몇의 가능한 정치 구조들이 있다는 것을 규정한다. 오웰(Orwell)의 〈1984〉나 헉슬리(Huxley)의 〈멋진 신세계Brave New World〉에 등장하는 억압적인 정치 체제들은 우리의 정신을 완전히 주조해낼 수 없다. 또한 우리의 생각들은 20세기 전반의 행동주의 심리학자들이 가정했던 것처럼 단지 반복적 자극에 조건화된 반응들이 아니다. '자유로운 행위자'의 개념이 우리의 담화 형태들에 작용하는 속박 조건으로서 우리의 본성 안에 선천적으로 내장되어 있다는 것이다.

이것은 촘스키의 언어학 이론의 추가적인 발전 방향을 드러낸다. 촘스키는 인간 정신의 본성이 언어의 본질에 의해 드러나게 되는 것으로 보았다. 언어가 인간에게 특유한 활동이기 때문만이 아니라 '사고의 매개체'이기 때문에, 언어는 인간 정신의 본질을 밝혀내기 위한 대상으로서 독특한 위상을 차지한다. '정신'이라는 말로서 촘스키가 인간 행동의 근저에 자리하는 인지적 원리들과 절차들을 의미한다는 점, 촘스키가 라이프니츠 등을 상기시키는 정신의 '선천주의(innatist)'를 확고하게 신봉한다는 점을 이해해야만 할 것이다. 이 이론에서 인간의 정신은 우리가 어떻게 해야 하는지, 무엇을 알 수 있는지를 속박하는 특정한 선천적 속성들이 내재되어 있다.

또한 촘스키는 언어학에서의 업적만큼이나 수많은 정치적 저작들로도 잘 알려져 있다. 그는 미국의 대외 정책과 베트남, 캄보디아, 걸프전에서 미국의 관여에 대해 계속적인 비판을 가해왔다. 그는 미국에서 급진적인 사회 변화의 능동적인 지지자로 남아 있으며, 동시에 언어학자와 이론 철학자로서의 작업을 계속하고 있다. 그는 자신의 정치적 관점을 '자유 사회주의자(libertarian socialist)', 즉 사회주의와 무정부주의의 혼합으로서 묘사한다.

PHILOSOPHY
100

제21장

포스트모더니즘
The Postmodernists

ESSENTIAL
THINKERS

클로드 레비스트로스

Claude Levi-Strauss

(1908~2009)

> ### "인간은 안정적 사회를 만들기 위하여 자신의 자연적
> ### 욕망들을 억제하고 규칙들에 순응해야 한다"

벨기에 태생의 프랑스 인류학자. 콜레주 드 프랑스(Collége de France)의 교수를 역임했다. 그는 소쉬르의 발상을 신화 연구에 적용했던 구조주의 인류학으로 유명하다. 파리에서 교육을 받은 레비스트로스는 초기에는 보부아르나 사르트르 등과 같이 철학에도 관심을 가졌었으나, 남미의 부족 문화를 접하게 된 결과로 신화들에 대한 그의 구조주의 이론을 계발할 수 있었으며 또한 그 연장선상에서 인간의 정신에 관한 이론을 구상하게 되었다. 그는 신화들의 내용은 단지 한 신화에서 다른 신화로의 변형 속에서만 의미를 가지는데, 그 결과 신화의 정체성은 시간을 통하여 등장한 그것의 변종들의 총합으로 이루어진다고 주장했다. 프랑스 지성사에서 루소 이후 가장 박식한 인물로 꼽힌다. 저서로는 〈슬픈 열대〉, 〈구조인류학〉, 〈날 것과 익힌 것〉, 〈친족관계의 기본 구조들〉 등이 있다.

         벨기에에서 태어난 인류학자 레비스트로스는 소쉬르의 발상을 신화 연구에 적용했던 구조주의 인류학으로 유명하다. 그의 가장 잘 알려진 저서로는 〈날 것과 익힌 것The Raw and the Cooked〉과 〈친족 관계의 기본 구조들〉가 있다.

그는 초기에 파리에서 교육을 받으며 보부아르나 사르트르 등과 같이 철학에 관심을 가졌지만 1935년, 사회학과 인류학을 연구하기 위해 브라질로 가게 되었다. 남미의 부족 문화를 접하게 된 결과로 신화들에 대한 그의 구조주의 이론을 계발할 수 있었으며, 그 연장선상에서 인간의 정신에 관한 이론을 구상하게 되었다.

그는 '랑그(langue)'와 '파롤(parole)'에 대한 소쉬르의 구분(전자는 언어의 보편적 구조를, 후자는 화자에 의한 실제 언어 사용을 일컬음)을 차용하여 서로 다른 문화들에서 발견한 다양한 신화들을 분석했다. 그는 신화의 내용이 언어학에서의 '파롤'과 마찬가지로 신화의 구조를 연구하는 데 있어 불필요하며, 서로 다른 문화들에 등장하는 신화들이 그 내용에 있어서는 상이할지라도 하나의 보편적 구조를 공유하고 있다고 생각했다.

레비스트로스는 신화의 계보학을 내용과 무관한 구조의 계속적인 진화와 각색으로서 설명한다. 그는 이전의 사회학자들과 심리학자들의 관점, 즉 신화는 불변하고 유의미한 이야기들이며, 그 의미는 어떤 원형적인 이야기로 소급될 수 있다는 관점을 거부했다. 대신 그는 신화의 내용은 단지 한 신화에서 다른 신화로의 변형 속에서만 의미를 가진다고 주장했다. 따라서 "신화의 정체성은 시간을 통하여 등장한 그것의 변종들의 총합으로 이루어진다"고 했다. 이런 관점으로부터 그는 "신화는 인간 사회의 어떤 보편적인 문제들을 상징하는 골조, 혹은 구조들이다"라고 주장한다.

또 그는 한 남미 문화에서 요리와 관련된 주제들을 사용하여, '자연=날 것'으로부터 '문화=익힌 것'으로의 변형을 상징하는 신화들의 텍스트가 존재한다는 점에 주목한다. 이와 유사한 신화 관련 텍스트에서 옷과 의복, 즉 '벌거벗음을 숨기기'로써 사회의 발달을 표상한다. 하지만 또 다른 문화에서는 자연을 표상하는 것으로서 '여자들'을, 문화를 표상하는 것으로서 '남자들'을 꼽는다. 레비스트로스는 인간의 신화 구조들에서 다수의 대립들—날 것과 익힌 것, 벗은 상태와 입은 상태, 남성과 여성 등

—을 포착해, 이 모든 것들이 인간 사고에 있어서 자연과 문화 사이의 보편적인 이원론을 상징하고 있음을 증명한다.

레비스트로스는 외디푸스 신화에 대한 자세한 분석을 수행하는데, 이 신화에서 외디푸스는 모르고 자신의 아버지를 죽이고 어머니와 결혼하여 왕이 된다. 프로이트는 그의 정신분석 이론에서 이 신화를 대단히 활용했다. 레비스트로스는 그 신화에 대한 프로이트의 재작업이 단지 그 이야기를 현대적 신화로 각색한 또 하나의 변형일 뿐이며, 그러므로 그것이 전체 이야기의 정체성에 속하는 일부라고 일관되게 주장한다. 또한 프로이트의 재작업은 자연과 문화의 이원론을 표현하는 또 하나의 방식에 불과하며, 인간은 안정적인 사회를 조성하기 위해 자연적 욕망들을 억제하고 규칙들에 순응해야 한다고 주장한다.

최종적으로 그는 언어가 인간 경험에 보편적인 어떤 이원론적 요소를 상징하고 있다고 결론짓는다. 레비스트로스의 이론적 기획은 근본적으로 여러 문화들이 문제를 상징하는 방식에 관한 비본질적인 세부사항을 제거하고, 근원적인 구조들과 그 관계를 드러내놓을 수 있는 과학적 연구를 목표로 하는 것이었다. 그는 주체와 객체, 정신과 물질 등을 구분하는 서양의 이원론들은 단지 날 것과 익힌 것과 같은 신화의 다른 형태일 뿐이며, 그것들이 어떠한 본질적인 형이상학적 범주들을 호명하는 것이 아니라 단순히 인류학적으로 흥미로운 특징을 의미하는 것이라는 결론에 이르렀다. 그것들이 표상하는 이원론은, 단순히 '환경과 대조를 이루는 개체'를 구분짓는 것 뿐이다. 레비스트로스에게 있어 구조와 관계는 물리적 환경 안에 놓인 물리적인 유기체의 행동들과 말

뿐이다. 신화의 변형들은 감각 기관들이 환경으로부터 정보를 어떻게 전송하는가에 따른 구조적인 사실들로 요약될 수 있다. 그는 인간 활동의 과학에 명확한 연구 방식을 제공하고자 했다.

미셸 푸코
Michel Foucault
(1926~1984)

▬▬▬▬▬▬ 푸코의 '탈근대주의(postmodernism)'는 철학에서 새로운 프랑스 전통을 수립했으며, 외부 세계 속에 위치해 있는 존재로서의 경험의 주체를 강조한다. 이 관점은 '언어적 선회'의 도래가 세계에 미쳤던 영향보다 그 개념의 의미에 집중하게끔 했다. 푸코는 이런 측면에서 고고학, 즉 역사의 호고작업에 관심을 가졌다.

푸코는 그가 쓴 모든 저작들에서 권력과 지식의 관계, 또 권력이 어떻게 지식을 통제하고 규정하는지에 대해 주목하고 있다. 권력자들이 '과학적 지식'이라고 주장하는 것은 사실 단지 사회 통제의 수단일 뿐이다. 그 예로 푸코는 18세기에 '광기'라는 단어가 정신병자들뿐 아니라 빈곤층과 환자들, 노숙인들, 그리고 누구라도 그 개성의 표현이 환영받지 못하는 이들을 어떻게 범주화하고 낙인찍었는지를 보여준다. '광기'는 '이성'의 반명제가 되었으며, 그런 명칭은 의학에 대한 무지 때문이 아니라 사회 통제 수단으로서 무질서하게 사용되었다.

푸코는 〈감시와 처벌: 감옥의 탄생〉에서 권력에게 봉사하기 위해 전유된 지식이라는 주제를 계속 발전시킨다. 그는 프랑스에서 공개 처형이 어떻게 감옥에 수감시키는 처벌로 대체되었는지를 기록하며, 이것은 정신을 통제하는 것이 신체를 처벌하는 것보다 더 효과적인 사회 통제의 수단이라는 것을 권력자들이 깨달았다는 것을 반영한다고 논한다. 오랜 시간 속박시켜 비인간화하는 처벌이, 잔혹하지만 신속하게 죽음으로 이르는 공개 처형보다 더 큰 공포를 담지하고 있다는 것이다.

푸코는 〈성의 역사〉에서 이렇듯 신체를 통제하는 것보다 효과적인 지배 기술로서 정신의 통제에 대한 새로운 강조는, 프로이트의 정신 분석 방법에서 계속되었다고 논한다. 중세에 섹스는 완전히 신체에만 관련된 것이었던 데에 반해, 프로이트는 그것을 정신의 심리학적 특징으로 재정의한다. 이제 성적 행위가 아닌 성적인 지향성으로 강조점이 옮겨지게 되었다. 이에 따르면 성적인 행위는 사람들이 갖는 성에 대한 태도에 기반해 통제되는데, 그 태도들은 그들 정체성의 근원적인 측면을 표상하고 있는 것으로 간주되었다. 이제는 과거 그 어느 때보다도 개인의 성적 지향에 대해 자유롭게 말하도록 격려되고 있지만, 이런 자유는 그들의 성적 지향이 인격의 근본적인 무언가를 드러낸다는 두려움에 의해 조절된다. 그 두려움은 통제의 수단으로서 대단한 효과를 발휘한다.

푸코는 우리가 지식으로 간주하는 것과 스스로를 이해하는 데 사용하는 개념들— '이성', '정상성', '섹슈얼리티' 등—이 우연적이고 변화가능하며 '역사와 무관(ahistorical)'하다는 것을 강조한다. 그것들은 진보의 방향을 따라 진화하거나 계속적인 발전을 표상하는 것이 아니라, 개인의 행동을 통제하고 규제하려는 권력의 필요에 따라 변화하는 것이다.

푸코의 작업이 그 전망에 있어 어둡고 비관적인 것임에도 불구하고, 낙관주의의 여지는 존재한다. 그는 "철학은 우리를 통제하도록 의도된 권력 구조를 노출시킴으로써 개인의 권력에 대한 균형을 바로잡는 수단으로 새로운 가치를 지닌다"고 주장한다. 우리는 지식이 우리의 삶에 미치는 영향을 의식하며 우리가 안다고 생각하는 것들을 재검토해서 지배의 위험을 최소화하는 사회 구조들을 건설해야만 한다.

자크 데리다

Jacques Derrida

(1930~2004)

■■■■■ 알제리에서 태어난 프랑스인 철학자 데리다는 소쉬르와 레비스트로스, 푸코에게서 발견되는 탈근대주의 주제들을 '해체주의'로 발전시킨 것으로 가장 유명하다. 현대 사상에 대한 그의 영향은 1999년까지 17년간 학술지 논문들에 그의 이론이 14,000회 이상이나 인용되었을 정도로 지대하다.

데리다의 연구는 소쉬르의 언어에 대한 구조주의적 접근을 그 시발점으로 삼고 있다. 소쉬르의 관점에서 상징의 의미는 개념적 체계 안에서 그것이 다른 상징들과 갖는 관계들 그리고 그 차이들에 의해 구성되는 반면, 데리다는 기표(시니피앙, signifier)와 기의(시니피에, signified) 사이의 구분은 적합하게 행해질 수 없다고 주장한다. 그에 있어 표현 수단은 분리불가능하게 그 내용과 묶여 있는 것이며, 시와 수사학, 아이러니와 같은 장치들이 보여주듯 무언가가 표현되는 방식은 단어의 관습적인 '의미'만큼이나 생각들을 규정하는 데 있어 중요하게 인식된다. 결과적으로 데리다는 기표들 사이에 어떠한 고정된 개념적 체계도 존재하지 않는다고 주장한다.

만일 데리다가 옳다면, 의미는 어떤 특정한 상황으로부터 걸러지거나 해석될 수 있을 뿐이라는 결론에 이르게 되며, 구조주의자들이 주장했던 객관적인 '구조' 같은 것은 존재하지 않게 된다. 여기서 데리다는 더 멀리 나아가는데, 상징은 항상 저자가 가정했던 것과는 다른 것들을 의미한다. 시간과 사용을 통해서 펼쳐지는 규정 불가능한 의미연상의 네트워크가 존재하며, 이 안에서 상징은 '순환한다' 즉, 상징이 특정한 시기에 특정한 개인에게 갖는 의미는 그 시기의 그 개인에 의해서만 해석될 수 있을 뿐, 그들은 자신의 해석에 대한 어떤 권위나 객관성도 주장할 수 없다.

이런 객관적 의미의 소멸은 모든 개념들에 영향을 끼치며 세계와 우리 자신에 관한 이해에 중대한 파급효과를 갖는데, 특히나 우리가 그것을 '자아'나 '실체', '관념' 등과 같은 전통적인 형이상학적 개념들에 적용할 때 그러하다. 데리다는 그 개념들이 철학자들의 형이상학적 글에 사용될 때, 그것들은 암시적으로 대립에 의하여 정의되었기에 독립적으로 표현될 수 없다고 말한다. 예를 들어 '주체'는 '객체'를 암시하며,

'자아'는 '타자'를, '실체'는 '속성'을 암시하는 식이다. '자아'의 개념이 '타자'의 개념으로부터 개념적 독립성을 가질 수 없기 때문에, 자아가 어떤 의미에서건 형이상학적으로 타자의 개념에 선행한다고 가정하는 것은 부적절하다. 데리다는 사실상 자아의 개념이 언어적인 구성물에 불과하다고 주장하는데, 그것은 인간 언어 '텍스트'의 빠져나올 수 없는 부분이지만 어떤 형이상학적 혹은 존재론적 필연성도 갖고 있지 않다는 것이다. 데리다에게 있어서 인간 주체는 '언어의 한 기능 (function)'이며 "언어의 행위자, 저자, 주인인 주체는 존재하지 않는다." 데리다가 정확히 대안으로 예상하고 있는 것은 명확하지 않은데, 이는 자신의 이론들에도 같은 원리가 적용된다고 인정했기 때문이다. 즉, 그 또한 자신의 저작물들에 있어 그 주체가 될 수 없다고 보았다.

이것은 데리다의 저술 스타일을 설명해주는데, 한 비평가는 그것이 철학적 이론을 구축하는 것이라기보다, 전통적 철학의 명제들을 공격하고 후퇴하며, 구멍을 내고 조롱하는 '게릴라 전투'와도 같다고 묘사했다. 확실히 그는 소위 인본주의의 '초월론적 주장', 즉 의식 주체가 그 자신의 언어, 의미와 생각을 주관하는 자율적 존재라는 생각을 거부하는 탈근대주의 전통의 연장선상에 있다.

의심의 여지없이 데리다의 이론은 논쟁을 불러일으킨다. 그의 이론은 최근에 문학 이론과 대륙 철학에서 크게 유행했지만, 분석 철학자들로부터의 저항에 직면했다. 하지만 데리다의 이론은 그 자체로 가치가 있으며, 철학자들과 문학 비평가들로 하여금 근본적인 철학적 관념들, 즉 동일성(identity), 자명성(self-evidence) 및 사실/허구, 합리적/비합리적,

적합성/비적합성, 관찰/상상 등의 이분법들의 객관성에 대하여 폭넓은
재검토를 하도록 이끌어낸 사실만으로도 그 사유의 생산성을 부정하기
란 쉽지 않다.

PHILOSOPHY
100

제22장

새로운 과학
The New Scientists

ESSENTIAL
THINKERS

에밀 뒤르켐

Emile Durkheim

(1858~1917)

"개인화는 도덕적 개인주의,
즉 개인성 추종이라는 귀결을 불러온다"

프랑스의 사회학자이자 교육자. '뒤르켕학파'의 주요 인물로 파리대학에서 교수를 역임하였다. 일반적으로 사회학의 아버지이자 사회 과학을 위한 엄정한 경험적 방법의 창시자로 여겨지는데, 그럼에도 불구하고 그는 자신을 '사회 철학자'로 간주했다. 그의 저서에서 볼 수 있는 이론적 틀로부터 그는 계속하여 어떻게 종교적 믿음과 자살 등의 사회적 문제들이 이런 도덕적 개인주의로부터 발생하는지를 논의했다. 그의 연구는 사회 철학과 사회학 양쪽 분야에서 모두 중요하게 다루어지고 있다. 저서로는 〈사회적 노동 분업(사회분업론)〉, 〈자살론〉, 〈종교적 삶의 기초적 형태들〉, 〈직업윤리와 시민도덕〉 등이 있다.

뒤르켕은 일반적으로 사회학의 아버지이자 사회 과학을 위한 엄정한 경험적 방법의 창시자로 여겨지는데, 그럼에도 불구하고 그는 스스로를 '사회철학자'로 간주했다. 그는 "나는 철학으로부터 시작했기 때문에 그것으로 돌아가려는 경향이 있으며, 나의 학문적 행로에서 마주친 질문들의 본성 때문에 자연스럽게 철학으로 되돌려지게 되었다"고 말한다. 그의 가장 중요한 저서로 꼽히는 〈사회적 노동 분업〉은 〈자살론〉〈종교적 삶의 기초적 형태들〉 등 그 외 저작물들에 이론적 틀을 제공했다.

〈사회적 노동 분업〉에서 뒤르켕의 우선적 임무는 모든 인간 사회의 구조가 도덕 규칙들에 의해 묶여 있다는 것을 증명하는 것이었다. 이 규칙들은 사회의 조직에서 중심적인 기능을 수행한다. 뒤르켕은 우리가 그것들을 이해하기 위해 철저한 탐구를 수행해야 한다고 주장한다. 그러나 칸트의 의무론적 이론이나 밀의 공리주의와는 달리 그런 탐구는 역사적인 것이어야 하며, 실제로 여러 사회들에서 작용됐던 도덕 규칙들을 연구해야 한다는 것이었다. 그는 콩트의 뒤를 이어 임무를 수행하기 위하여 '도덕성의 과학'을 요구한다.

과학적 방법론을 따라 도덕성을 다루면서 그가 발견한 것은 원시사회로부터 현대사회로의 사회의 진화 과정에, 집단적 양심의 약화와 개인주의적 양심으로의 이동이 있었다는 것이다. 강한 종교적 상징주의가 문화 전반을 지배하던 전통 사회들에서, 개인들의 도덕적 믿음들 사이에는 주목할 만한 일치가 존재했다. 다시 말해 전통적 사회에서 각 개인의 도덕적 믿음들은 동일한 경향이 있다. 그런 믿음들은 또한 특정한 강도를 갖고 믿게 되는 경향이 있으며, 규범으로부터의 이탈은 강한 비난과 처벌이 뒤따랐다. 반면 현대의 개인주의 사회들에서는 무엇이 비순응적인가는 도덕적 믿음들의 종류만큼이나 다양하기 때문에, 더욱 관용적인 태도를 수반하여 개인들의 도덕적 믿음들 사이에 뚜렷한 차이가 존재한다.

하지만 뒤르켕 논지의 독창성은, 점점 더 커지는 개인주의로의 경향이 어떻게 그 자체로 그 전보다 덜하지 않은 집단적 양심을 드러내는 도덕적 현상이 되는지를 증명하는 데 있다. 이것을 알아보기 위해서는 '개인화(individuation)'와 '개인주의(individualism)' 사이의 결정적인 구분이 필요하다. 개인화는 위에서 이미 논의된 것으로, 사회 속의 개인들이 어떠한 지배적인 도덕적 권위에도 독립적인 다양한 믿음들을 발달시키는 현상이다. 그러나 개인화 현상은 도덕적 개인주의 또는 '개인성 추종(the cult of the individual)'라는 귀결을 가져온다. 개인 추종은 모든 개인이 그들 자신의 믿음에 따라서 자신의 능력들을 발달시킬 동등한 권리를 갖는다는 점을 강조하는 새로운 도덕 원칙이다. 뒤르켕은 "덜 발전된 사회들의 이상이 가능한 한 강도 높게 공유된 삶, 즉 개인이 흡수된 삶을 창조하거나 유지하는 것이다. 이에 반해 우리의 이상은 사회관계들에 지속적으로 더 큰 평등을 도입함으로써 사회적으로 유용한 힘들이 자유롭게 펼쳐지도록 보장하는 것이다"라고 표현한다.

따라서 개인주의가 사회의 도덕적 가치들의 붕괴를 반영하는 것이 아닌, 노동 분업과 함께 도래한 새로운 사회적 가치들의 표현이라는 것이다. 현대 사회에서는 더 이상 엄격하고 단순한 경제적 질서는 존재하지 않으며, 대신 다양한 경제적 관계들이 존재하는데, 이것들이 제대로 작동하기 위해서는 믿음과 가치들의 다양성이 요구된다. 그러므로 '개인성 추종'은 새로운 사회와 경제 질서를 반영하는 새로운 도덕 원칙이 된다.

계속해서 뒤르켕은 개인성 추종 현상이 이기적인 자아의 추종으로 곡해되어 왔다고 논한다. 뒤르켕은 순수하게 이기적인 개인들의 집합은 사회를 형성할 수 없기 때문에 다른 이들의 이익에 관한 인식이 존재해야만 하는데, 이런 인식은 '도덕적 개인주의'에서 평등과 권리의 중요성에 의해 표현된다고 주장한다.

이것은 뒤르켕의 연구에 있어 가장 기본적인 기틀만을 요약한 것으로, 그는 계속하여 이런 이론적 틀로부터 종교적 믿음과 자살 등의 사회적 문제들이 이런 도덕적 개인주의로부터 어떻게 발생하는지를 논의한다. 그의 이론은 사회철학과 사회학 양쪽 분야에서 모두 중요하게 다루어지고 있다.

알베르트 아인슈타인
A l b e r t   E i n s t e i n
(1879~1955)

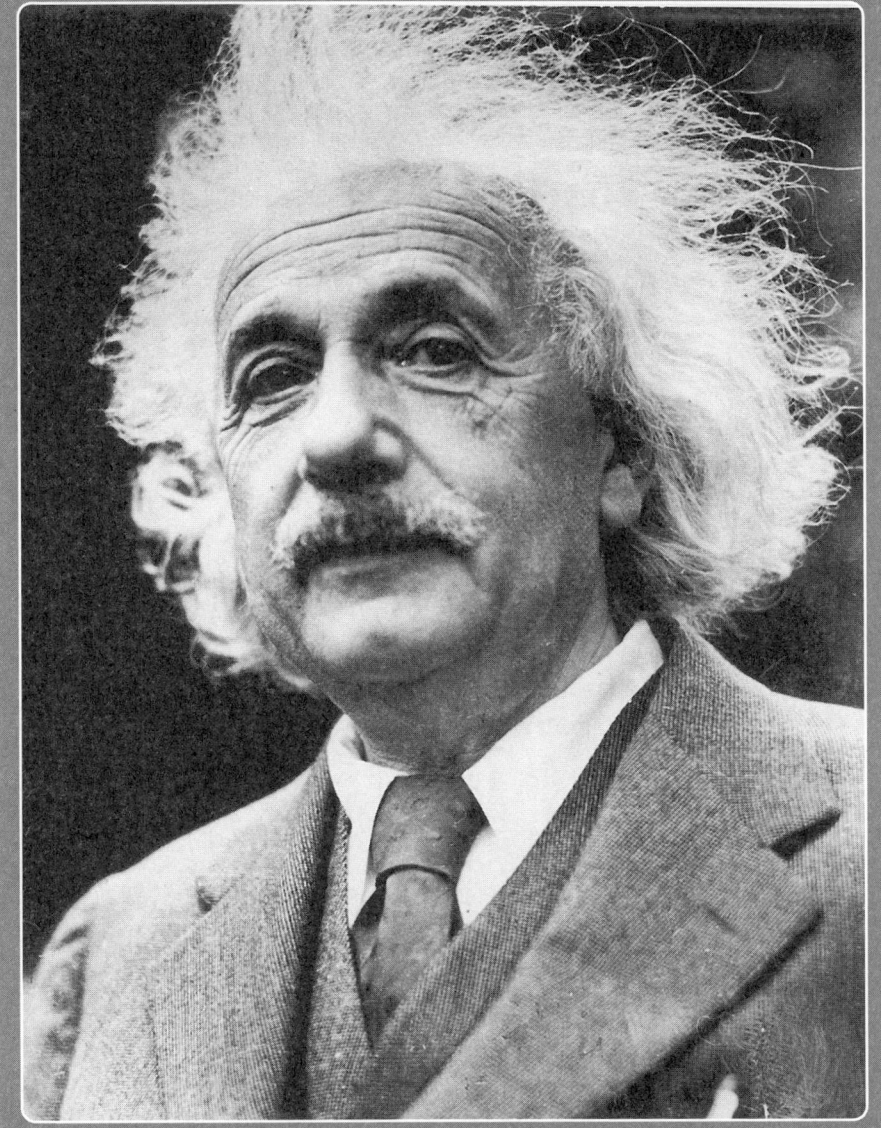

"E = mc²에서 E는 에너지, m은 질량, c는 빛의 속도를 의미한다"

독일에서 태어난 유대계 물리학자. 히틀러의 유태인에 대한 박해를 피하기 위해 독일을 떠나 미국으로 귀화했다. 아인슈타인이 철학에 끼친 영향은 막대하다. 그의 상대성 이론은 물리적 세계의 묘사에서 관찰자의 역할에 대해 전례 없는 중요성을 부여함으로써, 뉴턴, 로크, 칸트와 다른 철학자들에 의해 수립되어 일반적으로 만들어졌던 공간과 시간에 대한 관념을 위협했는데, 이론의 핵심은 빛의 속도가 변하지 않는다는 것이다. 이 주장은 E=mc² 등식으로 표현된 질량과 에너지의 등가성과 어떤 것도 빛보다 빠른 속도로 운동할 수 없다는 상대성 물리학의 가장 유명한 두 가지 발상을 불러왔다. 광양자설, 브라운 운동의 이론 등이 있으며 통일장 이론을 더욱 발전시켰다. 1921년 노벨물리학상을 받았으며, 저서로는 〈상대성 이론〉, 〈나는 세상을 어떻게 보는가?〉, 〈나의 세계관〉 등이 있다.

독일에서 태어난 유대계 물리학자 아인슈타인은 히틀러의 유태인에 대한 박해를 피해 1935년에 독일을 떠나 미국에 망명했다. 전도가 유망하지 못한 시작을 한 후에, 한때는 "나는 대학에서 일하겠다는 야심조차도 버렸다"고 말하며 스위스 베른 특허 사무소에서 일을 시작했다. 그곳에서 그는 현대 물리학의 기반이 될 특수 상대성 이론과 일반 상대성 이론을 구상했다. 그는 또한 세계 평화와 유대 민족주의를 위해 정치적 활동도 불사했다. 1952년, 그는 이스라엘 대통령직을 제안받았으나 정치가로 활동하기에는 자신이 너무 순진하다며 거절했다. 그는 자신의 과학과 정치적 관심의 관계에 대하여 "수학공식들이 나에게는 더 중요한데, 왜냐하면 정치는 현재를 위한 것이지만 수학공식은 영원한 것이기 때문이다."

아인슈타인 이론이 갖는 철학적 중요성은 지대하다. 그의 상대성 이론은 물리적 세계의 묘사에서 관찰자의 역할에 대해 전례 없는 중요성을 부여함으로써, 뉴턴과 로크, 칸트를 비롯한 몇몇 이들이 수립한 공간과 시간에 대한 관념을 위협했다. 아인슈타인의 이론의 핵심요소는 바로 빛의 속도가 변하지 않는다는 것이다. 그것은 $E = mc^2$이라는 등식으로 표현된 '질량과 에너지의 등가성'과, 어떤 것도 빛보다 빠른 속도로 운동할 수는 없다는 법칙이라는 상대성 물리학의 가장 유명한 두 가지 발상을 불러왔다.

이것들은 적어도 두 가지의 철학적으로 중요한 귀결들을 불러온다. 첫째로 우리는 상대성 원칙에 의해 서로 다른 관찰자들에게 정확히 동시에 벌어지고 있는 사건에 대해서 말할 수는 없다는 결론을 도출할 수 있다. 각 관찰자의 시간계(time frame)는 그 자신에게 상대적이다. 목성에 있는 관측소가 지구 위의 관측소를 향하고 있다고 상상해 보자. 각 관측소의 천문학자가 망원경을 통해 다른 관측소를 보고 있을 때, 우리는 그들이 정확히 동시에 그렇게 하고 있다고 가정할 수 있다. 그러나 목성에서 지구까지 빛이 도달하는 데는 35분이 걸리므로, 목성에 있는 관측소의 천문학자가 자신의 망원경을 들여다보고 있는 행위는, 지구의 관찰자가 그것을 관찰하기 35분 전에 일어나야만 할 것이다. 마찬가지로 목성에 있는 천문학자에게도 같은 상황이 적용된다. 두 사건이 동시적으로 관찰될 수 있는 어떤 절대적인 위치가 존재한다고 생각하는 것이 끌리지만, 이런 가능성은 정확히 상대성 이론에 의해 제거된다. 공간과 시간은 독립적인 차원들이 아닌 사차원 통일체인 시공간을 형성하는데, 이 안에서 모든 사건은 단지 국지적인 시간계에 의해서만 기록될 수 있다.

철학적으로 흥미로운 상대성 이론의 두 번째 귀결은, 빛의 속도가 고정적이지만 그것의 빈도(일 초 안에 발생하는 빛의 파동수)는 행성들과 같은 거대한 물체들 가까이에서 변화한다는 것이다. 이 결론에 따르면, 시간은 질량이 큰 물체들과 가까운 거리에서 더 느리게 간다. 1962년, 물리학자들은 두 개의 매우 정확한 시계들을 사용하여 급수탑의 아래쪽과 꼭대기의 시간을 측정함으로써 이런 예측을 확인했다. 아래쪽의 시계는 다른 쪽 시계보다 더 느리게 가는 것으로 발견되었으며, 이것은 유명한 '쌍둥이 역설'을 발생시켰다. 쌍둥이 중 한 명이 우주로 긴 여행을 떠나고 다른 한 명은 지구에 머무른다고 가정해 보자. 우주로 떠난 사람이 돌아왔을 때, 그는 그의 형제보다 훨씬 젊어 보일 것이다. 이런 역설은 절대적 시간계라는 가정으로부터 도출된다. 상대성 명제는 각각의 물체가 그 자신의 별개의 시간 척도를 갖고 있다는 것을 의미하며, 그것은 다른 물체들의 시간 척도와는 일반적으로 일치하지 않는다. 질량이 높은 물체 가까이에서 흐르는 오십 년은, 질량이 높은 물체로부터 멀리 떨어진 곳에서의 오십 년보다 상대적으로 짧은 기간이다. 그러므로 지구상에서는 오십 년이 흘렀을지라도, 우주를 여행하던 쌍둥이는 우주에서 삼십 오년을 보냈다고 생각할 수 있다. 여기에서 정확한 차이는, 두 쌍둥이들이 그들의 삶 전반에 걸쳐 받게 되는 중력의 영향에 달려 있다.

아인슈타인의 상대성 이론의 철학적 귀결들은, 경험적 귀결들과 마찬가지로 아직 완전히 알려지지 않았다. 시간 여행과 시간의 '흐름(flow)', 과거와 미래의 비대칭성 및 원인과 결과의 비대칭성을 이해하려면 먼저 아인슈타인의 기념비적인 연구 이론을 이해해야 할 것이다.

카를 포퍼

Karl Popper

(1902~1994)

오스트리아 빈에서 태어난 과학철학자 포퍼는 주요 저서
인 〈추측과 반박〉, 〈열린 사회와 그 적들〉을 통해 20세기 사상에 커다
란 영향을 끼쳤다. 포퍼의 '반증주의(falsificationism)'는 과학철학 논쟁에
서 완전히 새로운 장을 열었으며, 심지어 흄의 '귀납의 문제'를 해결했
다고 선언했다.

포퍼에 따르면 과학적 이론의 징표는 원칙적으로 그 이론을 반증하
기 위해 사용될 수 있는 예측을 만들어낼 수 있는가이다. 한 이론이 더
많은 예측을 만들어낼수록 그것은 더 좋은 이론이다. 이런 반증주의는
포퍼가 '귀납의 신화'라고 부르는 것에 대한 응답의 일부이다. 흄은 귀

납이 경험 속의 규칙성을 관찰함으로써 이론과 법칙, 일반화에 도달하는 방법이라고 정의했다. 그러나 흄과 포퍼는 어떠한 일반화도 그것의 가능한 증거를 넘어설 수 있다고 보았는데, B라는 속성을 가진 A라는 물체의 관찰된 수가 아무리 많을지라도, 그것이 모든 A가 그런 속성을 갖고 있다는 결론을 보증하지는 않는다는 것이다. 그 결론을 정당화할 수 있는 모든 A를 관찰하는 일은 불가능하기 때문이다.

포퍼는 "이런 귀납에 대한 정의는, 첫째로 과학적 일반화들이 논리적 결론이라는 잘못된 가정을 하고 있으며, 둘째로 과학자들이 가설을 형성하기 시작하는 과정을 정확하게 묘사하지 못한다"고 주장한다. 일반화는 증거에서 추론된 결론이 아니라, 추측(conjecture)으로서의 논리적 위상을 갖고 있다는 것이다. 그것들은 시험중인 잠정적 가설들이며, 말하자면 '경험의 법정 안에' 놓여진 것이다. 따라서 일반화는 관찰에 의해 지지되거나 정당화되는 것이 아니기 때문에 흄의 귀납의 문제는 소멸하게 된다.

반대로 일반화들은 관찰에 대해 논리적으로 선행되는데, 그것은 우선 추측된 경험에 의해 반박되거나(예를 들자면 B라는 속성을 결여한 어떤 A가 관찰되었을 때), A의 추가적인 관찰을 기다리며 살아남는 것이다. 경험은 절대로 한 이론을 진실로서 입증할 수 없으며, 단지 그것이 잘못되었음을 증명할 수 있을 뿐이다. 일반화들은 우선 추측되고, 다음으로 반박을 위해 경험의 철저한 검토에 맡긴다.

비평가들은 포퍼의 이론이 암묵적으로 귀납 추론을 사용하고 있다고 비판한다. 포퍼의 관점은 어떤 가설에 대한 사례를 한 번 관찰하는 것이 그것을 반증하기에 충분하다는 것이다. 그러나 이것은 귀납이 믿을 만 하다고 가정하고 있는 것으로 보이는데, 그렇지 않다면 지금 한 번 반증된 이론이 미래에는 진실로 판명될 수 있기 때문이다. 물론 "모든 A는 B이다"와 같은 보편적 일반화가, B가 아닌 A라는 단 하나의 사례가 등장하면 잘못된 것으로 증명될 수 있다는 포퍼의 주장은 옳지만, 그는 그의 반증 원칙을 단지 보편적 진술들 뿐 아니라 과학 이론 전체에 적용한다. 게다가 '모든 A는 B이다'라는 주장을 반증하는 한 사례는 '어떤 A는 B이다'라는 이론도 확증한다. 반증과 입증의 논리는 포퍼가 생각했다시피 분리될 수 있는 것이 아니다.

마르크스와 헤겔의 변증법에 대한 그의 비판은 반증할 수 있는 이론들을 생성하는 것으로서 과학에 대한 자신의 개념화와 긴밀하게 연결되어 있다. 그런 '이론들'은 어떤 경험이라도 그 신조의 알맞은 해석에 의해 설명될 수 있기 때문에 경험적인 반증에 대하여 면제되는 것으로 보인다. 포퍼는 마르크스주의가 명백하게 스스로를 '과학'이라고 선언하는 것이 특히나 터무니없다고 생각했다. 비슷한 이유로 플라톤과 프로이트에 대해서도 '열린 사회'의 적들로서 비판했다.

포퍼는 과학철학에서 많은 논쟁들을 진전시키는 데 결정적인 영향을 끼쳤으며, 라카토스(Lakatos)와 쿤(Kuhn), 파이어아벤트(Feyerabend) 등의 연구에 지대한 공헌을 했다.

쿠르트 괴델
Kurt Gödel
(1906~1978)

> ## "인간의 정신은 어떤 기계적인 절차도 결정할 수 없는 진리들을 산출해낼 수 있는 능력이 있다"
>
>
>
> 체코의 수학자이자 논리학자. 빈 학파에 속하는 괴델은 수학과 논리학 두 분야뿐 아니라 철학에서도 커다란 영향을 끼치게 될 이론들을 만들어냈다. 특히 수학 분야의 다양한 발전들에 대단히 기여를 했음에도 불구하고, 그가 가장 명성을 얻게 된 것은 오늘날 '괴델의 정리'라고 알려져 있는 것 덕분이다. 이것은 사실 두 개의 연관된 불완전성의 정리들인데, 수학자들이 사용하는 어떤 체계에도 증명 불가능한 명제가 반드시 존재한다는 괴델의 '불완전성의 정리'는 당시 수학의 진리 체계를 여지없이 무너뜨렸다. 철학에서의 괴델은 철저한 플라톤주의의 신봉자였다. 철학과 수학에서 플라톤주의는 단지 추상적인 대상들이 '제3의 영역'에 독립적으로 존재한다는 플라톤으로부터 유래한 사상을 가리킨다. 주요 논문으로 〈괴델의 정리〉, 〈괴델의 불완전성의 정리〉 등이 있다.

괴델은 체코의 수학자이자 논리학자로, 철학에서도 커다란 영향을 끼치게 될 이론들을 만들어냈다. 특히 1930년대에 수학 분야의 다양한 발전들에 대단히 기여를 했음에도 불구하고, 그가 가장 명성을 얻게 된 것은 오늘날 '괴델의 정리'라고 알려져 있는 것 덕분이다.

'괴델의 정리'는 사실 두 개의 연관된 불완전성의 정리들이다. 첫 번째 정리는, 내적으로 일관성이 있는 (즉, 모순을 포함하고 있지 않은) 어떤 형식적인 체계에도 진실 혹은 거짓으로 증명될 수 없는 명제가 존재한다는 것이다. 다시 말해 그것은 형식적으로 논증 불가능하다. 사실상 괴델의 그런 명제는 '거짓말쟁이 역설'의 사례와 같은 것으로 보인다.

'이 문장은 입증할 수 없다'는 문장은, 만일 그것이 진실이라면 거짓이 되고, 거짓이라면 진실이 된다. 두 번째 불완전성 정리는, 형식 체계의 내부에서 그 체계가 실제로 내적으로 무모순적임을 증명하는 것은 불가능하다는 것이다.

이 두 증명의 결론은 주목할 만한 효과를 불러왔다. 우선 수학에서는 '형식주의(formalist)'의 기획을 효과적으로 종결시켰다. 형식주의 연구의 기획은 수학자 힐베르트(Hilbert)에 의해 칸트의 형이상학으로부터 도출된 것으로서, 고전 수학이 독립적으로 실재하지만 추상적인 실체들인 '숫자들'의 영역에 대한 묘사로 이루어진 것이 아니라, 감각 경험으로부터 구성된 상징들의 체계로 이루어져 있다는 것을 보이고자 했다. 형식주의 연구 기획에서 중심 요소는 무한한 양들을 설명하는 능력이었는데, (이것은 절대로 경험할 수 있는 것은 아니지만) 수학 연구에 있어서는 필수적인 것이다.

힐베르트는 무한한 양들이 도구적 가치를 위해 채택된 가정들로서 간주되는 이론을 구상해냈다. 힐베르트는 타당한 가정들을 타당하지 않은 것들로부터 정당화할 수단을 필요로 했기 때문에 '무모순성'을 가정의 채택 조건으로 삼았다. 다시 말해 어떤 도구적 가정도 전체 체계 내에서 모순으로 귀결되어서는 안 된다는 것이다. 괴델은 무모순성을 증명해야 한다는 요구가 절대로 충족될 수 없음을 증명해 힐베르트의 기획을 붕괴시켰다.

철학에서 괴델의 저작들은 플라톤주의의 재긍정으로 간주되었으며, 더 최근에는 인공 지능의 불가능성에 대한 증명으로 받아들여졌다. 플라톤주의는 철학과 수학에서 단지 추상적인 대상들이 '제3의 영역'에 독립적으로 존재한다는 플라톤으로부터 유래한 생각을 가리킨다. 이 추상성의 영역은 정신적이지도 물질적이지도 않으며, 수학과 논리학, 기하학에 의해 묘사되는 별도의 영원한 세계를 점유하고 있다.

괴델 자신은 플라톤주의의 강한 신봉자였다. 괴델의 정리에서는 유한한 체계 내에서 '이 문장은 증명할 수 없다'는 괴델의 진술은 (명백히도) 진실이 될 것이다. 그것이 진실이지만 증명불가능하다는 사실 자체가 괴델의 정리를 성립시키는 것이기 때문이다. 따라서 인간의 정신은 (괴델은 물론 더 최근의 유명한 물리학자이자 수학자인 펜로즈Penrose에 따르면) 어떤 형식적, 또는 기계적인 절차도 결정할 수 없는 진리들을 산출해낼 수 있는 능력을 갖고 있다. 이것은 인공지능 프로그램의 희망을 박탈하는 것인데, 왜냐하면 그 모든 기계들은 아무리 복잡할지라도 유한한 형식적 체계이기 때문이다.

이 논증에서 명백히 잘못된 것은, 튜링(Turing)이 지적한 것처럼 형식 언어를 사용하는 모든 기계들의 능력에 한계가 있는 것은 맞지만, 인간의 지성이 같은 종류의 한계를 겪지 않는다는 것을 아무 근거 없이 가정하고 있다는 점이다. 아마도 이런 이유로 괴델은 인공지능에 대한 연구 조류를 멈추지 못했을 것이며, 수학 외의 분야에서 플라톤주의를 부활시키지도 못했을 것이다.

그러나 수학에 있어 플라톤주의는 정통성을 띠게 되었다. 과학에서 수학의 중요성을 고려할 때, 이것은 우리의 철학적 성찰에 있어서도 영향을 끼쳤음에 틀림없다. 우리는 수학에서 플라톤주의를 몰아내거나,

실재의 본성에 대한 우리의 일반적 이해 내에 플라톤주의가 존재할 여지를 남겨 두어야만 할 것이다.

앨런 튜링
A l a n   T u r i n g
(1912~1954)

> ## "왜 인간의 사고 행위를 모방하는 컴퓨터가 실제로 생각을 하고 있다고 가정하는가?"
>
>
>
> 영국의 수학자이자 물리학자. 튜링은 암호해독가와 컴퓨터 과학의 창시자로서 더욱 유명하다. 2차 세계 대전 당시 브렛칠리 정부 암호학교에서 선도적인 암호해독가로 일했는데, 그곳에서 그는 독일군에 의해 사용되었던 악명 높은 '이니그마' 코드를 해독함으로써 연합군의 승리에 막대한 공헌을 했다. 또한 '튜링 기계'라고 명명된 계산기의 연구로 널리 알려졌으며, 계산기가 어디까지 논리적으로 작동할 수 있는가에 대하여 지적인 실험을 시도하였다. 이런 경험에서 만든 계산 이론은 오늘날의 컴퓨터의 이론적 바탕이 되었다. 튜링은 당시 영국에서 범죄로 인식되던 동성애자 혐의로 체포된 후 화학적 거세를 당했고 다음 해인 1954년에 자살로 생을 마감했다. 그의 주요 논문으로 〈계산 기계와 지능〉이 있다.

튜링은 영국의 수학자이자 암호 해독가이며, 컴퓨터 과학의 창시자이다. 그는 과학에 인공지능의 가능성을, 심리 철학에 지능의 기준을 유산으로 남겼다. 그의 업적을 기려 '튜링 기계'라고 명명된 보편적 계산 장치에 대한 그의 정의는, 수세대에 걸친 열정적인 과학자들로 하여금 인간 사고의 계산 과정을 묘사하는 알고리즘을 계발하는 연구를 하도록 만들었다. 가끔 단순히 '튜링 테스트'라고 불리는 그의 '모방 게임'은 '지능'과 '의식', '정신'과 같은 개념들에 대한 철학자들의 이해에 영향을 미쳤다. 튜링은 제2차 세계 대전 동안 브렛칠리 정부 암호학교에서 선도적인 암호해독가로 일했는데, 그곳에서 그는 독일군에 의해 사용되었던 악명이 높은 '이니그마' 코드를 해독함으로써 연합군의 승리에 막대한 공헌을 했다.

튜링의 초기 작업은 그의 유명한 논문인 〈계산 기계와 지능Computing Machinery and Intelligence〉에서 "기계는 생각할 수 있는가?"라는 질문을 제기한다. 그 질문에 대한 해답은 '기계'와 '생각하다'라는 말이 정확히 무엇을 의미하는가에 달려 있다. 그러나 그 단어들에 관한 어떠한 분석도 우리가 그 문제를 객관적으로 탐구하는 것을 돕기보다 단순히 해답을 가정하고 있는 것으로 보이기 때문에, 튜링은 그 질문을 가상적인 게임으로 대체할 것을 제안한다.

세 명의 참가자가 있는 게임을 정의한다고 가정해 보자. A라는 참가자는 질문자 역할을 하며, 질문자의 역할은 한 남성과 한 여성으로 구성된 다른 두 참가자들의 성별을 추정하는 것이다. 모든 참가자들은 각각 분리된 방에 들어가 있으며 질문과 대답은 원거리 입력 단말기를 통해 주고받는다. 참가자 B의 역할은 자신의 성별을 은폐함으로써 질문자를 혼동시키는 것이다. 참가자 C의 역할은 질문자가 자신의 성별을 제대로 추측하도록 돕는 것이다. 당연히 질문자는 어떤 참가자가 그를 돕거나 속이는지를 모르기 때문에 날카로운 질문들을 던져야만 한다.

튜링은 가정하기를, 만일 어떤 기계가 이 게임에서 참가자 B의 역할을 한다면 무슨 일이 벌어질 것인가? 질문자는 참가자들이 둘 다 사람이었을 때보다 더 혹은 덜 정확하게 추측할 것인가? 튜링은 이 가정이 기계가 생각할 수 있는지의 문제를 해결해줄 것이라고 답한다. 왜냐하면 이 게임에서 질문자에게 들키지 않고 인간을 대체할 만큼 충분히 정교한 기계라면(아니면 틀키는 비율이 적어도 인간보다 못하지 않다면) 그것은 인간과 동등한 지능을 갖고 있을 것이기 때문이다. 다시 말해 이 가정은 어떤 것이든 '지능적으로 응답하는 것'은 바로 그 사실에 의해서 '지능적'이라는 것이다.

튜링의 '모방 게임'은 철학자들에게 다수의 흥미로운 문제를 제기한다. '모방'이 진정으로 기계가 생각할 수 있다는 것을 우리에게 납득시키기에 충분한가? 아이는 어른의 행동을 모방할 수 있지만 그렇다고 해서 어른은 아니다. 참가자 B 또한, 질문자를 성공적으로 속여 남자인 그를 여자로 납득시킨다고 해서 여자가 되는 것은 아니다. 그렇다면 우리는 왜 생각하는 인간을 모방하는 컴퓨터가 정말로 생각을 하고 있다고 가정해야 하는가? 이 문제는 질문자를 속이기 위해 요구되는 복잡한 정교성의 수준이 무언가 정말로 생각하는 존재에 의해서만 성취될 수 있다는 가정에 부분적으로 의존하고 있다. 반면 우리가 의식적 사고에 대해 갖고 있는 유일한 기준은 '그것이 어떻게 행동(언어 행위를 포함하여)에서 드러나는가'이기 때문에, 만일 그것들의 행동이 유능한 심판에 의해 구분하기 불가능할 때, 한 가지를 '사유'라고 명명하고 다른 것을 '비사유'라고 부르는 것은 타당하지 않으며, 이것은 아마도 튜링의 관점에 가장 가까운 것으로 보인다.

물론 모방 게임은 어떤 기계가 그 테스트를 통과할 수 있을 것이라는 것을 암시하지는 않지만, (만일 우리가 튜링과 동의한다면) 인공지능을 추구하는 기계들이라면 도전해 봐야만 할 테스트를 제공해준다. 튜링은 "20세기 말까지 우리는 이 테스트를 전체 시기의 70퍼센트 이상 통과할 수 있는 기계들을 갖게 될 것"이라고 말했다. 그러나 이런 측면에서 그의 낙관주의는 아직 증명되지 못했다.

버러스 프레드릭 스키너
Burrhus Frederic Skinner
(1904~1990)

"정신의 영역은 인간 행동을
설명하는 데 있어 불필요하다"

미국의 심리학자이자 철학자. '급진적 행동주의'의 주창자이며 하버드대학의 교수를 역임했다. 그는 어떤 심리학적, 정신적 속성들에도 의존하지 않고 인간의 행동을 설명하고자 시도했다. 그의 행동주의의 기반은, 비 물리적 정신이 물리적 신체에 거주하고 있다는 데카르트 이원론의 거부이다. 그는 모든 인간 행동이 '작용 조건'이라는 면에서 설명될 수 있다고 주장했다. 또한 "스키너의 상자"로 불리는 조작적 조건화 상자의 고안으로 유명하며, 스키너학파를 이루었다. 저서로는 〈유기체의 행동〉, 〈과학과 인간행동〉, 〈자유와 존엄을 넘어서〉, 〈언어적 행동〉, 〈행동주의자가 되다〉, 〈결과의 문제〉, 〈나의 인생사〉 등이 있다.

스키너는 심리학자이자 철학자이며 '급진적 행동주의(radical behaviourism)'의 주창자이다. 그는 어떤 심리학적, 정신적 속성들에도 의존하지 않고 인간의 행동을 설명하려는 시도를 했으며, 이는 20세기 심리학과 심리철학에서 가장 큰 논쟁거리를 제공했다. 심리학과 사회학도들에게 친근한 이름이 된 스키너는 모든 심리학자들 중 "가장 명예로우며 가장 영리하고, 가장 폭넓게 인정받았으며 가장 잘못 대변되었고, 가장 많이 인용되며 가장 많이 오해된" 것으로 묘사된다.

행동주의의 기반은 비물리적 정신이 물리적 신체에 거주하고 있다는 데카르트 이원론의 거부에서 시작되는데, 18~19세기의 유물론의 도래와 함께 데카르트의 이원론은 지지받을 수 없게 되었다. 비평가들은 데카르트의 연구가 출판된 이후로, 이 형이상학적으로 다른 두 실체들이 상호작용할 수 있다는 생각과, 우리 자신의 경우를 넘어선 정신의 영역에서 무슨 일이 벌어지는지, 심지어 다른 이들이 심리적 존재를 갖고 있는지에 대한 어떤 증거를 우리가 가질 수 있는가하는 문제를 골칫거리라고 생각하게 되었다. 우리는 20세기 초에 이런 데카르트주의에 뒤따른 문제에 대한 단순하고 강력한 해답을 보게 되었다.

파블로프와 왓슨의 뒤를 따라서 행동주의자들은 정신의 영역이 인간 행동을 설명하는 데 있어 불필요하다는 것을 깨달았다. 만일 심리학이 인간의 행동을 예측하고 설명하는 과학으로서 이해된다면, 그 전체 기획은 신체적 자극에 대한 신체적 반응의 패턴들에 주의를 기울임으로써 수행될 수 있다. 내면의 과정들은 심리학자의 영역이 아니며 생물학자들과 신경생리학자들이 그것들을 다룰 수 있다.

이 연구 기획은 성공과 함께 시작했다. '존은 고통을 느끼고 있다'는 것과 같은 심리적 현상의 귀속은, 자신의 정신적 삶에 어떤 내면적 경험을 귀속시키는 것으로써 분석될 수 있는 것이 아니라, 찡그리거나, 신음소리를 내거나, 또는 다른 어떤 방식으로 '고통 행위'를 내보이고 있다는 언급으로써 이해되어야 한다. 존이 고통을 느끼고 있지만 그것이 관찰가능하지 않을 수 있다는 명백한 문제는, 다른 우선시되는 자극이 고통 행위의 일반적인 표현을 막고 있다는 설명으로 해결될 수 있다.

행동주의 신조에 대한 스키너의 공헌은 계속적인 비판에도 불구하고 행동주의 방법론을 계속적으로 적용한 것에 있다. 하지만 스키너는 더욱 소박한 형태의 행동주의를 계속해서 발전시켰다. 그는 모든 인간 행동이 '작용 조건(operant condition)'이라는 면에서 설명될 수 있다고 주장했다. 작용 조건이란 단순히 환경적 자극을 말하는데, 그런 자극들이 주어졌을 때 인간의 미래 행동에 대하여 강화하거나 혹은 부정적인 영향을 주는 것들이다. 이런 주장은 스키너에게는 범죄자도 영웅이나 비겁자도, 천재나 바보도 없으며, 단지 환경에 의해 행동이 결정되는 개인들만이 있을 뿐이라는 것이다. 그는 "인간이 자유롭지 않다는 대전제는, 과학적 방법을 인간 행동의 연구에 적용하는 데 있어 필수적이다. 외면의 생물학적 유기체의 행동을 책임지는 자유로운 내면적 인간은, 단지 과학적 분석 과정에서 발견되는 원인들의 종류들에 대한 과학 발생 이전 단계의 대체물에 불과하다"고 말한다.

　스키너는 〈자유와 존엄을 넘어서〉에서 그의 급진적 행동주의의 사회적 함축들을 도출해내려고 한다. 범죄자들과 반사회적 인격 장애자들은 사회에 의해 부여된 어떤 선호나 일반화로부터 이탈한 행동을 하는 이들이다. 그런 사람들을 범법자로 이름붙이는 것은 그들의 행동을 초래한 요인들에 대한 우리의 무지의 반영이다. 이런 관점은, 우리가 어떤 행동의 원인을 이해할 때(예를 들자면 마약 중독과 같은 경우), 우리가 사람들에게 그 행동의 책임을 묻지 않는다는 사실에 의해 강조된다. 이런 생각은 인간이 동물들과 신체적으로 연속선상에 있다는 진화론적 관점으로부터 신빙성을 얻을 수도 있는데, 스키너는 그의 실험실 안에서 쥐들의 행동을 제어하는데 많은 시간을 보내며 동물의 행동이 순수하게 환경적인 작용 조건들의 측면에서 설명되지 못할 이유가 없다고 생각하게 되었다.

행동주의에 대한 많은 정당한 비판들이 있어 왔는데, 특히나 그것이 우리 자신의 심리적 경험의 인과적 역할을 무시하고 있다는 것이었다. 스키너의 후기작은 내면적 경험의 존재를 데카르트주의의 신화라고 부르며 거부하기도 하고, 그것들이 존재할 수 있지만 인간 행동의 적절한 과학적 이해에는 관련성이 없다고 말하는 등, 이런 내면 경험에 대해 이중적인 태도를 취한다.

토머스 쿤
Thomas   Kuhn
(1922~1996)

쿤은 철학자로서 경력 동안 다섯 권의 책과 많은 논문들을 썼음에도 불구하고, 하버드에서 이론 물리학과 대학원생 시절에 썼던 초기작 〈과학 혁명의 구조〉로 가장 잘 알려져 있다. 철학자들의 과학의 역사에 대한 지나치게 단순화한 이해, 즉 그것이 항상 진리를 향해 서서히 접근하며 계속적으로 발전하는 과정에 있다는 설명에 실망한 쿤은, 과학적 탐구의 여러 다른 기간들 사이에는 근본적이고 공약 불가능한(incommensurable) 불연속성들이 존재한다고 주장했으며, 이에 의해 계속적 진보라는 생각은 지지될 수 없게 되었다.

쿤은 논하길, 과학의 역사는 급격한 지적인 혁명들에 의해 중단되며,

그것은 오랜 기간의 보수적인 문제 해결 방식을 전복시킨다. 소위 '정상' 과학의 기간들은 독립적이고 객관적인 연구보다는, 동의된 가정들과 예상된 결과들을 고수했다. 정상 과학의 기간 동안, 표준에서 벗어나거나 예상치 못한 발견들은 부적절한 것, 혹은 다른 때에 해결되어야 할 문제로 치부되어 대수롭지 않게 여겨진다. 수용되고 있는 이론의 현행적인 가정들을 문제시하는 독창적인 연구는 종종 무모하거나 쓸모없는 추측이라는 이유로 무시된다. 이런 생각이, 쿤의 패러다임(paradigm) 개념을 발생시켰다. 현재의 패러다임은, 현행적인 연구에 대한 의제를 제시하며 그것이 기반하고 있는 특정한 공동체에 의해 공유되는 가정들과 믿음들이 엮여져있는 망이다. 쿤에 따르면, 정상 과학의 시기에는 현재의 패러다임을 강화하는 경향이 있는 결과들만 받아들여진다. 패러다임 그 자체는 절대로 문제시되거나 비판받지 않는다. 그러나 패러다임은 종종 지적인 혁명에 의해 전복된다. 패러다임이 관찰된 현상들에 대한 적합한 모델을 제공하지 못할 때, 또는 새롭고 더 강력한 모델이 더 큰 설득력을 갖지만 '패러다임 변화'를 요청할 때, 혁명이 일어난다. 그런 혁명들의 예로는, 태양이 지구를 돈다는 프톨레마이오스의 생각을 대체한 코페르니쿠스의 지동설, 또는 뉴턴의 중력, 공간, 운동 이론에 대한 아인슈타인의 대체 이론 등을 들 수 있다.

쿤은 또한 '공약불가능성' 개념을 보급했는데, 이것은 과학이 궁극적인 진리를 향해 전진하는 진보의 과정이라는 생각을 거부하는 것이었다. 쿤에 따르면, 완전히 다른 패러다임을 옹호하기 위한 이전 패러다임의 거부는 비교의 가능성을 배제한다. 쿤은 세계에 대한 과학자들의 관점은 새로운 패러다임의 수용에 의해 너무나 근본적으로 바뀌기 때문에, 신구 패러다임은 질적으로나 양적으로 비교할 수가 없다. 쿤은, 서로 다른 역사적 시기들에 다른 패러다임들을 갖고 활동하는 과학자들은 심리적으로 서로 다른 세계에 살고 있다고 논한다. 쿤은 "코페르니쿠스 이래로, 천문학자들은 다른 세계에 살았다"고 말한다. 그의 생각은 프톨레마이오스의 세계가 코르페니쿠스의 것과 같은 세계가 아니라는 것인데, 왜냐하면 태양을 관찰할 때 프톨레마이오스는 지구 주위를 도는 물체를 관찰하는 것이지만, 반면에 코페르니쿠스는 태양계의 중심 항성을 보는 것이기 때문이다.

이렇듯 과학에서의 주관주의는 절대 진리의 관념을 의문스러운 것으로 만드는데, 쿤에 따르면 그것은 필수적인 요소이다. 어떤 패러다임을 운용하지 않고 실재의 본성을 탐구하는 것은 불가능하기 때문에, 우리는 과학을 세계에 대해 반응하는 생각들의 진화로서 보아야 한다. 만일 우리가 생각들의 진화를 유기체의 진화와 비슷한 것으로 간주한다면, 유기체들이 어떤 궁극적인 존재를 향해 진화하고 있다고 생각할 이유가 없는 것처럼, 생각들이 어떤 궁극적인 진리로 진화하고 있다고 믿을 이유도 없을 것이다.

과학철학자인 파이어아벤트는 1960~70년대에 과학이 합리적 방법론에 기반해 있다는 '인식론적 무정부주의' 이론으로 비평가들의 격렬한 비판을 받았다. 한때 논리적 실증주의와 칼 포퍼의 '반증주의'에 매료되었던 그는 나중에 가서 양자를 모두 거부하게 되었고, 1960년대 과학만능주의의 패권을 거부하는 대안적 움직임으로 인기를 얻었다. 파이어아벤트는 '방법에 반대한다(Against Method)'는 고전적인 연구 방식을 택했다.

파이어아벤트는 쿤의 '공약불가능성(incommensurability)'이라는 이론의 영향으로 포퍼의 사상을 강력히 비판했다. 나아가 파이어아벤트는 과학이 '정상 과학(normal science)'과 '혁명적 과학(revolutionary science)'의 시기들 사이를 오간다는 쿤의 생각을 넘어선다. 그는 "과학 활동은 서로 공약불가능한 공존하는 가설들의 다수성에 의해 특징지워지기 때문에 항상 혁명적이다"라고 주장한다. 그는 쿤의 이론적 일원론, 즉 한 번에 단지 하나의 이론만이 유효한 것으로 받아들여진다는 생각이 과학의 발전에 해롭다고 여겼다. 왜냐하면 과학 연구를 추동하는 것은 대안적인 이론들의 다수성에 의해 발생하는 경쟁이기 때문이다. 파이어아벤트는 "우리가 한 이론의 적합성에 대해 확신한다고 할지라도, 그것에 도전할 대안들을 격려해야 한다. 이것은 선호된 이론에 대한 우리의 이해를 돕고, 그 이론의 정당성을 증가시킬 것이기 때문이다"라고 주장한다.

파이어아벤트가 '이론적 다원주의'라고 부르는 이런 관점은, 그를 상대주의와 반실재주의(anti-realism)로 이끈다. 한 이론이 그것이 '사실에 부합'하는 한 유효하다는 전통적인 개념화를 거부하기 때문이다. 파이어아벤트는 주장하기를, 사실들이란 존재하지 않는데 왜냐하면 모든 사실 진술들은 이론 의존적이기 때문이다. 여기에서 파이어아벤트는 후기 비트겐슈타인의 영향을 받은 특정한 의미 이론을 전제하고 있다. 이 관점에서 어떤 사실 진술의 의미는, 그것이 참여하고 있는 '언어 게임', 즉 그 진술 상의 용어들을 사용함에 있어 기준으로 간주되는 사회적 관습들과 규칙들에 의거해서만 설명될 수 있다. 그러나 만일 이것이 사실이라면, 사실 진술들의 의미는 어떤 독립적인 현실에 기반하고 있는 것이 아니라 사회적, 언어적 활동들의 관습들, 즉 우리가 세계에 대해 믿는 것의 반영들에 기반 하는 것으로 보인다. 그렇다면, 파이어아벤트는 '사실들'은 궁극적으로 사람들이 믿는 것에 달려 있다고 주장한다.

이런 주장을 배경으로 하여, 파이어아벤트는 그런 '사실들'과 이론의 대립을 증언하는 구식의 지지될 수 없는 모델을 제거할 것을 제안한다. 대신, 우리는 가능한 많은 경쟁하는 이론들을 격려해야 하며, 그것들을 서로 비교해야 한다. 우리는 우리의 이해에 가장 많이 기여하는 이론을 선택한다. 경험적 관찰은 이런 구상의 어딘가에 존재해야만 하는데, 그러나 전통적인 실재론적 모델보다는 더욱 간접적인 방식으로 그러하다.

파이어아벤트의 이론적 다원주의는 방법론적 다원주의, 또는 그가 명명하듯이 '인식론적 무정부주의'로 확장된다. 그는 이론들의 다원성에 대한 추구에서, 좋은 결과들을 낼 것이라고 우리가 믿을 수 있는 유일하게 보증된 방법은 존재하지 않는다고 주장한다. 그는 과학적 실천에 관해 말하기를 "그것이 얼마나 그럴듯하든지 간에, 언젠가 깨지지 않을 유일한 규칙이란 것은 존재하지 않는다. 규칙을 무시할 뿐 아니라, 그것의 반대를 채택하는 것이 바람직한 상황들이 항상 존재한다." 정해진 규칙들이란 없기 때문에, 과학이 본성상 무정부주의적이라는 결론이 뒤따른다. 계속해서 "인간 발달의 모든 단계와 모든 상황 하에서 옹호되어야 할 단 한가지의 원칙이 존재한다. 그것은 '무엇이든지 괜찮다(anything goes)'는 것이다"라고 말한다.

파이어아벤트의 무정부주의는 흥미롭게도 격렬한 비판을 받고 무시되었는데, 그 이유는 학자들이 그의 극단적인 상대주의를 심각하게 고려할 것을 거부했기 때문이다. 반면에 학문 공동체 바깥에서 그의 청중들이 불어나게 되었는데, 그의 무정부주의적 메시지가 특정한 사회 대안 운동들과 궤를 같이 했기 때문이다. 학자들이 그의 작업에 대해 얼마나 많은 경멸을 갖고 있던지 간에, 그는 아마도 다른 어떤 과학철학자들보다도 폭넓은 대중을 사로잡았다고 할 수 있을 것이다.

윌러드 밴 오먼 콰인
W. V. O. Quine
(1908~2000)

"단지 과학만이 우리에게 세계에 대하여 말해줄 수 있다.
그것은 진리의 최종적인 결정권자이다"

현대 미국의 철학자이자 논리학자. 그는 초기에 수리 논리학 분야에 기여했지만 두각을 나타내게 된 것은 〈경험주의의 두 가지 독단〉이라는 논문을 통해서였다. 전 세계의 철학도들에게 필수적으로 읽혀져야 할 것으로 여겨지는 이 논문은 경험주의 형이상학의 일반적 가정들을 공격하고 있다. 이런 내용은 발표당시 광범위하게 지지되었다. 콰인 사상의 주안점은 과학이 '진리의 최종 결정권자'라는 관점인데, 단지 과학만이 세계에 대해 말해줄 수 있으며, 과학이 말해주는 것들 중 하나는 우리의 세계에 대한 지식이 감각적 자극들에 의해 강요되고 제한된다는 사실이었다. 저서로는 〈경험주의의 두 가지 독단〉, 〈말과 사물〉, 〈진리의 추구〉 등이 있다.

6월 25일 오하이오 주 애크론에서 태어난 콰인은, 2000년 크리스마스에 사망하기 전까지 생존한 미국의 가장 위대한 철학자로서 폭넓게 인정받았다. 그의 초기 작업은 수리 논리학 분야에 기여했지만, 그가 두각을 나타내게 된 것은 1951년에 출판된 논문 〈경험주의의 두 가지 독단*Two Dogmas of Empiricism*〉를 통해서였다. 이제 20세기의 고전으로 간주되며, 전세계의 철학도들에게 필수적으로 읽어야 할 것으로 여겨지는 이 논문은 경험주의 형이상학의 일반적 가정들을 공격하고 있는데, 그것들은 당시에 광범하게 지지되었으며 특히나 그의 친구이자 스승인 카르나프(Rudolph Carnap)에 의해 전파되었던 것이었다. 20여권의 책과 수많은 논문들에서, 콰인은 체계적인 철학적 구상을 발전시키고 설명했는데, 그 깊이와 넓이는 18세기 및 19세기의 위대한 형이상학자들 이래로 유래 없던 것이었다.

콰인 사상의 주안점은, 그가 표현하다시피 "과학이 진리의 최종 결정권자"라는 관점이다. 단지 과학만이 우리에게 세계에 대해 말해줄 수 있으며, 과학이 우리에게 말해주는 것들 중 하나는, 우리의 세계에 대한 지식이 감각적 자극들에 의해 강요되고 제한된다는 사실이다. 콰인은 확고한 경험주의자로서, 〈경험주의의 두 가지 독단〉에서는 물론, 난해한 〈말과 사물*Word and Object*〉(1960) 및 좀 더 독자에게 친절한 〈진리의 추구The *Pursuit of Truth*〉(1990) 등의 후기작 전반에 걸쳐, 칸트가 형이상학을 수립하기 위해 경험주의와 이성주의를 종합하려고 했던 시도를 비판한다.

콰인은 〈경험주의의 두 가지 독단〉에서 실증주의(Positivist) 사상의 두 가지 비경험주의적 가정들을 공격한다. 첫째로, 칸트에게서 기원하는 생각인 두 가지 종류의 명제들이 존재한다는 가정인데, 그 두 가지란 분석 명제—그들의 의미 자체로 진실임이 알려지는 명제(예를 들자면 '모든 총각은 미혼이다')—와 종합 명제—세계 속의 사물의 상태에 따라 진실이거나 혹은 거짓으로 밝혀지는 명제들('비가 내리고 있다' 혹은 '부시가 미국의 대통령이다')—를 가리킨다. 둘째로, 콰인은 한 명제의 의미가 감각 자극들에 대한 언급으로 환원될 수 있다는 실증주의자들의 가정을 거부한다. 콰인은 어떤 명제도 경험에 대하여 독립적으로 진실일 수는 없다는 것을 설득력 있게 보여주며, 또한 명제의 의미는 그것이 한 부분을 형성하는 '믿음들의

연결망(web of beliefs)'으로부터 고립되어서는 확증될 수 없다고 주장한
다. 이런 믿음들의 연결망은 그 자체로 감각 경험에 의해 조건화되는
것이다. 하지만 경험은 그것을 묘사하기 위해 사용된 세계에 대한 이론
과 분리될 수 없다. 이론과 경험은 함께 가는 것이며, 존재하는 것은 세
계에 대한 최선의 이론이 '존재한다고 말하는' 것이다. 이런 주장의 결
론은, 과학이란 본질적으로 미래의 감각 경험을 예측하는 것과 관련된
실용적 행위라는 것이다.

　'말과 사물'에서, 콰인은 그의 초기 주제들을 확장하여 철학과 인식
론에 대한 개념화를 발전시키며, 그것들을 감각 경험에 의해 조건화되
지만 결정되지는 않는 과학적 이론 구성 작업으로 규정한다. 그는 '경
험주의의 두 독단'에서 분석 명제에 대한 공격으로 시작했던 의미의 개
념에 대한 비판을 이 저작에서 발전시키는데, 의미의 유사성이나 동일
성이라는 개념을 공격하기 위해, 대단히 효과적인 사고 시험을 고안했
다. 콰인은 근원적인 번역에 관한 시나리오를 묘사하는데, 한 현장 언
어학자가 완전히 미지의 토박이 언어를 접하는 상황이 그것이다. 그는
원주민들의 행동에 의미를 부여하기 위해 그 자신의 개념적 체계를 가
설적으로 도입하여 사용해야 하는데, 왜냐하면 행위 그 자체는, 원주민
들의 발화들이 가질 수 있는 가능한 의미들 중 진정한 의미를 확실히
결정짓기에는 부족하기 때문이다. 만일 어떤 개념적 체계를 도입하는
것이 번역에 필수적이라면, 의미는 번역가들에 대해 상대적이며, 서로
다른 번역 안내서들 사이에서 의미의 동일성에 대한 관념은 소멸하게
된다.

콰인의 철학은, 존재론(ontology)이 그 배경 이론에 상대적이라는 결론으로부터 회피하지 않는다. 확실히, 콰인은 대담하게 주장하기를, 물리적 사물들은 현재 우리의 최선의 이론들이 '가정'하고 있는 것이며, 그것들의 존재는, 그에 반대되는 경험에 비추어서 적합한 수정이 일어나게 된다면, 거부될 수도 있는 것이다. 따라서 콰인은 "물리학자로서 나는 물리적 대상들을 믿으며 호메로스의 신들을 믿지 않는다. 그리고 나는 그와 반대로 믿는 것은 과학적 오류라고 간주한다. 그러나 인식론적 기반에 있어서는, 물리적 대상들과 신들은 단지 정도상으로만 다르고 그 종류가 다른 것은 아니다. 두 가지 실체들은 단지 문화적인 가정(posit)으로서 우리의 인식 속에 들어오게 된 것이다"라고 말한다.

용어 사전 (가나다순)

· 가설 (假說, Hypothesis)

진실이라고 주장되는 것으로서, 경험적 검토에 의해 확증되거나 틀렸다고 증명되기 전까지 진실일 수도 있다고 보이는 이론. 과학적 방법에 속하는 한 요소.

· 개념 (槪念, Concept)

철학에서 '개념'은 생각, 관념, 생각의 형식 또는 한 용어의 의미 등을 지칭한다. 예를 들면, 탁자에 대한 개념을 갖는 것은 1)탁자를 다른 모든 것들과 구분할 수 있다, 그리고 2)탁자에 대해 사고할 수 있다는 것을 의미한다.

· 견유주의(犬儒主義, Cynicism)

고대 그리스 철학의 한 분파로서, 덕을 유일 선으로 간주했고 덕을 획득하는 유일한 방식은 자기 통제라고 주장했다. 견유주의는 쾌락에 대한 완전한 무관심을 보였을 뿐 아니라, 또한 인간 감정에 대한 경멸을 표현했으며 대부분의 인간들에게 있어 덕의 결핍을 비판했다. 디오게네스가 가장 잘 알려진 견유주의자이다.

· 결정론 (決定論, Determinism)

무엇이든 일어난 것은 일어나야만 한다는 관점으로서, 모든 사건은 선행하는 원인들의 불가피하고 필연적인 귀결이며, 그 원인들 또한 그에 선행하는 원인들의 필연적인 결과이므로, 인과의 연쇄는 신 혹은 자연 법칙에 의해서 결정되는 것으로 간주될 수 있다. 과학에서는, 완전히 기계론적인 관점이 결정론적이다. 고대 세계에서, 그리고 그리스도교의 운명예정론에서, 운명의 관념은 철저하게 결정론적이다. '인과성'을 참고하라.

· 경험주의(經驗主義, Empiricism)

감각 경험이 타당한 지식의 유일한 기반이라는 관점. 경험주의자는 경험에 무관하게 진리성을 주장하는 어떠한 진술이라도 의심할 것이다.

· 공리주의(功利主義, Utilitarianism)

벤담에 의해 구상되고 밀에 의해 정교화된 윤리 이론으로서, 행복으로 이끌어지는 행동들에 기반한 도덕성을 주장했다. 이런 이론적 틀 안에서, 불행으로 이끄는 행동은 도덕적으로 잘못된 것이다. 이에 뒤따르는 것은, 사회가 최대 다수의 행복을 목적해야 한다는 관점이다.

· 과학주의(科學主義, Scienticism)

자연과학에 사용되는 탐구 방법들이 모든 연구 분야에 적용되어야 한다는 이론.

· 관념론(觀念論, Idealism)

경험 세계가 인간 정신에 대하여 독립적으로 존재하지 않으며, 그러므로 세계에 대한 우리의 개념화에 따라서만 그것이 알려질 수 있다는 철학적 관점. 유물론의 반대.

· 구조주의(構造主義, Structuralism)

20세기의 철학 운동으로서 인류학, 언어학, 문학 비평에서 큰 영향을 끼쳤다. 페르디낭 소쉬르의 언어학에서의 작업을 뒤를 따라서, 구조주의자들은 대상들이 독립적인 실체들로서가 아니라 관계들의 체계로서 탐구되어야 한다는 관점을 지지했다.

· 귀납(歸納, Induction)

연역의 반대로서, 귀납은 개별적인 사례들로부터 일반적 원리로 이동한다. 연역과는 달리, 귀납은 필연적으로 진실인 결론들로 이끌어지지는 않는다.

· 기호학(記號學, semiotics)

기호들과 상징들에 관한 연구.

· 논리 실증주의(論理 實證主義, Logical Positivism)

철학이 관찰과 시험에 기반해야만 하며, 명제들은 단지 그것들이 경험적으로 입증될
수 있는 한에서만 의미를 갖는다는 관점. 어떤 유형의 형이상학적 사변에도 대립된
다.

· 논리적 타당성(妥當性, Validity)

논증의 속성. 한 논증은 그것의 결론이 전제들의 필연적인 귀결이라면 타당성을 갖
는데, 심지어 거짓된 전제로부터 도출된 거짓된 결론이라고 할지라도 그러하다. 다
른 말로 하자면, 한 논증은 그것의 결론이 거짓일지라도 논리적으로 타당할 수 있다.

· 논리학 (論理學, Logic)

합리적 논증의 성질을 검토하는 철학의 한 분야. 추론의 원칙들, 명제들의 구조, 연
역 추론의 방법들과 타당성 등을 다룬다.

· 도구주의(道具主義, Instrumentalism)

실용주의 이론으로서, 과학 이론들과 같은 관념들은 행동을 안내하기 위해 기능하는
도구들이며, 현실 세계의 문제들을 다루기 위해 사용된다고 주장한다. 그렇듯이, 관
념들은 실재에 대한 진실한 설명을 제공하는 것이 아니라, 그것들의 타당성과 가치
는 우리가 행동하고, 문제를 해결하고, 결과들을 예측하는데 있어서의 성공에 의해
결정된다.

· 동어반복(同語反覆, Tautology)

필연적으로 진실인 진술. "빨강은 빨갛다"와 같은 것.

· 목적론(目的論, Teleology)

최종 목적들에 대한 연구. 생명과 우주에 목적이 존재한다는 관점이며, 그러므로 또한 모든 발달들을 목적 지향적이고 의미있는 것으로 만드는 어떤 종류의 청사진이나 전반적인 설계가 존재한다는 주장이다.

· 무신론(無神論, Atheism)

신의 존재에 대한 절대적인 불신과 거부.

· 미학(美學, Aesthetics)

미의 본질과 표현을 다루는 철학의 한 분야. 또는 칸트 철학에서 감각 법칙들과 관련되는 형이상학의 한 분야.

· 방법론(方法論, Methodology)

특정한 지식의 분야에서 사용되는 원칙들, 관습들과 절차들의 체계. 예를 들면, 역사적이고, 철학적이고, 과학적인 방법론들이 수렴할 수 있지만, 그것들은 서로 대단히 다르다.

· 범신론(汎神論, Pantheism)

신 또는 신들을 자연의 힘들 및 작용들과 동일시하는 신조.

· 범주(範疇, Category)

철학에서, 범주들은 사물들이 분류될 수 있는 가장 기본적인 집단이다. 그러므로 하나의 범주는 환원불가능하고 근본적인 개념으로서 다른 개념들이나 사물들에 적용될 수 있다. 아리스토텔레스와 칸트는 각자 범주들의 완전한 목록을 작성하고자 시도했는데, 실체, 관계, 장소, 시간, 열정, 행동 등등을 포함하고 있었다.

· 변증법(辨證法, Dialectic)

원래 소크라테스의 방법을 묘사하기 위해 사용된 그리스어로서, 그에 따르면 논증과 추론은 대화의 형식을 취했다. 헤겔과 마르크스에게는, 변증법이란 해석의 방법으로서, 명제와 그것의 반명제 사이의 모순이, 대립하는 입장 각각의 요소들을 포함하는 합명제로 해소된다.

· 보편성(普遍性, Universal)

특정한 부류의 각 개체에게 귀속되는 속성, 또는 한 집단의 모든 구성원들에게 적용될 수 있는 일반적 개념. 예를 들면, 모든 차가운 것들은 "차가움"을 예시하기 때문에, "차가움"은 모든 차가운 것들의 보편적 성질이다. 중세에는, "차가움"이 그 자체로 존재한다고 믿었던 철학자들은 "실재론자"라고 불렸고, 그런 속성들이 실제로 존재하지 않는다고 주장했던 이들은 "유명론자"라고 불렸다.

· 본질(本質, Essence)

무언가를 다른 어떤 것이 아니라 바로 그것이게끔 하는 근본적인 속성들이 그것의 본질을 구성한다. 다른 말로 하자면, 개의 본질은 그것이 고양이나 말이 아니라 개이도록 하는 것이다. '보편자'를 또한 참고하라.

· 분석 철학(分析哲學, Analytic philosophy)

로크와 흄의 경험주의를 따르는 철학적 방법으로서, 논리를 강조하고, 언어에 주의를 기울이며, 논증의 단순성을 강조하고, 개념들, 이론들, 생각들과 방법들을 명확히 하는 것을 추구한다. 많은 20세기의 미국과 영국 철학자들이, 대륙 철학의 형이상학적 사변과 체계 건축을 추구하는 대신 이런 접근을 택했다.

· 불가지론 (不可知論, Agnosticism)

신의 개념이 영혼, 불멸, 제1원인의 개념들과 마찬가지로, 자연 현상의 세계만을 알 수 있는 인간 정신이 도달할 수 있는 범위를 넘어서 존재하기 때문에, 신의 존재에 대해서 어떤 증명도 될 수 없다는 믿음.

· 불가지론자(Agnostic)
신의 존재는 증명될 수 없다고 생각하지만 신이 존재할 수도 있다는 가능성을 거부하지 않는 사람.

· 선험적(先驗的, A priori)
경험에 앞서 진위여부가 알려지는 것. 그것의 반대말은 후험적(A posteriori)인데, 이것은 경험에서 도출된 지식이라는 의미이다.

· 스콜라주의(Scholasticism)
12-14세기 중세 유럽의 신학적인, 그리고 철학적인 방법들과 체계들. 그리스도교 사상을 아리스토텔레스 주의와 화해시키는 것을 목표로 했다.

· 스토아주의(Stoicism)
대략 기원전 308년에 제논에 의해 창시된 그리스 철학 학파. 스토아주의자들은 행복이 우주의 법칙을 받아들이는 것에 달려 있다고 믿었으며 좋고 나쁜 운명 앞에서 동일하게 평정을 유지할 것을 권했다. 그들은 인간들이 열정에서 해방되어 조용히 모든 사건들을 신적인 의지의 결과로 받아들일 때 가장 행복하다고 주장했다.

· 신학(神學, Theology)
신과 종교적 진리의 본성에 관한 연구. 철학이 신의 존재를 가정하지 않음에도 불구하고, 그것의 논증들과 방법들은 수세기동안 자연 신학과 계시 신학에 막대한 영향을 끼쳤다.

· 실용주의(實用主義, Pragmatism)

경험주의의 한 조류로서, 퍼스(C.S. Pierce)에 의해 창시된 이 관점은 진리를 그것의 실용적 효과의 측면에서 해석한다. 그러므로 진리에 대한 이론으로 간주될 수 있다. 과학에 적용되었을 때, 이 관점은 한 이론의 "진리성"은 그것이 작동하는가 아닌가의 여부에 달려 있다고 주장한다. 윌리엄 제임스는 윤리적 판단과 종교적 믿음에 대해서 이런 접근을 채택했는데, 개인의 삶에 있어서 한 믿음이나 판단이 갖는 유용성 또는 혜택의 측면에서 "진리"를 측정하는 것이었다.

· 실재론(實在論, Realism)

철학적으로, 보편자들이 인간의 정신에 대해 독립적으로 존재하며 사물들의 본질이 자연 안에 객관적으로 주어져 있다는 이론.

· 실존주의(實存主義, Existentialism)

현대 철학 사상으로서, 개인적인 인간 존재가 자유 의지를 갖고 있으며 부조리하고 무의미한 세계에 존재하고 있음을 사유의 시발점으로 삼는다. 실존주의자들은 윤리적 문제들에 있어 인간의 책임과 판단을 논하는데, 개인을 그 자신의 행동들에 대한 유일한 판단자로서 간주하며, 인간의 자유는 정확히 선택할 자유로서 이해된다.

· 실증주의(實證主義, Positivism)

오귀스트 콩트에 의해 도입된 이론으로서, 관찰로부터 도출될 수 있는 것, 그리고 과학의 영역 안에 포함될 수 있는 것으로서 지식을 제한하는 이론이다.

· 에피쿠로스 주의(Epicureanism)

그리스 철학자 에피쿠로스의 이름을 딴 도덕 철학의 한 조류로서, 지적인 쾌락을 선택함으로써 고통을 회피하는 것으로 주로 이해되는 '쾌락'이, 윤리적 삶을 이끌어 가는 기반으로서 이해될 필요가 있다는 주장을 전개한다.

· 연역(演繹, Deduction)

논증의 한 형식으로서, 결론이 전제들로부터 논리적으로 그리고 필연적으로 도출된다. 그러므로 일반적인 것으로부터 특수한 것을 도출한다. 예를 들자면, "만일 모든 인간들이 태어났다면, 플라톤은 인간이므로, 그도 또한 태어났을 것이다." 연역 추론이 타당하다는 것은 합의된 사실이다. 연역법의 반대는 귀납법이다.

· 열린 사회(Open Society)

이 용어는 프랑스 철학자 앙리 베르그송에 의해 처음으로 제안되었으며, 오스트리아 철학자 칼 포퍼에 의해 더 발전되었다. 철학적으로 말해서, 열린 사회의 개념은 사람들이 불완전한 지식에 기반하여 행동하며, 아무도 궁극적인 진리를 소유하고 있지 못하다는 인식에 기반해 있다. 결론적으로, 포퍼가 발전시킨 사회 조직과 정부의 최고 형태는, 다원주의적 민주주의로서 법률, 의견의 다양성, 권력의 분립과 시장 경제를 그 특징으로 한다.

· 우주 생성론(宇宙 生成論, Cosmogony)

우주의 기원과 발달에 대한 연구.

· 원자론(原子論, Atomism)

데모크리토스와 에피쿠로스를 비롯한 다수의 철학자들이 신봉한 이론으로서, 우주 전체가 극소하며 분할불가능하고 파괴될 수 없는 입자들로 이루어져 있다고 주장한다.

· 유명론(唯名論, Nominalism)

보편자들이 실재하거나 세계 내에 존재하는 것이 아니며, 현상에 대한 단어들과 이름들에 불과하다는 이론.

· 유물론(唯物論, Materialism)

단지 물질이나 물질적 사물들만이 실제로 존재한다는 관점. 다른 말로 하자면, 물질 이외에 다른 것은 존재하지 않으며, 그 귀결 중 하나는 신의 존재가 가능하다는 것의 거부이다. 유물론은 관념론에 대립되는데, 후자는 정신이 객관적 현실을 발생시키는 것이라고 주장한다.

· 유신론(有神論, Theism)
유일한 인격신 및 초월성이 세계에 존재한다는 믿음.

· 윤리학/도덕 철학(倫理學/道德哲學, Ethics or Moral Philosophy)
인간의 가치들을 검토하는 철학의 한 분야. 어떻게 살고 행동해야 하는가에 관한 질문들로 시작한다. 그러므로 행실, 의무, 책임, 선과 악, 옳고 그름의 문제들에 집중한다.

· 이성주의/합리주의(理性主義/合理主義, Rationalism)
이성이 지식과 정신적인 진리의 근본적인 원천이며, 감각 지각이나 권위, 계시 등이 아닌 이성의 작용이 행동과 믿음에 대한 유일하게 타당한 기반을 제공한다는 이론이다.

· 이원론(二元論, Dualism)
실재가 두 개의 근원적이고 완전히 다른 요소들로 구성되어 있다는 주장으로서, 일원론에 반대된다. 일원론은 실재가 단지 하나의 실체로 구성되어 있다고 지각한다. 아마도 가장 유명한 사례일 데카르트의 이원론은, 물질적 실체와 정신의 활동(사고, 성찰, 등)이 서로 관련되지만 별개이며, 서로 다르고, 본질적으로 구분된다는 관점을 발전시켰다.

· 인과성(因果性, Causality or causation)

원인과 결과 사이의 연관, 또는 첫 번째 대상이 두 번째의 원인으로 지각되었을 때 둘 사이의 관계. 일반적으로, 원인과 결과 사이의 관계는 필연적인 것으로 보인다. 그럼에도 불구하고, 철학자들은 왜 우리가 인과성에 입각하여 사고하는지, 어디서 그런 생각이 발생하는지, 언제 그것을 적용하는 것이 옳은지 등을 문제시 해왔다.

· 인식론(認識論, Epistemology)

지식의 본성과 관련되는 철학의 한 분야로서, 우리가 무엇을 알고, 어떻게 알며, 인간 지성의 한계가 무언인지 등의 문제에 관심을 갖는다.

· 인지(認知, Cognition)

알고 지각하는 형식들, 즉 주의, 기억, 추론, 지각(시각적, 청각적, 촉각적)과 같이 우리가 정보를 종합하는 방식들.

· 일원론(一元論, Monism)

실재가 통합된 전체이며 모든 존재하는 것들은 유일한 개념이나 체계에 의해 귀결되거나 묘사될 수 있다는 관점. 인간 존재와 정신과 신체의 관계에 대해서, 이 관점에서는 양자가 동일한 실체로부터 형성된 것들로서 간주될 것이다. 이원론과 대립된다.

· 입증가능성(立證可能性, Verifiability)

진술 혹은 명제의 속성으로서, 우리가 경험적 증거를 사용하여 그것이 진실인지 거짓인지 시험해 볼 수 있도록 허용하는 것이다. 20세기에 많은 논리 실증주의자들과 경험주의자들이 입증을 지식의 요구조건으로 삼았다. 하지만, 대개의 진술이나 과학적 법칙들조차도 확증 가능한 것이 거의 없기 때문에, 다른 이들은 증명과 의미의 이론으로 입증가능성에 반대하여 논증을 펼쳤다.

· 자연법(自然法, Natural Law)

자연으로부터 도출되었다는 의미에서 "자연적"이라고 간주되는 법률들, 그러므로 강제력을갖는 보편적인 도덕적 기준을 제공한다고 간주되는 것. 자연법은 종종 신법(神法)과 연관되며, 이성을 결정권자로서 갖는다. 그것의 반대는 명문법으로서, 즉 특정한 사회에 의해 수립 된 법률들을 일컫는다. 자연법개념의 좋은 예는, 미국의 "독립선언문" 서문에서 주어진다. "인간의 사건들의 진행 과정에서, 한 국민이 다른 국민과 그들을 연결했던 정치적 고리를 해소하는 것, 그리고 지구상의 권력들 속에서 자연법과 자연의 신성이 그들에게 부여하는 분리되고 동등한 거점을 주장하는 것은 필연적이다, 인류의 의견들에 대한 고결한 존경이, 그들로 하여금 분리하도록 강요하는 원인들을 선언하도록 한다. 우리는 이런 진실들이 자명하다는 것을 옹호하며, 모든 인간이 동등하게 창조되었다는 것, 그들이 창조자로부터 특정한 양도할 수 없는 권리들을 부여받았다는 것, 그리고 이 권리들 중 생명, 자유, 그리고 행복 추구에 대한 권리가 포함된다는 것을 지지한다."

· 자연주의(自然主義, Naturalism)
자연 바깥의 혹은 그것을 넘어선 어떤 것을 설명적 원리로서 의존하지 않고 실재가 이해될 수 있다는 관점.

· 자유 의지(自由意志, Free Will)
인간들이 그들 자신의 행동을 제어하는데 있어 자유로우며 그것이 원인과 결과, 신이나 운명에 의해 결정되지 않는다는 신조. 결정론의 반대이다.

· 절대성, 절대자(絶對者, The Absolute)
상대적, 조건적, 의존적인 것의 반대되는 개념. 절대성의 관념은 소크라테스 이전 시대까지 거슬러 올라간다. 플라톤에게 있어, 이데아들은 절대적인 것이었다. 다른 철학자들에게 절대성의 관념은 신의 관념과 연관되는 것이었다. 스피노자와 같은 이성주의 철학자들은 절대자란 모든 것을 포괄하는 원리이며, 모든 실재의 진정한 원천

이라고 생각했다. 헤겔을 위시한 관념론 철학자들도 그렇게 생각했다.(관념론 참고)

· 존재론(存在論, Ontology)

존재의 본성을 다루는 철학의 한 분야.

· 직관(直觀, Intuition)

직접적이고 개념적인 앎의 형태로서, 이성에 의존하지 않으며 감각들로부터 직접적
으로 도출된다. 예를 들면, 인간으로서 우리는 신, 아름다움, 혹은 정의에 대한 직관
적인, 또는 선천적인 관념을 갖고 있다고 말할 수 있다.

· 철학(哲學, Philosophy)

문자 그대로는 "지혜에 대한 사랑". 전통적으로 철학은 형이상학, 인식론, 논리학으
로 구성되어 있었다. 현대 철학은 또한 정치 이론, 윤리학, 미학, 그리고 종교 철학,
과학철학과 법철학 등을 포함한다. 가장 일반적으로, 철학은 엄정하고 체계적인 분
석으로서 묘사될 수 있으며, 실재, 본성, 시간, 인과성, 자유 의지, 인간성, 이성, 도덕
판단, 지각 등의 주제들에 대한 비판적 검토로 정의될 수 있다.

· 초월성(超越性, Transcendental)

감각 경험의 세계 바깥에 존재하는 어떤 것. 경험주의자, 실용주의자, 실존주의자는
모두 신 또는 도덕적 관념들의 별개의 영역 등 초월적인 것이 존재한다는 것을 믿지
않는다.

· 행동주의(行動主義, Behaviorism)

심리학의 한 지류로서, 스키너에 의해서 가장 급진적으로 발전되고 옹호되었다. 감
정, 기억, 동기와 같은 모든 주관적인 현상을 배제하고, 전적으로 관찰 가능한 행동
에만 집중한다.

506

· 행위 주체(行爲 主體, Agent)

행동하고, 선택하고, 결정하는 자아로서 무언가를 '아는' 자아와 대별된다.

· 현상(現像, Phenomena)

플라톤에게는, 감각들에 의해 지각되는 대로의 것들.(사고에 의해 성찰되는 것들, 즉 본질에 대립됨.) 칸트에게에서는 현상과 본질의 구분은 경험의 대상으로서의 사물들과, 물자체 사이의 구분이었는데, 물자체는 인간 이성이 접근가능하지 않은 존재의 상태이다.

· 현상학(現象學, Phenomeology)

에드문트 후설에 의해 도입된 철학적 관점으로서, 그에 따르면 사물들은 독립적으로 존재하는 실체들이기보다는 경험의 대상들이다. 이런 연구는 사람들이 경험하는 세계를 이해하고 해석하는 방식들을 탐구하는 것을 목적으로 한다. 이 관점에서는, 실재는 상대적이며 주관적이다.

· 형이상학(形而上學, Metaphysics)

제1원칙들, 특히 존재와 앎, 존재하는 것의 궁극적 본성 등에 관심을 갖는 철학의 한 분야. 형이상학적 사변에서 핵심적인 것은 철학의 모든 전통적인 문제들인데, 생명의 기원, 정신과 실재의 본성, 시간, 공간, 인과성과 자유의지의 개념들이 갖는 의미 등을 다룬다.

· 회의주의(懷疑主義, Skepticism)

어떤 것이든 확실히 아는 것은 불가능하다는 관점. 그러므로 절대적인 지식은 획득 불가능하며 회의는 인간 지식과 경험에 있어 핵심적이다.

100인의 철학자 사전

1쇄 발행 2010년 9월 20일
2쇄 발행 2010년 10월 1일

지은이 필립 스톡스 · **옮긴이** 이승희
펴낸곳 도서출판 **말글빛냄** · **인쇄** 삼화인쇄(주)
펴낸이 박승규 · **마케팅** 최윤석 · **디자인** 진미나
주소 서울시 마포구 서교동 463-3 성화빌딩 5층
전화 325-5051 · **팩스** 325-5771 · **홈페이지** www.wordsbook.co.kr
등록 2004년 3월 12일 제313-2004-000062호
ISBN 978-89-92114-59-2 03100
가격 18,500원

*잘못된 책은 바꾸어 드립니다.